农村集体土地法律规制研究

韩 宁 著

郑州大学出版社

图书在版编目（CIP）数据

农村集体土地法律规制研究 / 韩宁著. -- 郑州 ：
郑州大学出版社，2024.8. -- ISBN 978-7-5773-0497-7

Ⅰ. D922.324

中国国家版本馆 CIP 数据核字第 20249AD174 号

农村集体土地法律规制研究

NONGCUN JITI TUDI FALÜ GUIZHI YANJIU

策划编辑	王卫疆	封面设计	王　微
责任编辑	宋妍妍	版式设计	苏永生
责任校对	吴　静	责任监制	李瑞卿

出版发行	郑州大学出版社	地　　址	郑州市大学路 40 号（450052）
出 版 人	卢纪富	网　　址	http://www.zzup.cn
经　　销	全国新华书店	发行电话	0371-66966070
印　　刷	广东虎彩云印刷有限公司		
开　　本	710 mm×1 010 mm　1 / 16		
印　　张	13.75	字　　数	289 千字
版　　次	2024 年 8 月第 1 版	印　　次	2024 年 8 月第 1 次印刷

书　　号	ISBN 978-7-5773-0497-7	定　　价	56.00 元

内容提要

　　如何界定农民和土地的关系,优化农村集体权利配置,成为新时代背景下农村集体土地制度改革必须深入面对和思考的问题。本书在对我国农村集体土地概念界定的基础上,立足习近平总书记农村集体土地改革的重要论述,深入探讨集体建设用地、宅基地和承包地制度。集体建设用地不仅涉及一直实施的城乡建设用地挂钩,还涉及目前正在稳步试点的集体经营性建设用地入市。集体经营性建设用地使用权的深化改革,通过与国有建设用地使用权"同等入市,同价同权同责",为新型农村集体经济注入新鲜血液,促进新型农村集体经济的发展壮大和集体成员的共同富裕。宅基地使用权依托集体土地所有权设立,通过以户为单位无偿分配给农户。土地承包经营权是家庭联产承包责任制、统分结合的双层经营体制的法律权利体现,实现耕者有其田。囿于宅基地使用权、土地承包经营权行使的现实困境,国家提出承包地三权分置和宅基地三权分置改革思路,旨在实现农业适度规模经营、盘活闲置宅基地资源,助力乡村全面振兴。

前　言

　　中华人民共和国成立后,实行了一系列的社会主义改造,确立了农村土地集体所有下的土地利用制度。计划经济时代的人民公社体制下,自上而下的行政命令构成了农村集体土地的运行基础。农民作为基本核算单位的生产队的社员,并无法对农村集体土地进行法律权属上的支配。改革开放以来,在农民集体享有集体土地所有权的前提下,一直在探索农村土地的利用形式。对集体所有建设用地而言,从宅基地使用权的物权化到宅基地的三权分置,从集体建设用地用途的严格限制到集体经营性建设用地入市探索,无不彰显对集体所有建设用地优化配置的政策期许。对集体所有承包地而言,从安徽凤阳小岗的分田到户到以家庭承包为基础、统分结合双层经营体制的确立,从承包地第一轮承包期15年到每轮承包期30年,从土地承包经营权的用益物权化到承包地的三权分置,公平与效率的调试与耦合始终伴随左右。

　　中国农村集体土地制度变革的进程中,党的政策在发挥改革引领作用,农民在实践中的创新被政策所吸收,形成可推广、可复制的话语体系。农民在党的政策的指引下,成为农村集体土地制度变革的参与者、推动者和受益者。政策与农民的实践形成良性互动,最终升华为具体的法权,通过法律规范的权利义务模型,提供有效制度供给。在此过程中,农民的知情权、参与权、表达权、监督权等权利也通过土地制度的优化得以保障,农民自身的权利意识也得到了空前的启蒙,为乡村治理水平的提高奠定了必要的基础。

　　本书从农村集体土地政策的视角展开研究,剖析政策意蕴。在此基础上,探讨政策语言向法律语言的转化,分析法律规范层面的权利义务厘定。在研究过程中,秉持问题导向,依托农村集体土地政策和相关法律规范,深入论证农村集体土地制度的热点、难点,做到有的放矢。本书章节分明、行文流畅,是笔者多年的思考结晶,不仅适合研究该领域的学者阅读,而且也适合广大从事农村工作的实务人士阅读。

1

笔者研究中国农村集体土地制度多年，每年都抽出一定的时间进行田野调研，不断思考农村集体土地问题，现把多年的思考形成专著，不仅是对多年来研究的总结，更希望学界同仁多关注农村集体土地，关注农民权利的保障，对笔者的研究成果多提宝贵意见，为新时代农村集体土地改革贡献学界智慧。当然，由于作者水平有限，书中不当之处在所难免，敬请批评指正。

韩宁

2024 年 2 月于河南农业大学繁塔楼

目　录

第一章

农村集体土地概述

我国社会主义改造完成后,形成了土地公有制下集体所有和国家所有的二元土地归属机制。集体所有土地归属农民集体所有,农民依法享有土地承包经营权、宅基地使用权等用益物权。为了实现承包地适度规模经营、盘活闲置宅基地等,在新时代背景下,国家陆续实施关于集体土地的相关改革,完善农民利益表达机制,拓宽农民增收致富渠道,赋予农民更加充分的财产权益。

第一节 农村集体土地概念界定与改革举措

一、基本概念界定

(一)农村土地与城市土地

我国《宪法》规定:城市的土地属于国家所有。农村和城市郊区的土地除由法律规定属于国家所有的以外,属于集体所有。由此,国有土地=城市土地+属于国家所有的农村和城市郊区的土地。我国《民法典》与《宪法》规定一致,而我国《土地管理法》则规定城市市区的土地属于国家所有,由此产生了城市与城市市区是否可以等同的问题。从语言学的角度,二者自然不能等同,但考虑到我国的实际情况和对法律体系的解释,宪法和物权法中的城市应解释为城市市区。我国《城市房地产管理法》第9条规定:"城市规划区内的集体所有的土地,经依法征收转为国有土地后,该幅国有土地的使用权方可有偿出让,但法律另有规定的除外。"《土地管理法》第45条也规定"在土地利用总体规划确定的城镇建设用地范围内,经省级以上人民政府批准由县级以上地方人民政府组织实施的成片开发建设需要用地的,可以依法征收为国家所有"。通过体系解释,城市市区宜理解为城市建成区,否则,会产生逻辑上的矛盾。申言之,既然规定城市的土地也就是城市市区的土地归属国家所有,如果城市市区包括城市规划区,则规划区内的土地当然属于国家所有,自谈不上再次进行土地征收的问题。从保护农民集体土地权益的角度出发,城市市区也宜解释为城市建成区而非城市规划区。基于此,城市土地是城市建成区内国家所有的土地,而农村土地除了在法律特殊规定情形下,是指农村集体土地。①

(二) 集体土地所有权

集体土地所有权是农民集体对归其所有的土地所享有的受法律限制的支配性权利。依据《土地管理法》的规定,我国集体土地所有权的主体及其代表有三个层次:农民集体所有的土地依法属于村农民集体所有的,由村集体经济组织或者村民委员会作为所有者代表经营、管理;在一个村范围内存在两个以上农村集体经济组织,且农民集体所有的土地已经分别属于该两个以上组织的农民集体所有的,由村内各该农村集体经济组织或者村民小组作为所有者代表经营、管理;农民集体所有的土地,已经属于乡(镇)农民集体所有的,由乡(镇)农村集体经济组织作为所有者代表经营、管理。农民集体所有的土地,由县级人民政府登记造册,核发证书,确认所有权。

集体土地所有权是受限制的所有权,其限制表现在以下两个方面:第一,受国家法律和政府管理的限制。集体土地所有权在收益权和处分权两方面受到限制。在收益权方面,集体所有的土地不能直接用于房地产开发,若用于房地产开发必须先由国家征收转变为国有土地后再由国家出让给房地产开发商,这就使得集体土地所有权中的收益权能受到限制。在处分权方面,集体土地的出让、转让、出租必须符合法律规定,集体土地所有者不得擅自改变土地用途,其向用地者提供土地使用权须经人民政府审批,这就使得集体土地所有权中的处分权能受到相当大的限制。但是,需要进一步贯彻农地自由之法律高位价值,摆脱管制性单方"控权"导致不必要的重要利益冲突。② 第二,受农民集体意志的限制。集体土地所有权经常由所有者代表行使。集体土地所有者代表在行使处分权时,须遵循法律法规的规定。根据我国相关法律法规,对于集体土地的重大处分,必须经过农村集体经济组织成员的集体议决。这一程序旨在确保集体经济组织成员的合法权益得到充分保障,提高决策的民主化、规范化水平,确保集体土地所有权的行使更加公正、合理,防止个别成员或外部势力侵占集体土地资源。

---

① 范进学.再论"城市的土地属于国家所有"[J].法学杂志,2018(12):28-36.
② 陈小君.深化农村土地制度联动改革的法治目标[J].法学家,2023(3):15-29,190-191.

（三）集体建设用地使用权

从土地用途而言,集体土地可以分为农用地、建设用地和未利用地。鉴于建设用地的复杂性,可以依法在集体建设用地上设定宅基地使用权,也可以设定集体建设用地使用权。集体建设用地使用权是指集体建设用地使用权人依法对集体所有的建设用地享有的占有、使用和收益的权利。集体建设用地使用权人有权利用该集体建设用地建造建筑物、构筑物及其附属设施。《民法典》沿袭《物权法》的表述,明确了宅基地使用权的用益物权属性,但对于集体建设用地使用权,仍采取立法援引技术,规定集体所有的土地作为建设用地的,应当依照土地管理的法律规定办理。《土地管理法》把集体建设用地使用权分为集体经营性建设用地使用权和集体公益性建设用地使用权。集体经营性建设用地使用权分为农村集体经济组织单独兴办或与其他主体联合兴办企业的乡（镇）土地利用总体规划确定的集体经营性建设用地使用权,以及土地利用总体规划、城乡规划确定为工业、商业等经营性用途并经依法登记的集体经营性建设用地使用权。①

（四）宅基地使用权

宅基地使用权是指农村集体经济组织成员依法享有的在农民集体所有的土地上建造个人住宅及其附属设施的权利。依据《民法典》规定,宅基地使用权人依法对集体所有的土地享有占有和使用的权利,有权利用该土地建造住宅及其附属设施。宅基地使用权范围一般包括居住生活用地、四旁绿化用地、其他生活服务设施用地即一家一户的农户居住生活的庭院用地。村民取得宅基地使用权需要履行一定的法律手续。2018年中央一号文件②指出,扎实推进房地一体的农村集体建设用地和宅基地使用权确权登记颁证,完善农民闲置宅基地和闲置农房政策,探索宅基地所有权、资格权、使用权三权分置,落实宅基地集体所有权,保障宅基地农户资格权和农民房屋财产权,适度放活宅基地和农民房屋使用权,不得违规违法买卖宅基地,严格实行土地用途管制,严格禁止下乡利用农村宅基地建设别墅大院和私人会馆。

（五）土地承包经营权

土地承包经营权是指承包方（农户）依法获得的对所承包的土地享有的占有、使用、收益和依法流转的权利。依据法律规定土地承包经营权属于用益物权。土地承包经营权特征包括以下两个方面。第一,在别人所有的物上设定的权利。我们国家实行土地公有制。农民承包的农村土地是农民集体所有或国家所有依法

---

① 姜楠.集体建设用地使用权制度的困局与突破[J].法治研究,2021(5):99-107.

② 2018年1月2日,中共中央、国务院发布《中共中央、国务院关于实施乡村振兴战略的意见》(别称2018年中央一号文件),自2018年1月2日起实施。该文件是改革开放以来第20个,新世纪以来第15个指导"三农"工作的中央一号文件,对实施乡村振兴战略进行了全面部署。

由农民集体使用的土地,包括耕地、林地、草地以及其他依法用于农业的土地。农村土地的所有权虽然不是农民的,但是农民通过依法承包农村土地取得土地承包经营权。第二,对权能和期限有约束。权能方面,农村土地的所有权是归集体所有或国家所有,作为承包方(农户)只能对所承包的土地享有从事农业生产的权利,但是没有买卖的权利。国家禁止任何单位和个人非法买卖土地。期限方面,承包方不是无限期享有土地承包经营权。《农村土地承包法》规定,家庭承包方式中,耕地的承包期为 30 年,草地的承包期为 30 ~ 50 年,林地的承包期为 30 ~ 70 年,特殊林木的林地承包期经国务院林业行政部门批准将更长,这是对期限的约束。通过承包地三权分置改革,旨在实现承包地适度规模经营与农户利益保障的有机结合。

二、集体经营性建设用地与宅基地、承包地改革

(一)集体经营性建设用地改革

2015 年 2 月,全国人民代表大会常务委员会作出的《关于授权国务院在北京市大兴区等三十三个试点县(市、区)行政区域暂时调整实施有关法律规定的决定》指出:在试点范围之内,在符合规划、用途管制和依法取得的前提下,允许存量农村集体经营性建设用地使用权出让、租赁、入股,实行与国有建设用地使用权同等入市、同权同价。2017 年 11 月,全国人民代表大会常务委员会作出的《关于延长授权国务院在北京市大兴区等三十三个试点县(市、区)行政区域暂时调整实施有关法律规定期限的决定》将试点期限延长至 2018 年 12 月 31 日;2018 年 12 月全国人民代表大会常务委员会作出的《关于延长授权国务院在北京市大兴区等三十三个试点县(市、区)行政区域暂时调整实施有关法律规定期限的决定》再次将试点期限延长至 2019 年 12 月 31 日。

2020 年实施的修改后的《土地管理法》对集体经营性建设用地流转改革总结上升为法律规定,《土地管理法》第 63 条明确规定:"土地利用总体规划、城乡规划确定为工业、商业等经营性用途,并经依法登记的集体经营性建设用地,土地所有权人可以通过出让、出租等方式交由单位或者个人使用,并应当签订书面合同,载明土地界址、面积、动工期限、使用期限、土地用途、规划条件和双方其他权利义务。前款规定的集体经营性建设用地出让、出租等,应当经本集体经济组织成员的村民会议三分之二以上成员或者三分之二以上村民代表的同意。通过出让等方式取得的集体经营性建设用地使用权可以转让、互换、出资、赠与或者抵押,但法律、行政法规另有规定或者土地所有权人、土地使用权人签订的书面合同另有约定的除外。集体经营性建设用地的出租,集体建设用地使用权的出让及其最高年限、转让、互换、出资、赠与、抵押等,参照同类用途的国有建设用地执行。具体办法由国务院制定。"2022 年 11 月,中共中央办公厅、国务院办公厅印发《关于深化农村集体经

营性建设用地入市试点工作的意见》,明确用两年左右的时间深化入市试点。2023 年 3 月,自然资源部办公厅印发《深化农村集体经营性建设用地入市试点工作方案》,审慎稳妥推进集体经营性建设用地深化入市试点。

总之,中央提出农业农村优先发展的深层次背景缘于农村经济发展的相对滞后性,农民为谋求增收而不得不背井离乡、外出打工,农村留守儿童、留守老人等带来一系列社会问题。通过农业农村优先发展,加大对农村的支持力度,实现农村产业兴旺,是农村留住人的关键举措。土地的支撑,是农村产业兴旺必不可少的要素。中央推行了承包地三权分置改革、宅基地三权分置改革、集体经营性建设用地入市改革等一系列政策措施,无不为了盘活农村土地资源要素,为产业兴旺奠定必要的土地制度供给。2024 年 1 月 1 日,中共中央、国务院发布《中共中央、国务院关于学习运用"千村示范、万村整治"工程经验有力有效推进乡村全面振兴的意见》(2024 年中央一号文件)明确提出以提升乡村产业发展水平、提升乡村建设水平、提升乡村治理水平为重点,强化科技和改革双轮驱动,强化农民增收举措,打好乡村全面振兴漂亮仗,绘就宜居宜业和美乡村新画卷,以加快农业农村现代化更好推进中国式现代化建设。在乡村全面振兴当中,产业兴旺是基石,没有产业支撑,乡村振兴根本无从谈起。农村产业类型中,包括初级农产品加工、农业适度规模经营、农业观光旅游等,均离不开土地支撑,唯有土地层面的制度供给满足了产业布局和产业发展之需求,方能实现产业兴旺。以土地用途之分类,农村土地可以包括农用地和建设用地。对农用地而言,唯有适度规模经营,才能形成具有市场竞争力的农产品,也才能培育能抵抗市场风险的新型农业经营主体。诸如传统粮食作物小麦种植园区、玉米种植园区等,以及经济作物类的葡萄种植园区、樱桃种植园区等,是形成产业集群的孵化器,而园区本身则离不开土地的适度规模化。承包地三权分置中放活土地经营权为重要手段,旨在实现适度规模经营,促进产业兴旺。对建设用地而言,作为建设用地的宅基地,闲置问题严重,宅基地与集体经营性建设用地之连接点的打通还存在体制机制方面的问题。这些均制约了诸如初级农产品加工的用地需求、农业观光旅游等的规模发展。

(二)宅基地改革

无论是 21 世纪初开始实行的城乡建设用地"挂钩试点",还是 2015 年开始实行的农村土地征收、集体经营性建设用地入市、宅基地制度改革试点,以及 2017 年开始实行的农村集体建设用地租赁住房建设试点,都没有对农户基于宅基地的居有其屋和闲置宅基地有效利用提出针对性的解决方案。2016 年开始在试点地区试行宅基地的抵押与流转,给宅基地使用权松绑,也只是针农户宅基地的资产化利用来讲的。直到 2018 年中央一号文件明确提出实行宅基地三权分置,把农户资格权和使用权分开,才开始在全国政策层面尝试协调居有其屋和闲置宅基地有效利用二者之间的关系。2019年中央一号文件①进一步强调,稳慎推进农村宅基地制度改革,拓展改革试点,丰富试点内容,完善制度设计;抓紧制定加强农村宅基地管理指导意见;研究起草农村宅基地使用条例;开展闲置宅基地复垦试点。2020年中央一号文件②则在确保如期实现全面小康背景下强调严格农村宅基地管理,进一步深化农村宅基地制度改革试点。这些文件的出台,一方面彰显了中央对宅基地改革的总体设计,另一方面也为宅基地研究提供了具体的方向和指南,意义重大。

宅基地改革,基本原则是一户一宅,严格农村宅基地管理,加强对乡镇审批宅基地监管,防止土地占用失控,扎实推进宅基地使用权确权登记颁证,以探索宅基地所有权、资格权、使用权三权分置为重点,进一步深化农村宅基地制度改革试点。

(三)承包地改革

中央提出实行承包地所有权、承包权、经营权的三权分置,就是要让农民的承包权能够进一步落实。承包地由过去的所有权与承包经营权两权分离,变成所有权、承包权和经营权的三权分置,实现承包集体土地的农户的经营权可以自己来使用,也可以流转给别人,但是流转了经营权以后,承包农户和集体签订的土地承包关系并不改变。申言之,承包农户流转了土地经营权之后,仍然享有集体土地的承包权。

目前,中央进一步完善农村基本经营制度,开展第二轮土地承包到期后再延长30年试点,在试点基础上研究制定延包的具体办法,并鼓励发展多种形式适度规模经营,健全面向小农户的农业社会化服务体系。在我国,实现土地适度规模经营主要有两种方式:一是土地经营权流转形成的土地适度规模经营,由农户拥有的承包权派生出租、转包、互换、入股等多种方式,让第三方分享其经营权。二是土地经营权不流转,农户将重要的田间作业环节托转给新的服务主体,即实践中的土地经营全托、半托形式,形成服务的适度规模经营。

第二节　农民利益表达机制法治构建

党的二十大报告中指出,健全种粮农民收益保障机制和主产区利益补偿机制,确保中国人的饭碗牢牢端在自己手中。拓宽农民增收致富渠道,发展新型农村集体经济,深化农村土地制度改革,赋予农民更加充分的财产权益。保障进城落户

---

① 2019年1月3日,中共中央、国务院发布《中共中央、国务院关于坚持农业农村优先发展做好"三农"工作的若干意见》(2019年中央一号文件),自2019年1月3日起实施。

② 2020年1月2日,中共中央、国务院发布《关于抓好"三农"领域重点工作确保如期实现全面小康的意见》(2020年中央一号文件),自2020年1月2日起实施。

农民合法土地权益,鼓励依法自愿有偿转让。政策层面为农民土地权利的保障确立了遵循,但在实施落实中需要紧扣"农民利益表达"这个核心点,以农民的利益表达机制作为论证的主线,以法治路径作为论证的着眼点,通过从宏观上构建、完善农民利益表达机制,推动农村土地改革和农业农村的现代化建设,实施乡村全面振兴战略。

对于利益表达机制,有学者指出:"依据利益表达的起因和影响深度,可以把利益表达分为结构性和功能性的两类。结构性利益表达是指由于经济结构、社会结构、利益格局和意识形态结构的较大、较迅速变化所引起的利益表达活动,其所表达的利益要求进入政治过程之中,会引发政治结构的相应变化;功能性利益表达是指旨在实现特定的、较稳定的社会结构和政治结构等基础架构之功能的利益表达活动。"①在法治视野下,有学者指出,"利益表达是指个人、群体或组织(利益表达主体)通过法定程序向政府部门(利益表达客体)主张自己合法、正当的利益诉求,并且试图使其利益诉求得以实现的过程。现实中利益主体主张利益表达的方式主要有二:其一,制度化利益表达方式,即依据现有法律法规所明确规定的程序而采取的利益表达行为;其二,非制度化的利益表达方式,即超越现有法律法规所明确规定的程序而进行的利益表达行为。"②在我国现阶段,关系农民利益的表达诉求呈现出多元化的趋势,不仅涉及结构性利益表达、功能性利益表达,还涉及制度性利益表达和非制度性利益表达。如果农民利益受到侵害,却缺少有效的制度化利益表达渠道,常常处于沉默状态,压抑的心情往往得不到疏导和沟通。

由此,农民利益表达机制是农民作为主体要素为使其利益得以实现而进行综合表达的体系总称。从静态上讲,农民利益表达机制既包含引起规范性层面变动使其更加体现农民群体利益诉求的结构性利益表达机制,也包括为了实现现有规范性赋予利益的功能性利益表达机制。从动态上讲,农民利益表达机制既包括制度性利益表达机制也包括非制度性利益表达机制。

一、农民利益表达机制法治路径构建之急迫性条件

(一)农村社会结构呈现出的新特点是社会条件

由于改革开放以来经济发展的冲击,传统的农村那种封闭性的状况已经不复存在,取而代之的是开放性。农村社区已不再是仅仅依靠传统维系的文化共同体,而是具有多样性共同联系的地域共同体,现代农村的流动性很大。

大部分农民外出"打工",产生了新的看法,带回了新的观念。相对于传统农

---

① 侯健.宪政视野下的利益表达机制建设[J].求是,2009(5):78-83.

② 兰措卓玛.法治视角下的失地农民利益表达研究[J].青海社会科学,2014(5):91-96.

村的同质性而言,现代农村具有很强的异质性。农民利益分化给村治带来的后果是农村社区凝聚力和整合性的不断下降,家族势力逐步分化,某些约定俗成的传统习俗逐步被打破,村民人际关系减弱以致相互合作难以达成,等等。农村社会结构的变化使构建完善农民利益诉求表达机制显得尤为迫切,靠传统的内部消化已经无法满足。但是,政府一些部门由于办事效率低下、存在官僚工作作风等问题,使农民反映的问题往往得不到及时有效的解决。这些现象促使在农村集体土地改革背景下构建完善农民利益诉求表达机制显得尤为迫切。

(二)农村利益分配不公是经济条件

农民阶层虽然数量较为庞大,但其控制和分配稀缺资源的权利相当有限,在从温饱型向富裕型转变的过程中,呈现出利益分配的失衡问题。虽然社会主义市场经济的核心点应放在发挥市场的基础性资源配置作用、优胜劣汰上,但农民群体利益表达机制的欠缺使市场的自发性和逐利性通过市场这个平台无限进行放大。这种放大与权力寻租后的裙带关系交织在一起。一定的关系、背景无疑成为获得农村有限资源的便捷通道。这样一种利益的获取无疑是不正当的。而失利农民基于自己利益受损或生存和发展条件受到威胁,寻求利益表达的时候,却发现面临诸多障碍。

我们认为,农民群体行使利益表达权利进行利益表达,是为了让国家和政府改善自己的生存和发展条件,保护和增进自己的利益,满足自己特定的利益要求。但由于我国传统农民利益表达机制基本上还是温饱型的,让他们付出代价进行超越温饱型的利益表达,有一定的困难。如果利益表达机制成本过高,或者由于农民利益表达机制不健全,利益诉求渠道不畅通,改革中的既得利益群体为了维护自身利益,而在一定程度上挤压特定农民阶层的利益表达空间,从而侵蚀农民的正当利益。

(三)法律规范的运作缺位是制度条件

法律规范健康地运作是法治社会形成的前提,有法律规范不一定形成法治,但法治中一定会有法律规范的健康运作。对规则的推崇和畏惧是法律规范良性运作的重要环节。农民群体传统上形成的“不患寡而患不均”的意识导致其内心深处有着狭隘的功利主义特权思想。此外,由于传统“三纲五常”观念的影响,在农民心目中,“良民”“顺民”“臣民”的社会依附意识非常强烈。特权思想再加上依附心态,自然会体现为漠视规则。

在我国,国家层面上一直重视关于“三农”问题的立法,也出台了大量的规范性法律文件予以调整,但这些规范性法律文件的运作状况如何呢?农民群体在纠纷面前是信法还是信人情呢?客观来讲,相当部分农民的规则意识与法治要求不相适应。此外,我国农民还深受乡土“熟人文化”的影响,很多场合出于对社会潜规则的遵循而忽视规则,不愿意或者不敢表达自己的真实利益要求。可见,法律规范的运作缺位已经使构建农民利益表达的法治路径迫在眉睫。

二、农民利益表达机制法治路径构建的制约障碍分析

(一)传统能人治理的失范甚至失效是自治性结构障碍

在我国农村,很多农民的行为模式仍然是偏向精英主义的,喜欢服从权威并偏向秩序。农村精英在村民中的影响力显示出村民对其人格化力量的信任。但是,农村精英治理村庄是一把双刃剑,个别有可能会被"异化",如村内恶霸等现象。有学者指出:"在乡村治理内部场域,以往的乡规民约被破坏,乡村事务一定程度上被宗族能人所控制,有的村庄甚至被黑恶势力控制,在一些利益巨大的乡村,贿选、暴力选举等违法现象比较严重,村民利益得不到重视,乡规民约在一定程度上停止运作。"①在实践中,农民维护自身权利的付出超出了很多农民的承受能力,农民缺乏有效的资源去参与并同其他利益集团进行博弈,而且现有的利益表达渠道不甚畅通,即使农民的正当权利受到了侵犯,他们往往选择的是沉默。这就需要社会尊重农民的利益表达权,不仅要让农民说话,而且要使农民敢于说话、勇于说话、善于说话,实现乡村治理的"乡贤化"转变。

(二)农民没有充分的话语权是体制性结构障碍

在各种利益协调机制中,首要的问题是利益表达,没有有效的利益表达机制,其他的利益协调机制都无从谈起。由于农民的话语权没有得到充分的尊重,在个别地方引发了群体性事件,不能不引起我们的高度重视。在农民利益表达的实践当中,存在着以下现象:面对环境恶化的利益被侵犯,农民群体没有话语权;面对农用地被非法侵占,农民群体没有话语权;面对涉农的贪污腐败,农民群体没有话语权。

农民在此类案件中显然已经成为严重的"利益受损群体",以话语权为核心的知情权、参与权等得不到相应的尊重和保护。利益受损后的救济之路显得漫长而又无奈。有学者研究指出农民对利益受损表达不满呈现出"三部曲"特点,从早期和平的"沟通性"方式到越来越带有"逼迫性"的方式再到失去信任的"敌视性"方式。② 我们认为,农民并不缺乏合作意识。互助活动是否会发生,关键取决于互助带来的收益及其为此付出的成本。在农民话语权得不到有效保障的情形之下,农民自身利益的维护无疑形同水中月、镜中花。将缺乏话语权的广大农民引导到能够自我表达与自我组织的话语权体系中去,当属我国农村现代化的重要任务。

---

① 李金哲.困境与路径:以新乡贤推进当代乡村治理[J].求是,2017(6):87—96.
② 任中平,陈冕.农村改革发展进程中农民利益表达机制的重构[J].云南社会科学,2009(3):39—43.

（三）法治运行的基础匮乏是系统性结构障碍

法治,乃众人之治。亚里士多德早就明确提出法治优越于人治,并进一步指出,良法是法治的前提,法律具有至高无上的权威是法治的根本。法治必须有运作基础,才能实现法治之目标。在我国,长期以来,由于传统封建思想的影响,农民法治观念淡薄。"在几千年的封建社会中,封建集权制度与家国同构的文化积淀,民以顺为本,形成了民对官府的顺从和依赖。计划经济时期政府包揽一切,使历史积淀下来的依赖心态与习性,在新的条件下得以延续。"①从历史上讲,中国的小农经济结构和王朝的更迭交替也更让农民懂得:皇权变更虽频繁,百姓却并没有因为皇权的更迭而获得相应的利益,甚至会遭受巨大的牺牲、付出沉重的代价。农民期望"明君""贤相""清官"来维护他们的利益,这是中国特色的"包青天"情结。

值得注意的是,虽然我国经济已经得到了长足发展,经济总量跃居世界第二位,但在一定程度上,部分农民的观念仍然与现代公民意识不相适应,更喜欢甚至留恋于别人为自己当家作主,更多的是依赖政府、媒体、知识分子的代言,即使规则被破坏甚至影响到自己的利益,也往往安于现状、封闭狭隘,更多企盼的是与世无争。此外,我国农民的生活圈子实际上是很有限的,具有十分强烈的无奈感和宿命论倾向。这些现象的存在形成了一种网络,直接使法治的运行效果大打折扣。

三、农民利益表达机制法治路径的体系构建

（一）培养强化农民的权利表达意识

"权利意识是主体意识的核心意识。主体的权利意识是主体充分发挥其主观能动性和创造性进行权利自我实现和权利维护的前提。"②在我们国家,农民还缺乏现代性的权利表达意识。随着互联网的普及,人们当然也包括农民群体获得信息的渠道越来越多,心态在发生着相应的变化,"公平感诉求、自我意识、权利意识"不断增强和提高。典型的民粹主义也在逐步消解,"仇富""仇官"等心态也在趋于缓和。农民要在利益表达过程中确立自己的主体地位,改变对政府和其他主体的依赖,逐渐树立自己为自己做主、主动表达利益诉求的观念。

（二）进一步推进农村三权分置改革和农村集体产权制度改革

农民利益表达机制的完善从根本上还需要农村经济的发展壮大做支撑。我国农村经济发展至今,零碎化的以家庭为单位的经营模式,无法实现适度的规模经

---

① 李景鹏.政府职能与人民利益表达[J].中共中央党校学报,2006(3):15-18.
② 丁德昌.农民文化发展权的法律保障[J].黑龙江省政法管理干部学院学报,2015(6):1-4.

营,导致农民增产不增收,农村经济的发展出现制约瓶颈问题。在此背景下,2016年中共中央办公厅、国务院办公厅印发了《关于完善农村土地所有权承包权经营权分置办法的意见》,要实现从两权分离到三权分置,从集体所有、农户承包经营到集体所有、农户承包、多元经营的过渡。尤其是党的十九大报告提出保持土地承包关系稳定并长久不变,第二轮土地承包到期后再延长三十年,又为三权分置改革的推进奠定了政策基础。2016 年,中共中央、国务院印发《关于稳步推进农村集体产权制度改革的意见》,提出适应健全社会主义市场经济体制新要求,不断深化农村集体产权制度改革,探索农村集体所有制有效实现形式,盘活农村集体资产,构建集体经济治理体系,形成既体现集体优越性又调动个人积极性的农村集体经济运行新机制。农村集体产权制度改革,试图以此壮大新型农村集体经济基础。对此,有学者指出:"问题的实质不是否定集体成员的民主决策,而是要创造集体所有权民主行使的社会政治和经济条件,集体经济是集体所有权的基础,没有集体经济的集体土地所有权就缺少民主行使的经济基础。"①可以说,农村经济发展程度和农民富裕程度与农民的理性意识、参与意识和自主意识是成正相关联的,而这些意识的内化,正是农民进行有效利益表达的基本条件。

(三)不断完善农民利益表达的形式,构建多元化的利益表达平台

为了更好地维护农民的利益,需要架构社情民意反映平台,以扩大利益表达的渠道。一方面,可以依托现有的基层人民代表大会、村民大会或村民代表会议、农村集体经济组织成员大会、成员代表大会等平台,进一步完善运作规则。这些平台是农民利益表达的重要渠道,通过此类平台可以倾听农民的呼声,体察农民的疾苦,反映农民的愿望。为了使这些平台更加有效,需要加强它们的组织建设,提高运作效率,确保农民的声音能够被及时、准确地传达给相关部门。另一方面,完善政务公开制度也是至关重要的。政务公开是保障农民知情权、参与权、表达权和监督权的重要手段。通过政务公开,可以使基层政府行为和基层村民自治组织的运作公开化、透明化,避免暗箱操作,增强农民对基层工作的信任和支持。同时,政务公开还可以促进农民与基层政府之间的沟通和互动,使农民更加积极地参与到农村社会的发展中来。此外,随着互联网的普及和发展,可以充分利用互联网信息技术等媒体手段,拓展农民利益表达的渠道。

(四)规范政府对涉农利益表达行为的处理,完善我国的信访制度

由于各种原因,信访制度一直在我国利益表达机制中发挥重要的作用。但是,由于上访"逐级进行"规定,导致"人民群众难以有效地通过这些制度表达自己的利益。这种单通道的利益表达渠道通道拥挤、负荷能力不强,人民群众许多重要的利益表达无法进行,不少合理的意见、要求和建议得不到及时有效的反映,屡见

---

① 韩松.论农民集体土地所有权的管理权能[J].中国法学,2016(2):121-142.

不鲜、延绵不绝的越级上访现象就是利益表达渠道不畅的突出表现"①。我们是否可以考虑把信访问题的"解决率"作为衡量信访官员政绩的重要指标,这样才能保障农民的利益表达和诉求渠道畅通,更好地表达和反映农民的利益需要。

（五）实现农村社会治理从"农村能人"到"新乡贤"的转变

"新乡贤"与"传统能人"相比,新在理念上的更新,其不仅才能出众,而且信奉法治,自觉、自愿把权力归之于法治规范的调控之下,避免权力失控,侵蚀农民群体的利益表达诉求。对此,有学者指出:"新乡贤与传统乡贤的重要区别体现在思维方式与思维特点上,特别是在中国改革开放以来的社会发展进程中,在城市化发展的新背景下,新乡贤能够通过更便捷的渠道接触来自社会的各种思想观念,易于接受当下社会的主流道德观及党和国家的民主法治建设理念。"②在具体操作层面,应加大对"新乡贤"的法治思维和法治方式的教育,使其逐渐具备符合社会主义核心价值观的思想意识,秉持作风正派、办事公道的处事规则。

---

① 王立新.试论我国社会分层中人民利益表达制度的建构[J].社会科学,2003(10):45-50.

② 靳业葳.新乡贤组织的制度设置与治理机制创新[J].财经问题研究,2017(10):126-131.

第二章

农村集体土地产权制度改革与农村集体经济组织

农村集体土地产权改革，是农村集体产权制度改革的重要组成部分。巩固农村集体产权改革成果，对集体资产进行有效监管和运营，就需要重新塑造农村集体经济组织，理清农民集体与农村集体经济组织关系。农民集体高度抽象，与集体所有制相适应；农村集体经济组织代表农民集体行使集体土地所有权。这样界定不仅契合法律规定本意，而且体现出农村集体土地所有权的科学运行机理，彰显农村集体土地所有权适应社会主义市场经济的客观需要。

第一节　农村集体土地产权制度改革基本问题

农村集体产权制度改革，是发展农村经济，实现乡村振兴的重要举措。农村集体产权制度改革对于盘活农村资产、增加农民财产性收入、真正让广大农民分享改革成果，意义重大。农村集体产权针对的农村集体资产包括三类：资源性资产、经营性资产和非经营性资产。

针对农村集体产权改革试点，农业农村部（2018 年以前为原农业部）、中央农村工作领导小组办公室（以下简称中央农办）等已经组织了三批试点。第一批试点是 2015 年农业部（现为农业农村部，下同）、中央农办、国家林业局（现为林业和草原局，下同）确定在 29 个县（市、区）开展的农村集体资产股份权能改革试点。这项改革试点任务 2016 年底已经完成。第二批试点是 2017 年农业部、中央农办确定在 100 个县开展的农村集体产权制度改革试点，试点周期两年，将于 2018 年10 月底完成。第三批试点是 2018 年农业农村部、中央农办确定吉林、江苏、山东3 省全省开展试点，50 个地级市开展整市试点，150 个县级行政单位开展县级试点。三批试点加起来，共涉及县级行政单位 1000 个左右。第一批试点单位中，济源市为河南省唯一试点单位;第二批试点中,河南省濮阳市华龙区、邓州市、汝州市、获嘉县、范县、新县为试点单位;第三批试点中,河南省鹤壁市、濮阳市、三门峡市、叶县、安阳县、温县、商水县、巩义市、兰考县、禹州市、商丘市睢阳区为试点单位。第四批试点是 2019 年中央农办、农业农村部确定天津市、河北省、黑龙江省、安徽省、福建省、江西省、河南省、湖南省、重庆市、贵州省、陕西省、宁夏回族自治区等 12 个省(市、区)全省开展试点,39 个地级市开展整市试点、163 个县级行政单位开展县级试点。2020 年农业农村部办公厅《关于做好 2020 年农业农村政策与改革相关重点工作的通知》提出非整省试点省份要全面推开农村集体产权制度改革试点。2022 年农业农村部、中央组织部、财政部、国家乡村振兴局《关于做好农村集体产权制度改革成果巩固提升工作的通知》指出在各地各相关部门共同努力下,农村集体产权制度改革阶段性任务已于 2021 年底基本完成。

农村集体土地产权改革,也是上述农村集体产权制度改革试点的重要组成部分。除此之外,农村"三块地"的改革(主要针对农村土地征收、集体经营性建设用地入市和宅基地制度改革)也作为农村集体土地产权改革的针对性试点不断探索总结经验。在此基础上,国家进一步提出承包地三权分置改革(落实所有权、稳定承包权和放活经营权)和宅基地三权分置改革(落实所有权、保留资格权和放活使用权)。农村集体土地产权制度改革涉及面广、历史跨度长,各地情况复杂,导致不少地区在改革推进中遭遇困境。特别是农村集体成员身份认定、土地确权中的权属争议成为当前农村集体产权改革矛盾焦点。在农村集体土地产权制度改革推向深入的背景之下,我们有必要理顺典型农村集体土地产权改革的历史背景和关键节点。

一、《关于稳步推进农村集体产权制度改革的意见》集体土地产权改革阐述

2016 年 12 月,中共中央、国务院发布了《关于稳步推进农村集体产权制度改革的意见》(以下简称中央《农村集体产权制度改革意见》),2017 年 5 月,中共河南省委、河南省人民政府发布了《关于稳步推进农村集体产权制度改革的实施意见》(以下简称河南省《农村集体产权制度改革意见》)。上述意见明确了集体资产的三种类别:资源性资产是指农民集体所有的土地、森林、山岭、草原、荒地、滩涂等资产;经营性资产是指用于经营的房屋、建筑物、机器设备、工具器具、农业基础设施、集体投资兴办的企业及其所持有的其他经济组织的资产份额、无形资产等资产;非经营性资产是指用于公共服务的教育、科技、文化、卫生、体育等方面的资产。除此之外,还对集体土地产权改革的基本思路进行界定。

（一）坚持农村土地集体所有，坚持家庭承包经营基础性地位

中央《农村集体产权制度改革意见》和河南省《农村集体产权制度改革意见》均明确要坚持农村土地集体所有，坚持家庭承包经营基础性地位，在落实农民的土地承包权、宅基地使用权基础上清产核资，把农村集体资产的所有权确权到不同层级的农村集体经济组织成员集体。根据历史形成的"队为基础，三级所有"，属于村农民集体所有的土地，由村集体经济组织代表集体行使所有权，未成立集体经济组织的由村民委员会代表集体行使所有权；属于村内两个以上农民集体所有的，由村内各该集体经济组织代表集体行使所有权，未成立集体经济组织的由村民小组代表集体行使所有权；属于乡镇农民集体所有的，由乡镇集体经济组织代表集体行使所有权。但径行放开土地流转，是否会形成无固定工作、又无土地保障的失地农民群体，将是我们必须正视和思考的问题。从中国社会漫长的历史沿革来讲，很多朝代诞生之初均进行了一定程度的"均田"，但由于制度设计的问题，土地兼并而引起的大批量失地农民的现象屡见不鲜，大量失地农民在社会保障没有高度发达的背景下将会引起社会的动荡甚至起义（暴乱）。因此，坚持农村土地集体所有、坚持家庭承包经营基础性地位意义重大，必须具有持久性而非权宜之计。

（二）规范土地流转市场

中央《农村集体产权制度改革意见》和河南省《农村集体产权制度改革意见》均强调农村承包土地经营权流转不得改变土地集体所有性质，不得违反耕地保护制度。以家庭承包方式承包的集体土地，采取转让、互换方式流转的，应在本集体经济组织内进行，且须经农村集体经济组织等发包方同意；采取出租（转包）或者其他方式流转经营权的，应报农村集体经济组织等发包方书面备案。开展农村承包土地经营权、集体林权、"四荒"地使用权、农业类知识产权、农村集体经营性资产出租等流转交易。由此，上述意见解决了承包地的流转问题，有利于承包地向种田大户、种田能手、新型农业经营主体流转，进而实现农业适度的规模经营。推进了农业经营的升级改造，方便引入绿色农业、科技农业，提高我国农产品的竞争力。新的改革思路不仅解决了土地细碎化问题，而且"还方便地引入了绿色农业、科技农业，从规模效益的角度，有效地促进了农业经济发展，农民家庭或个人也获得了实惠"。[①]

（三）尊重农民权利行使

中央《农村集体产权制度改革意见》和河南省《农村集体产权制度改革意见》特别提出要尊重农民的主体地位，把选择权交给农民，确保农民充分享有知情权、参与权、表达权、监督权。农民可以是一个职业，也可以是一种身份。但从历史演

---

① 孙宪忠.推进农地三权分置经营模式的立法研究[J].中国社会科学,2016(7):145-163,208-209.

进的角度,要立足于身份来探讨农民的利益保护,以居住地作为标志、以历史上的身份标准配置资源作为手段进行界定。农民利益的保障不仅是践行社会公平正义之内在要求,也事关整个社会的稳定,这种保障源于农民社会保障的不发达甚至缺位。从传统农民心理来讲,也使农民心理获得了一种无形的宽慰。当然,从宏观上讲,这种保障为我国的政治安全奠定了坚实的基础,也为我国的政权合法性进行了充分的背书。"要实现村民自治中选举权、决策权、管理权和监督权的'四权同步',确保村民对公共权力的有效监督,从而达到资源收益由全体村民共享的目的。"①因此,在农村集体土地产权制度改革中,必须充分尊重农民的主体地位,保障农民的切身利益诉求。

二、农村集体产权改革下坚持土地集体所有

(一)土地集体所有沿革

1950 年,中央人民政府委员会第八次会议通过的《土地改革法》通过没收等手段筹集土地,把该土地分配给无地或少地的贫苦农民所有。该法第 10 条明确规定:"所有没收和征收得来的土地和其他生产资料,除本法规定收归国家所有者外,均由乡农民协会接收,统一地、公平合理地分配给无地少地及缺乏其他生产资料的贫苦农民所有,对地主亦分给同样的一份,使地主也能依靠自己的劳动维持生活,并在劳动中改造自己。"这意味着通过土地改革实现了农民的土地所有权。1955 年全国人民代表大会常务委员会第二十四次会议通过的《农业生产合作社示范章程》结合当时的社会主义改造,对农村的土地资源经营活动进行了调整,该章程把农业生产合作社分为初级合作社和高级合作社。该章程第 3 条第 2 款规定:"初级阶段的合作社属于半社会主义的性质。在这个阶段,合作社已经有一部分公有的生产资料;对于社员交来统一使用的土地和别的生产资料,在一定的期间还保留社员的所有权,并且给社员以适当的报酬。"第 4 款规定:"高级阶段的合作社属于完全的社会主义的性质。"在这种合作社里,社员的土地和合作社所需要的别的生产资料,都已经公有化了。由此得知,该章程是一种过渡,一方面,从土地资源的权属性质来讲,要实现土地资源的公有化即归集体所有;另一方面,对土地资源实行集体统一经营。1956 年第一届全国人民代表大会第三次会议通过的《高级农业生产合作社示范章程》则明确要把农村土地收归集体所有。该章程第 13 条第 1 款规定:"入社的农民必须把私有的土地和耕畜、大型农具等主要生产资料转为合作社集体所有。"1962 年中国共产党第八届中央委员会第十次全体会议通过的《农村人

①　李利宏.资源型地区集体产权个体化后的村庄治理[J].江西社会科学,2016(5):232-236.

民公社工作条例修正草案》第 21 条规定："生产队范围内的土地,都归生产队所有。"至此,在法源的角度,农村土地已经集体化即农村土地归集体所有。1982 年《宪法》第 10 条第 2 款原则规定："农村和城市郊区的土地,除由法律规定属于国家所有的以外,属于集体所有;宅基地和自留地、自留山,也属集体所有。"1986 年《民法通则》第 74 条规定："集体所有的土地依照法律属于村农民集体所有,由村农业生产合作社等农业集体经济组织或者村民委员会经营、管理。已经属于乡(镇)农民集体经济组织所有的,可以属于乡(镇)农民集体所有。"1986 年《土地管理法》第 8 条第 2 款规定："农民集体所有的土地已经分别属于村内两个以上农业集体经济组织所有的,可以属于各该农业集体经济组织的农民集体所有。"改革开放后的这些法律规定基本上奠定了农村土地"三级所有、组为基础"的集体土地所有权体系。

(二)土地集体所有的具体阐述

农村土地的集体所有在中国特色社会主义政治语境当中是宣示政治合法性的重要因素。我国对于传统小农经济与乡村政治的架构有着诸多争议,产生了"无关论"(又称"技术论")和"相关论"。"第一种观点认为,土地不是中国传统经济时期的问题,中国没有大地主,以自耕农为主,土地与乡村政治之间并没有直接的关系,可以称为'无关论';第二种观点认为,土地是中国传统经济时期最核心的问题,土地与乡村政治之间有着紧密的关系,可以称为'相关论'。"①"技术论"认为中国传统的小农经济与政治权力的架构没有关系,之所以在小农经济之上产生各种政治现象,源于耕作技术之局限。"相关论"则正好与之相反,认为在小农经济之上囿于土地之私有而导致的土地集中,进而从一定程度上决定了中国古代农民起义的循环模式。如果我们抛开理论上的争鸣,从中国历史实证角度来讲,就中国社会演进的轨迹,往往存在一个与国家权力的互动关系:土地私有—土地兼并—流民产生。这一循环中所出现大量的衣不蔽体、食不果腹的流民并不会直接导致政权更迭,但一旦有适当的外部条件,将会直接影响到政权的稳定进而爆发起义或革命。新中国成立之后的社会主义改造,从根本上杜绝了土地私有而导致的土地兼并;当今所展开的宅基地"三权分置"政策,则要在坚持农村土地集体所有的前提下解决宅基地空置率高和效率利用问题。当然,也有一些学者就土地公有展开了批判性研究。"农地私有似乎是有效解决三农问题,加快中国城市化进程从而保证基本现代化目标实现的一个必要前提。"②这种路径主张如果仅仅从产权效能发挥角度也许有一定的道理;但如果放在整个城乡统筹发展的大背景下来审视,则值得反思。"土地私有化要摧毁的不仅仅是土地集体所有,同时也摧毁村社区域共同体。"③

---

① 邓大才.土地政治:两种观点和两个视角[J].社会科学,2012(6):77-86.

② 蔡继明,方草.对农地制度改革方案的比较分析[J].社会科学研究,2005(4):28-32.

③ 孟勤国.揭开中国土地私有化论的面纱[J].北方法学,2010(1):155-160.

在乡村全面振兴的背景下,要实现农业农村优先发展,集体所有也发挥着基础性作用。在发展中国家农村现代化改造的过程中,不乏出现土地私有制基础上的土地自由流转问题。农民失去了土地流向城镇,由于工作技能、教育背景等因素制约,在失去了或难以寻求相对稳定工作之后,往往变成城市的弃儿,诸如城市贫民窟的拉美发展陷阱,不得不引起我们的警觉。对此,有学者指出:"亚非拉其他发展中国家则更是严重受制于农业土地私有制之害,地主阶级的剥削,佃农在农村日渐无立锥之地而进入城市,缺少在城市化就业与收入机会,从而落入城市贫民窟。"①

党的十九大报告指出,实施乡村振兴战略,巩固和完善农村基本经营制度,深化农村土地制度改革。深化农村集体产权制度改革,保障农民财产权益,壮大集体经济。2018年,中共中央、国务院《关于实施乡村振兴战略的意见》(2018年中央一号文件)指出,系统总结农村土地征收、集体经营性建设用地入市、宅基地制度改革试点经验,逐步扩大试点,加快《土地管理法》修改,完善农村土地利用管理政策体系。为了贯彻落实中央关于乡村振兴的具体要求,中共河南省委、河南省人民政府制定了《关于推进乡村振兴战略的实施意见》,其中特别强调在符合土地利用总体规划前提下,允许县级政府通过村土地利用规划,调整优化村庄用地布局,有效利用农村零星分散的存量建设用地。对于集体土地所有权来讲,一方面这种所有权应当符合一般所有权的共同特点,比如完全的权能:占有、使用、处分、收益;另一方面又体现出来其特殊之处,也就是国家公权力对这种所有权的限制相对比较严格,典型表现是针对处分的这种权能,除了征地之外,这种所有权主体不应发生变动。那么,所有权的权能效力和国家公权力对所有权的限制就形成一对矛盾体。在这个矛盾体当中,一方面通过国家公权力对所有权的限制,借以实现国家利益和社会利益;另一方面必须保障所有权人的利益。二者之间如何平衡是亟待解决的问题。在三权分置的背景之下,二者矛盾的解决着眼点要考虑到落实集体所有权的主体。也就是说,这个主体到底如何构建,如何形成法律上的权利主体,使其健全有效的运作。另外,国家公权力要以实现国家利益、社会利益为目的,对这种所有权进行限制的、合理性的评价以及合法性的规范。

对于我国农村土地所有权的问题,有学者从另外一个角度进行了阐释。② 针对许多学者指出的集体土地所有权"主体虚位"的问题,该学者的主要观点是我国农村集体土地所有权的主要问题并非所有权的"主体虚位",而是不存在真正意义上的所有权,现实话语中及法律层面上的所谓的所有权仅应该指"前所有权"。该

---

① 贺雪峰.论农村土地集体所有制的优势[J].南京农业大学学报(社会科学版),2017(3):1-8,155.

② 吴向红,吴向东.传统地权秩序对土地承包权的挑战[J].法学,2007(5):113-121.

学者的论证角度主要从历史沿革、现实运作两个角度展开。从历史沿革角度,该学者认为我国传统上对土地的使用最坚实的起点是"管业"而非所有权。"管业"主要表现为两种形式:其一为政府推行的"均田制",其二为民间自发产生的一亩多田。从现实运作的角度,我国现行法律框架中,很多法律条文向我们提示着某种更高的权利。国家层面所制定的很多规则制度中所体现的阻止集体土地权利成为所有权的规则,每项都有重要的管理价值。这种观点也值得我们思考。

三、农村集体土地产权制度改革之承包地确权实践分析

2013 年,中共中央、国务院发布的《关于全面深化农村改革加快推进农业现代化的若干意见》(2013 年中央一号文件)指出:抓紧抓实农村土地承包经营权确权登记颁证工作,充分依靠农民群众自主协商解决工作中遇到的矛盾和问题,可以确权确地,也可以确权确股不确地。由此,肯定了土地承包实践中的两种主要形式:以把承包的土地分配到户为核心的土地承包确权模式和实行土地份额股份化并把股份份额分配到户的土地承包确权模式,前者为确权确地,后者为确权确股不确地。

2015 年,中共中央、国务院发布的《关于加大改革创新力度加快农业现代化建设的若干意见》(2015 年中央一号文件)则在土地承包经营权确权问题上进行了调整,该意见指出:对土地等资源性资产,重点是抓紧抓实土地承包经营权确权登记颁证工作,扩大整省推进试点范围,总体上要确地到户,从严掌握确权确股不确地的范围。2015 年,原农业部发布的《关于认真做好农村土地承包经营权确权的登记颁证工作的意见》进一步明确农村土地承包经营权确权登记颁证工作并指出:土地承包经营权确权,要坚持确权确地为主,总体上要确地到户,从严掌握确权确股不确地的范围,坚持农地农用。基于此,确权确地和确权确股不确地并非并列关系,而是主次关系,以确权确地为主、确权确股不确地为辅,并要严格限制确权确股不确地的范围。2015 年,河南省政府办公厅下发的《关于开展农村土地承包经营权确权登记颁证试点工作的意见》明确规定:农村土地承包经营权确权登记颁证试点工作坚持"三不变、一严禁",即原土地承包关系不变,承包户承包地块、面积相对不变,二轮土地承包合同的起止年限不变,严禁借机违法调整和收回农户承包地。在承包地三权分置背景下,确权就是确定土地承包经营权,确地就是把土地承包权经营权对应的土地四至确定下来并反映到土地登记文书中,确股就是以股份化形式确立承包农户的权属内容。

(一)确权确股不确地的土地承包确权模式

早在 21 世纪初,该种土地承包模式就被采用。确权确股不确地的农地承包权实现形式的实质就是农户以农地承包权入股,变以人配地为以人配权。在确权确股不确地的实践中,江西省黄溪村实行"确权不确地、分红按人头、补贴归原户、组

级管理、村级整包"的耕地经营管理模式。其核心是明确农户土地承包权的份额即土地面积但不确定具体地块,根据农户土地承包权的份额形成股份,土地由集体经济组织统一流转,农户依据股份分红,同时,农户也可以向集体提出申请承租流转的土地。青岛市委农村工作领导小组于 2015 年印发了《开展农村土地承包经营权"确权确股不确地"试点意见》,在推进中明确"确权确股不确地"的适用范围,并特别强调尊重农民的意愿,依据农民认可的土地面积,计算村集体经济组织土地股份数量。

对于确权确股不确地的土地承包模式,有学者进行了积极的评价并认为是可以推广之模式。笔者认为,此种观点值得商榷。其一,确权确股不确地必定会形成土地的统一经营,虽然这一定程度上可以实现土地经营规模化,但农村集体经济组织是否有这个经营能力,值得我们深思。有学者指出:"所有权的行使主体由农民集体异化为农村集体经济组织或者村民委员会等,在有的地方甚至异化为乡、村干部,成为其利用土地牟取私利、欺压农民的工具。"①在媒体经常报道的村干部对扶贫专项款项都敢贪污的背景下,把集体土地确权确股不确地交给农村集体经济组织统一经营,值得审慎。其二,农业经营风险高、收益不确定性大。确权确股不确地之下,农民只有观念上的股权,并没有具体到相应的地块,农民支持该承包模式的最大动力就是能够按时分红。如果统一经营者经营不善、无法分红,势必影响农民权利的实现和该制度运行的实效。中央之政策严格限制确权确股不确地的土地承包模式,规定严格的适用条件和审批程序,值得肯定。

(二)确权确地的土地承包确权模式

根据国家政策及土地承包实践,我国大部分地区采取确权确地的土地承包模式。在该模式的实施过程中,有学者基于一些地方人地矛盾的现实提出了自己的看法:"强化对农户的土地财产权保护是必要的,但一定要以保证无地、少地农民的生存保障权为前提,这是农地制度改革的底线。在确权过程中,应充分尊重群众意愿,在落实'长久不变'之前,对土地承包关系进行一次调整。"②申言之,在人地关系日益紧张的当下,较长期限的土地承包期诚然能在形式上实现土地对农民的保障功能,但实践中农村承包经营户却经常占有着不同量的土地,细算到人均享有的权利更是参差不齐。"户"这一整体性组织的存在意味着应以稳定性为主,并不具有成员个人具备的可流动性和可调整性,而实行这一政策,显然是对新增人口土地分配权的公然忽视,同时也有悖于公平原则。

---

① 陈小君,等.田野、实证与法理:中国农村土地制度体系构建[M].北京:北京大学出版社,2012:10-11.

② 郎秀云.确权确地之下的新人地矛盾:兼与于建嵘、贺雪峰教授商榷[J].探索与争鸣,2015(9)44-48.

持有该种观点的学者并不反对确权确地,但认为在确权确地之前应基于人口的变化重新分配土地,以保障无地农民的生存权和践行农村土地的社会保障公平。国家之所以稳定承包关系,不打乱重分,笔者认为,主要基于以下几点理由:第一,承包土地是以户为单位进行的,户之成员不断发生变动。任何一个节点的重新分配在人口变动的背景下经过一段时间仍然会形成新的不公平;第二,调整土地事关农村的稳定和农民利益的保障。不同农户对土地经营的投入会形成差异,由此导致土地肥力的多元化。打乱重分无疑会抑制农户对土地投入的积极性,不利于稳定粮食生产和保障国家的粮食安全。第三,以户为单位的土地承包是基于当初承包土地人口的数量进行展开的,以后由于户之间人口的变动形成户所承包土地与户之人口的不协调,但不会导致户之人口没有可耕土地。再加上农民的非农收入(例如外出务工)在农户收入的主导性和农地收益的有限性,并不会引起严重的社会不公。

(三)河南省承包地确权实践

在 2013 年,河南省济源市就提出分三批选择 30 个村进行"六权"确权综合试点,"六权"包括:农村集体土地所有权、土地承包经营权、集体建设用地使用权、宅基地使用权、集体土地上房屋所有权、小型农田水利工程所有权。[①] 2015 年河南省被国家确定为第二批整省推进确权试点省份。作为确权试点之一的河南省下发的《关于开展农村土地承包经营权确权登记颁证试点工作的意见》明确规定:农村土地承包经营权确权登记颁证试点工作坚持"三不变、一严禁",提出了 2015 年全省完成 4000 万亩左右的确权登记颁证任务,2016 年全省基本完成确权登记颁证任务,2017 年完成扫尾工作的工作目标。在河南省被纳入全国土地承包经营权确权登记颁证"整省推进"的试点范围后,选取信阳、新乡等 8 个省辖市和 10 个直管县(市)以及通许县,作为推进试点,示范带动全省有关工作稳妥推进。全省在 1529 个乡镇的 2.9 万个行政村,涉及 1053.1 万户的 6047.7 万亩耕地开展了土地承包经营权确权登记颁证工作。截至 2015 年年底,全省共完成指界测绘工作面积 5347.5 万亩。[②]

截至 2017 年,河南省共有 2060 个乡镇的 46087 个行政村开展了确权登记颁证工作,其中 2049 个乡镇的 45698 个行政村已完成权属调查任务,1890 个乡镇的 43447 个行政村已完成颁证任务;实测承包地块 7562.69 万块,实测耕地面积 11276.4 万亩;完成确权到户面积 11055.14 万亩,占应确权面积(9992.25 万亩)的

① 马珂.探秘河南唯一全域城乡一体化示范区农村产权改革[EB/OL].(2014-10-25)[2017-9-20].http://news.163.com/14/1025/15/A9DNMF4M00014AEE.html.

② 卢松.2016 年河南省基本完成土地确权登记颁证工作[EB/OL].(2016-02-24)[2017-10-22].https://www.henan.gov.cn/2016/02-24/358915.html.

110.63%；已完善合同 1872.74 万户,占应确权农户数(1910.67 万户)的 98.01%；颁发土地承包经营权证书 1838.51 万户,占应确权农户数的 96.22%。① 三年来,省财政累计筹措安排资金 15.5 亿元,全省完成实测耕地面积 1.055 亿亩,确权到户面积 8193.8 万亩,84.04% 的农村家庭承包经营土地实现确权到户,发放新版农村土地承包经营权证书 502.2 万册。②

承包地确权涉及权属关系复杂,这些权属关系历史跨度长,存在以下突出问题:第一,存在证地不符问题。笔者在调查中发现一些农户私自在地边开垦,实际占有的土地面积和农户承包证书上的地块面积不一致,这一定程度上影响了清产核资;第二,确权遗留问题凸显。为了顺利推进确权工作,针对一些地方无法标定土地权属界址点、线,较难解决的土地权属争议问题进行了搁置。这需要进一步探索解决问题的路径。笔者建议,应本着尊重历史、平衡利益的原则,从历史土地使用关系的沿革脉络厘清问题之所在,对于违法占地、侵害其他村民利益的占地行为,应坚决制止并予以纠正,一味地和稀泥不仅不利于问题之解决,反而会形成新的矛盾点。

第二节　农村集体经济组织重塑的不变与变

一、问题导入

农村集体经济组织是农村集体经济发展的重要载体,无论在过去,还是在未来,其作用都不容小觑。伴随着集体产权改革,重塑集体经济组织已经被提到日程。中央层面积极推动集体经济组织立法,地方也陆续颁布集体经济组织条例③。但需要我们深思的是,在新时代背景下,重塑农村集体经济组织,相对于传统的集

---

① 宋向乐.河南农村承包土地确权颁证、让农民吃上"定心丸"[EB/OL]. (2017-11-14) [2017-12-10]. http://henan.163.com/smx/17/1114/10/D36PPM9J04398DPJ.html.

② 梁新翠.河南省农村土地承包经营权确权登记将于今年结束[EB/OL]. (2017-03-03) [2017-10-22]. http://henan.qq.com/a/20170303/004083.htm.

③ 2018 年 9 月,十三届全国人大常委会将《农村集体经济组织法》列为立法规划的第三类立法项目,农业农村部牵头调研《农村集体经济组织法》立法起草问题,《农村集体经济组织法(草案)》于 2022 年、2023 年分别进行了审议,2024 年《农村集体经济组织法》通过,自 2025 年 5 月 1 日实施;2022 年修改后的《全国人大常委会 2022 年度立法工作计划》指出年度初次审议的法律案中包括《农村集体经济组织法》。2020 年黑龙江省通过《黑龙江省农村集体经济组织条例》。2021 年四川省通过《四川省农村集体经济组织条例》。

体经济组织尤其是改革开放前的集体经济组织而言,具有哪些特殊之处? 当然,我们也需要反思的是,改革开放以来,"农村集体经济组织出现了虚化和缺位状态以及形态多元化"①,为何集体经济组织处于一种"不冷不热",在一些地方"徒有其名",甚至直接由村民委员会等代行其职能的情形? 这些拷问直接涉及重塑集体经济组织中哪些不变,哪些要变,唯有把握了不变与变,方能科学设计农村集体经济组织,充分发挥其职能,避免在农村集体经济组织重塑中"徒有其表",甚至打上计划经济的烙印。

二、农村集体经济组织重塑缘由

农村集体经济组织的制度变迁中,历经初级社、高级社、人民公社等。农村集体经济组织是在改造小农土地所有权的基础上产生的,旨在克服土地私有产生的土地兼并进而导致贫富分化。1955 年,全国人大常委会通过《农业生产合作社示范章程草案》明确了土地等生产资料的公有化改革路径。1956 年,全国人大第三次会议通过的《高级农业合作社示范章程》指出高级农业生产合作社是社会主义集体经济组织,实行土地集体所有。1958 年,党的八届六中全会通过《关于人民公社若干问题的决议》,确立公社管理委员会、生产大队、生产队三级,统一接受人民公社领导,生产队为基本核算单位。1962 年,党的八届十中全会通过《农村人民公社工作条例修正草案》,建立了"三级所有、队为基础"的农村经营体制,此种经营体制下所有权和经营权是合一的,虽然有利于集中力量办大事,但是,"劳动付出与报酬不对等又导致搭便车现象普遍,农民对集体经济组织发展逐渐失去信心"②,集体成员的积极性无法充分调动,忽略市场因素的资源配置无法优化。

改革开放后,1983 年中共中央发布的《当前农村政策的若干问题》提出进行人民公社体制改革,实行政社分立。同年,中共中央、国务院联合发布的《关于实行政社分开建立乡政府的通知》,提出要设立乡镇政权组织,设立村民委员会。1984年中央一号文件③提出以土地公有为基础的地区性合作经济组织可以在村范围内设置,也可以在生产队范围设置,并指出可以是一套班子、两块牌子,也可以分立。伴随着土地承包到户,确立了家庭联产承包责任制和统分集合的双层经营体制,农户的作用得到提升,但农村集体经济组织的发展十分不平衡。在经济欠发达地

---

① 童彬.农村集体经济组织的现实困境和法律构造研究[J].重庆理工大学学报(社会科学),2018(5):110-116.

② 谢宗藩,肖媚,王媚.农村集体经济组织嬗变:嵌入性视角下发展动力机制变迁[J].农业经济问题,2021(12):92-103.

③ 1984 年中央一号文件是指 1984 年 1 月 1 日《中共中央关于一九八四年农村工作的通知》,即改革开放以来中共中央发布的第三个涉农一号文件。

区,农村集体经济组织甚至名存实亡。在实践中,农村集体经济组织的形式有经济合作社、经济联合社、经济联合总社、农工商公司、村经济合作社。当然,也出现了将合作社改为股份合作公司的实践。但相当多的地方没有形式上的"农村集体经济组织",由村民委员会等代行农村集体经济组织职能。此外,从依托集体土地所有权角度而言,乡村集体企业、乡镇集体企业、供销社、信用社并不属于严格意义上的集体经济组织。此阶段的农村集体经济组织的发展,是一种以"自下而上"为主导的诱致性制度变迁。此种路径,虽然充分发挥了地方的主动性和积极性,但出现农村集体经济组织发展的不平衡、不充分,一定程度上甚至弱化集体经济、损害集体成员利益。基于此,欲解决农村集体经济组织发展不平衡现状,发展壮大农村集体经济,农村集体经济组织重塑是必然选项,但何时重塑,则与农村集体产权制度改革有直接关系。

当然,农村集体经济组织的重塑与承包地的发包、宅基地的分配虽有关联,但很难说承包地的发包、宅基地的分配迫切需要重塑农村集体经济组织。原因在于承包地的发包、宅基地的分配具有制度上的连续性和相对稳定性,我国承包地已经进行了二轮承包,第二轮承包期即将到来,国家已经明确第二轮承包地到期后再延长30年,并且原则上不再打乱重分。宅基地分配后也不具有期限,除非出现特殊情形,否则,农户可以一直拥有宅基地。从法权关系而言,同一标的物上,定限物权虽成立于所有权后,但仍有优先于所有权的效力。集体土地所有权上一旦设立土地承包经营权或宅基地使用权之类的用益也即定限物权后,用益物权人在用益物权存续期限,即可对抗所有权人。可见,此次政策上提出重塑农村集体经济组织,着眼点应在于巩固农村集体产权改革的成果。

农村集体产权制度改革,旨在解决农村集体资产归属不清、权责不明、保护不力等较为突出的问题,对集体资产清产核资、资产量化、摸清家底。在农村集体产权改革背景下,如何巩固农村集体产权改革成果,对集体资产进行有效监管和运营,防止集体资产被少数村干部中饱私囊,促进集体资产保值、增值,壮大集体经济、惠及集体成员,促进乡村全面振兴,是迫切需要解决的问题。当然,新时代背景下农村集体经济组织与传统农村集体经济组织相比,虽然都建立在集体土地所有制的基础之上,但从传统的互助功能到新时代的经济功能转变,必然会涉及农村集体经济组织"不变"与"变"的问题。故从农村集体经济组织重塑角度探讨农村集体经济组织的"不变"与"变",显得十分必要。

三、农村集体经济组织重塑的不变

（一）农村集体经济组织重塑坚持中国共产党的领导不变

农村集体经济组织从产生之初,即具有明显的政治色彩,是社会主义公有制的重要载体。无论计划经济时代,还是社会主义市场经济时代,中国共产党都在为农村集体经济组织的发展领航。"西方传统的'政府—市场'分析逻辑难以适用于中国特色社会主义市场经济,用以替代的应是充分考量了'政党'与'政府'对'市场'协同调节的'党政—市场'分析逻辑。"①农村集体经济组织重塑坚持中国共产党的领导,不仅是政治上的当然要求,也是确保农村集体经济组织重塑成功的根本保障,因为"丧失了政治基础的农村集体经济组织不可能保持其公共性"。②

1. 对党农村集体经济组织重塑政策的"悟"

2016 年,中共中央、国务院《关于稳步推进农村集体产权制度改革的意见》指出,农村集体经济组织是农村集体资产的管理主体,县乡党委书记要亲自挂帅,把握方向,勇于承担领导责任。从 2017 年中央一号文件③到 2021 年中央一号文件④,均强调重塑集体经济组织在农村集体产权改革中的重要作用,提出要制定农村集体经济组织法,赋予农村集体经济组织法人资格,充实农村集体经济组织权能,探究符合农村集体经济组织自身特点的税收优惠政策,对农村集体经济组织成员进行成员身份认定,对农村集体经济组织进行赋码登记,发展壮大新型农村集体经济。2022 年中央一号文件⑤进一步指出要巩固提升农村集体产权制度改革成果,探索建立农村集体资产监督管理服务体系,探索新型农村集体经济发展路径。

中央上述文件中关于农村集体经济组织的重塑是持续的、一脉相承的。正是基于农村集体产权改革、巩固农村集体产权改革成果,农村集体经济组织的重塑更显得迫切;新时代背景下壮大农村集体经济,也使得农村集体经济组织的使命更加光荣而又艰巨。中央关于农村集体经济组织的重塑是在全面乡村振兴战略下展开的,是农业农村优先发展举措中的关键节点。党关于农村集体经济组织的一系列政策,为农村集体经济组织的重塑明确航向、确立遵循。"悟"透其中的道理,方能在壮大农村集体经济、切实保护集体成员利益的政策意蕴中,进一步巩固党对农村工作的领导、提高党对农村工作的领导水平,夯实农村集体经济发展的政治基础,确保党确立的农村工作目标的如期完成。

① 易淼,赵磊.基层党建的经济功能与共享发展的基层实践:以中国特色社会主义政治经济学为视角[J].改革与战略,2019(9):26-34.

② 孙敏.三个走向:农村集体经济组织的嬗变与分化——以深圳、苏州、宁海为样本的类型分析[J].农业经济问题,2018(2):21-30.

③ 2017 年中央一号文件:《中共中共 国务院关于深入推进农业供给侧结构性改革加快培育农业农村发展新功能的若干意见》,2017 年 1 月 1 日施行。

④ 2021 年中央一号文件:《中共中央 国务院关于全面推进乡村振兴加快农业现代化的意见》,2021 年 1 月 4 日公布施行。

⑤ 2022 年中央一号文件:《中共中央 国务院关于做好 2022 年全面推进乡村振兴重复工作的意见》,2022 年 2 月 22 日发布施行。

2. 对党在农村集体经济组织重塑中的"行"

无论在革命战争年代,还是和平建设年代,党与农民群众的关系都是血浓于水的。广大农民的支持和参与,革命战争取得了胜利;实现中华民族的伟大复兴,更离不开广大农民的支持和参与。党在新时代背景下提出了农业农村优先发展的战略举措,一方面认识到农业农村改革的复杂性,另一方面也是对农村经济发展的特殊政策倾斜,旨在克服农村改革中的制约瓶颈、解决农村经济发展中的相对滞后问题,使广大农民共享改革成果,最终实现城乡融合一体化发展。

对党在农村集体经济组织重塑中的"行",要思想意识先导,观念转变护航。重塑的农村集体经济组织,虽然与传统的农村集体经济组织有历史渊源,但绝非传统农村集体经济组织的复制与照搬,而是融合了社会主义市场经济要素和新时代特色的创新。在农村集体经济组织重塑过程中,如改革措施不能实现维护农民权益、增加农民收入的目标,此类改革也是失败并违背中央精神的。在贯彻党关于农村集体经济组织重塑政策下,观念上要深刻认识到集体成员利益不受损是底线,集体成员意愿表达是关键。此外,要立足党组织领导,创新运行机制。农村集体经济组织重塑,是要使农村集体经济的发展和壮大形成长效机制,是党在农村集体经济发展中的关键举措。一些地方探索的有基层支部书记担任农村集体经济组织的负责人,具有创新,待实践运行中逐步总结经验,不断完善,有推广的必要。

(二)农村集体经济组织重塑坚持集体土地所有权不变

农村集体土地所有权,是社会主义公有制的重要体现,当然也是农村各项改革的底线,决不能通过改革把农村集体土地所有权搞垮。农村集体经济组织作为一种具有中国特色的特殊经济组织,与农村集体所有制和农村土地集体所有权都有十分密切的关系。虽然立法上表述为农村集体经济组织代表农民集体行使农村集体土地所有权,但学界有不同的解读和探讨。一种观点认为农村集体土地所有权主体为农民集体,农村集体经济组织只是代表农民集体行使土地所有权[①];另一种观点认为虽然立法表述为农村集体经济组织代表农民集体行使集体土地所有权,但农民集体并非法律层面上的概念,无法还原为法律主体,属于政治经济学的范畴,通过对法律进行体系化解释,农村集体经济组织可理解为集体土地所有权的主体。[②] 此种争论除了维护法律概念的严谨性或统一性之外,从集体经济组织运行的实践而言,并没有太大的影响。

---

① 高圣平.《民法典》与农村土地权利体系:从归属到利用[J].北京大学学报(哲学社会科学版),2020(6):143-154.
② 宋志红.论农民集体与农村集体经济组织的关系[J].中国法学,2021(3):164-185.

农村集体经济组织坚持集体土地所有权不变的关键点在于集体经济组织责任财产的划分。责任财产是一定范围内的财产集合,其核心要素在于其边界范围的界定。对组织体而言,责任财产即为当该组织对外形成债务时可用于履行债务的财产。农村集体经济组织特别法人的责任财产范围在一定程度上也可以体现其应有的主体地位。农村集体产权制度改革过程中,把农村集体资产分为资源性资产、经营性资产和非经营性资产。资源性资产中的所有权涉及集体土地所有权,应排除在责任财产范围之外;而非经营性资产,涉及农村公共品的提供,也应排除在责任财产范围之外。对于重塑的农村集体经济组织而言,其责任财产应属于可以流转并可用于经营的资源性资产,例如可以流转的集体经营性建设用地使用权等,以及其他经营性资产,绝对不能包括资源性资产中的集体土地所有权。

(三)农村集体经济组织重塑坚持发展壮大集体经济、服务集体成员不变

农村集体经济组织虽然是经济组织,但绝非一般意义上的经济组织。对于营利性经济组织而言,其虽然也承担社会责任,但更多是以追求利润为目的并在投资者当中依据投资多寡进行利益分红;对于合作经济组织而言,例如农民专业合作社,其服务对象是合作社成员,并没有壮大集体经济的职责。农村集体经济组织之重塑,以发展壮大农村集体经济和服务集体成员为使命,这与传统农村集体经济组织的使命是一致的。在重塑农村集体经济组织中,其重塑成功之关键考量点仍然是集体经济是否壮大、集体成员是否满意。

农村集体经济组织是农村集体行使成员权的载体,要发展壮大集体经济、服务集体成员,必须充分尊重集体成员的共益权和自益权。共益权一般包括知情权、参与权、表决权、监督权等权利;自益权一般包括分红利益请求权、利益受损救济权等权利。集体成员协商共治模式,既能增强集体成员的参与意愿和成就感,又能降低集体经济组织化发展的治理成本。通过集体成员积极参与集体经济组织,实现真实意思表达,对于农村集体经济组织功能之实现意义重大。此外,要关注农村经济组织实际运行状况,对于民主决议规则、经营管理机制、监督职能机制等依照贯彻平等原则、建立科学奖惩机制、畅通沟通机制与监督举措展开。在外部治理中,需要突出重点、实施账务分离制度、有限指导与信息披露相结合、开辟维权绿色通道等。当然,基于部分农村集体经济组织并不具备构造高效的农民集体成员参与的组织要求,作为公权力主体,则要在发展壮大集体经济的战略背景下,依法依规对农村集体经济组织治理进行指导和监督,行政力量的作用仍然不可忽视,以期切实维护农民利益。

四、农村集体经济组织重塑之变

(一)农村集体经济组织重塑背景之变

农村集体经济组织是历史性的范畴,随着我国农村经营政策的不断调整,在不断发生变化。中华人民共和国成立后,实施了一系列的社会主义改造,从初级社、高级社再到人民公社,实现了包括农村土地在内的基本农业生产资料的公有制转变。产生在此基础上的生产队、生产大队等政社合一的组织,在农业生产中发挥着主导作用。在计划经济时代,农村集体经济组织是基本核算单位,其植根于计划经济背景之下,由于生产经营要素的非流动性,法律上塑造其经济交往主体地位并进行组织机关建构没有太大必要性。此种情形下,集体经济组织可以看作整个国民经济运行中的一个重要环节,集体经济组织虽然组织生产经营活动,但其强烈的政治属性使其自主性受到严格限制,其组织的生产经营活动必定要严格按照上级规划和安排展开,甚至可以把集体经济组织看作国家机器运行的一部分。

"一大二公"①的农业经营体制制约了农村生产力的解放与发展。改革开放后,农村土地经营政策进行了重大调整,以安徽凤阳小岗村的承包到户为标志,形成了家庭承包联产责任制及农村统分结合的双层经营体制。农村集体经济组织在此次改革大潮中发生了巨大的变化,尤其是1992年确立了社会主义市场经济体制,农村集体经济组织的计划运作、按劳分配在家庭承包责任体制下已经成为历史,社会主义法治的确立和完善也使得集体经济组织作为土地发包人自主性得到加强,但由于土地承包期限的长期化以及每一轮承包土地到期原则上不再"打乱重分",实施自动顺延,此种发包人的自主性的体现也并不甚明显。当然,在管理资产和服务成员方面,由于改革开放以来各地农村集体经济发展不平衡,农村集体经济组织治理机构不完善等因素,存在明显的地区差异性,甚至在一些地方,集体经济组织徒有其名,甚至连名都没有,有村民委员会、村民小组等直接代行其职权。

正是基于此,在新时代背景下,要重塑集体经济组织,但这种重塑,绝非历史的简单还原。农村集体经济组织在实践中与农村行政组织在结构、职能上产生粘连和重叠,即便人民公社已经解体,其依然具有强大的发展惯性。在重塑农村集体经济组织下,需把握背景之变,克服传统惯性带来的阻碍,立足于社会主义市场经济背景,着眼于集体土地所有制的多种实现形式,结合农村集体产权改革以及承包地三权分置、宅基地三权分置、集体经营性建设用地入市等因素,确保集体资产保值增值、集体成员共享利益,由此根据现实需要建构农村集体经济组织的

---

① "一大二公"是指人民公社的两个主要特点。"一大"指人民公社的规模大;"二公"指人民公社的公有化程度高。

科学组织结构,使新型集体经济组织变成集体资产保值增值和成员利益得到保障的践行者。

（二）农村集体经济组织重塑"统"之变

对统分结合的双层经济体制而言,"统"绝非直接理解为集体统一经营,更多的是集体提供经营服务。2019 年中央一号文件也明确提出要坚持家庭经营基础性地位,赋予双层经营体制新的内涵。国家负有支持实行统分结合经营体制的义务绝不意味着国家代替农民去选择此种经营方式,而统分结合经营体制的实现只能是在尊重农民自由意志的基础上自发选择的结果。如果"一刀切"要求重塑后的集体经济组织也统一经营,姑且不说集体经济组织的治理结构是否能够担当这个重任,而且也与改革开放以来所确立的农户经营自主权相背离,是否会退化为改革开放前的低效率的农村经营模式,着实令人担忧。"统一经营"不应是重塑后的农村集体经营组织的典型特征。具体而言,农村集体经济组织有能力并且集体成员自愿,可以由农村集体经济组织统一经营,具体可以是以集体土地所有权为基础的统一经营,也可以是以土地承包经营权流转为基础的统一经营。

也有学者指出,改革开放以来"以家庭经营为基础,统分结合的双层经营体制"格局早已被完全打破①。此种观点如果仅从农村集体经济组织直接组织参与经营角度而言,是有一定道理的;但若从集体经济组织为承包集体土地额农户提供服务等角度,则难免失之偏颇。从法律层面而言,"以家庭经营为基础,统分结合的双层经营体制"是农村的基本经营体制,我们要做的是如何切实领会法律层面的内涵,探讨统分的形式,而不是从狭隘角度直接得出结论,这也不符合法律解释的基本规则。此外,共同劳动、共同分配是计划经济时代农村集体经济组织的运行常态,改革开放后集体土地分包到户,共同劳动、共同分配已经成为历史,重塑的农村集体经济组织的职能是管理集体财产、维护成员权益、为职业农民使用集体资产提供服务。通过集体成员身份参与农村集体经济组织治理,依托资金纽带和生产环节的协作,应是新型农村集体经济组织的重要亮点,也是新时代背景下"统"的典型体现。

（三）农村集体经济组织重塑社区性之变

社区天然与地域相联系,原本属于社会学上的基本概念范畴,往往从自然共同体角度阐释,强调身份性与先天取得性。在此种层面上,社区是一个人生于斯长于斯的场所,这种生活场域不是后天选择的结果,而是因为亲族关系不得不与这生活的场所同生共死。由此,社区更多是一种交往、心理等方面的认同和融合。法律上在重塑农村集体经济组织的过程中把社区引入进来,绝不能东施效颦,社区一词在法律层面,应理解为通过官方介入所确认的特定区域,突出了层级结构,以地域上

---

① 周斌.城乡统筹进程中农村集体经济组织创新研究[D].成都:四川大学,2008:32.

的社区性为逻辑起点,以土地集体权属的社区性为制度支撑,以成员的社区性为利益纽带,以功能上的社区性为运行归宿,绝非简单的自然共同体。

此外,在计划经济体制下,人口流动受到严格限制,集体经济组织在人民公社时期当然具有社区性。改革开放后,虽然人口流动逐渐放开,农民外出务工已经成为普遍现象,并且外出务工收入往往已经成为一些农民的主要收入来源,土地收入占农民全部收入的比重已经大大降低,但基于城乡二元差异下农村社会保障的不健全,农村集体经济组织的社区性在抵消集体成员在农村社会保障欠缺或不完善下的风险,具有历史延续性和现实正当性,这一点是毋庸置疑的。在农村集体经济组织重塑过程中,集体成员资格的认定仍以社区性为重要判断标准。

但是,从农村集体经济组织发展的长远角度,社区性理应动态变化。现阶段农村集体经济组织强调社区性的封闭之内涵,无法证成农村集体经济组织永远具有社区性的封闭之内涵。基于农村集体经济组织不仅从事经济活动,还要承担一定程度的农村公共品的供给,社区性的封闭之内涵,虽然体现了现阶段农村集体经济组织特殊性,但需要反思的是,此种社区性的封闭之内涵阻隔了市场要素的流动,无法实现要素的合理配置和优化组合,规避甚至拒绝要素流动,无法激发农村集体经济组织的活力。长此以往,是否会导致不同集体经济组织之间农户收益的巨大差异性?对身份或对经济的选择,决定了集体经济组织社区性之内涵的解读。"集体经济如欲走向市场化,必要实现股权自由流转和有偿出让才能体现产权改革后农民所持的股份价值。"①虽然现阶段股权更多代表身份性的权利,但发展壮大集体经济,必须以海纳百川的胸怀,促进成员之间的要素流通,打破集体经济组织成员的边界。此时,"社区性不再体现为封闭性和排他性,而是体现为在完善集体所有权主体制度和行使机制的前提下,为其成员提供多样性的生产服务和社会化服务"。②

(四)农村集体经济组织重塑运行模式之变

农村集体经济组织虽然具有很强的政治性,设立呈现出政府命令成分,但其本质不是在执行政府任务、履行行政职责,而是发展壮大集体经济,维护集体成员之利益;其管理也是内部管理而非公共管理,不能对集体成员直接施加强制力;农村集体经济组织虽然注重资产的保值增值,但其还承担着经济社会职能,不能简单界定为以营利为目的。

因此,农村集体经济组织在其运行中,不仅要处理好与村民委员会等村民自治

---

① 于雅璐."特别法人"架构下我国农村集体经济组织改革发展路径研析[J].海南大学学报(人文社会科学版),2020(6):69-77。

② 杨一介.农村集体经济组织的形与神:制度转型与立法选择[J].云南大学学报(社会科学版),2020(4):135-144。

组织的关系,更要不折不扣地贯彻党发展农村集体经济的政策。农村集体经济组织参与市场交易时,具有政策赋予它的市场主体的地位,但这种市场主体又不同于一般的市场主体。申言之,农村集体经济组织虽然是市场主体,但不等于农村集体经济组织要直接参与生产经营活动中,家庭农场和农民专业合作社是中央一再强调的两大新型农业经营主体,农村集体经济组织更多是农村集体资产保值、增值的管理运作方,代表农民集体与新型农业经营主体以及其他相关主体沟通协商,实现农村集体经营性资产的最优运行,保障农村集体非经营性资产的维护管理,促进集体成员利益的实现。基于此,农村集体经济组织运行中的桥梁和纽带作用十分明显,这与传统农村集体经济组织尤其是计划经济时代的农村集体经济组织存在天壤之别。

五、"不变"与"变"之下农村集体经济组织重塑的建议

(一)根据现实需要重塑农村集体经济组织,不搞"一刀切"

农村集体产权改革后,如没有及时重塑农村集体经济组织,可能出现由于集体经济组织缺位或治理结构缺陷等原因,农村集体资产被少数人中饱私囊,侵吞集体资产,甚至造成集体资产流失等严重后果。但是,农村集体经济组织的重塑是一个过程,而非一个节点。为了重塑农村集体经济组织,而不顾农村集体经济发展的实际情况,片面实现农村集体经济组织数量的增长,或片面追求农村集体经济组织的全覆盖,这是传统计划经济思想在作怪,没有真正领会党关于农村集体经济组织重塑的政策导向。

农村集体经济组织重塑是要把农村集体经济组织变成市场主体,管理集体资产、发展集体经济。在农村经济发展中,对于没有集体资产或集体资产数量较少,土地以发包形式为农户设立土地承包经营权或通过分配形式为农户设立宅基地使用权的农村集体,现阶段由村民委员会代行农村集体经济组织职能运行得很好,集体成员需求不强烈,仍可由村民委员会代行农村集体经济组织的职责。如果强行上马,设立农村集体经济组织,会徒增机构运行成本,降低运行效率,增加集体成员负担。重塑农村集体经济组织,需要有历史耐心和统筹考量,绝对不能好高骛远,脱离实际。

(二)立足社会主义市场经济体制,合理配置集体生产要素

农村集体经济组织是社会主义改造的产物,从其产生之初,就不是单纯的经济组织,承载着政治诉求。社会主义改造完成后所确立的集体土地"队为基础、三级所有"格局,不仅在改革开放前的计划经济时代支撑着农村生产经营活动的展开,而且在改革开放之后仍然是农村集体经济存续和发展的基石,当然也是新时代背景下新型农村集体经济组织重塑的基点。集体土地所有制,在计划经济时代实

现形式单一,体现为集体成员在集体统一组织下,共同劳动、按劳分配。

故改革开放以来,创新集体土地所有制的不同实现形式,采取家庭承包经营为主体的统分结合的双层经营体制,落实农户土地承包经营权;在新时代背景下,推行承包地三权分置,稳定土地承包权、放活土地经营权,引入市场机制,实现承包地的适度规模经营。此类举措实则在发挥市场的力量,通过市场机制合理配置农村生产要素。对于土地经营权是否流转给农村集体经济组织,由农村集体经济组织统一经营;对于农村建设用地是否由农村集体经济组织统一开发运营,决不能靠行政命令的方式解决,而应通过市场机制进行选择决断。前车之鉴,后事之师。计划经济实践虽然远离了我们,但计划经济思维并没有随之烟消云散。在农村集体经济组织重塑当中,须警惕计划经济思维的卷土重来,遵循经济发展规律,依托市场的力量,科学配置集体生产要素,并以此发展壮大集体经济。

(三)秉持重塑前瞻性,为进一步深化改革留有余地

在《民法总则(草案)》(一审稿)中,农村集体经济组织的地位并没有引起立法者的重视,《民法总则(草案)》(二审稿)中也没有将农村集体经济组织作为特别法人进行规定,在法人的一般规定中规定了农村集体经济组织,直到《民法总则(草案)》(三审稿),才把农村集体经济组织作为特别法人进行规定。《民法典》沿袭《民法总则》的规定,从规范旨意而言,农村集体经济组织可以依法取得法人资格,绝对不能等同于农村集体经济组织必须取得法人资格;农村集体经济组织界定为特别法人,仅意味着农村集体经济组织可以成为特别法人。一般而言,作为法人,须有自己的名称、场所、组织机构和与自己活动相适应的财产和人员。如果农村集体经济组织登记为特别法人,则其可以以自己的名义独立实施民事法律行为,并独立享有民事权利、履行民事义务、承担民事责任。值得注意的是,在传统法律体系中,法人有财团法人与社团法人、公法人与私法人、企业法人与非企业法人等分类,唯独没有一般法人和特别法人之分类。把农村集体经济组织作为特别法人,应是我国民事立法中的典型特色,具有浓厚的地域属性,但农村集体经济组织的重塑也显得特别复杂。

在界定农村集体经济组织法人的成员资格中,从形式上而言,具有当地社区户籍,可以推定为集体经济组织成员,但该种推定仍然要加上其他要素进行认定。具体如何认定,实践做法具有差别,形成了户籍+履行义务、户籍+多数同意、户籍+生活保障、户籍+常住、户籍+多因素等不同的实践做法,这就涉及集体成员资格认定的正当性问题。在农村集体产权制度改革实践中,与原始成员有身份关系者通常被直接认定为集体成员,但这仅仅是农村集体产权制度改革活动中在成员身份认定环节中的权宜做法。从古代到现代法律的演变过程,实际上是从身份到契约的过程。在身份社会中,人为形成门第观念,通过出身垄断资源,造成人与人的不平等;在人人生而平等的今天,身份社会早已被打破,通过身份垄断资源也被法律所否认。农村集体经济组织的成员资格认定中,确保成员的社会保障应是正当性基

础。我国的城乡二元结构是在长期的发展中所积累下来的,在城镇社会保障日趋完善的背景之下,农村的社会保障还存在很大的完善空间。在农村集体经济组织的成员资格认定中,虽然户籍在农村,其拥有承包地或宅基地,但由于外出工作等原因,非农收入已经构成其主要的收入来源,而农村的资源对其来说已经不再具有社会保障作用,但考虑到历史因素等原因,出于改革的平稳性,不妨在现阶段仍然赋予其成员资格;倘若户籍不在农村,也不拥有承包地或宅基地,但自其迁出户口后,并没有稳定的工作,城镇所提供的基本生活保障与该集体经济组织成员的生活水平存在较大的差距,如其有意愿回归集体经济组织,则不妨赋予其成员资格;从长远而言,在条件成熟的时候打破基于特定身份赋予成员资格的运行逻辑应是一种趋势,取而代之的应是基于公平理念和贡献大小认定成员资格,并且成员资格应具有流动性和开放性。

关于农村集体经济组织能否破产的问题,学界存在很大的争论。有学者提出,农村集体经济组织基于土地公有制而存在,具有社区性、封闭性、职能综合性等特点,只能解散或撤销,不能破产[1];但也有学者认为,既然集体经济组织可以实施市场行为,参与市场活动,市场退出机制自应适用之。[2] 在具体实践上,无论从规范性还是具体做法,对农村集体经济组织的终止显得极为谨慎。农村集体经济组织破产制度可以实现债务的有序清理,降低农村集体经济组织的经营风险,激励管理人员忠实勤勉、积极作为。缺乏破产制度,背负巨额债务的农村集体经济组织无法按照市场规则进行清算,债权人的利益无法得到保障,农村集体经济组织成员也因农村集体经济组织的低效率甚至无效率运行而受损,集体资产不仅无法增值保值,甚至存在资不抵债的风险。构建完善的破产制度,实行破产免责下不影响农村集体经济组织存续的制度安排,可以激励管理人员尽到忠诚勤勉义务,更好地经营管理集体经济组织,在存在经营风险时可以为保障集体资产、成员权益和债权人利益等,通过破产制度及时止损。

上述诸多问题,短期内学界很难形成充分的共识,须依托农村集体经济组织的运行实践,不断总结经验,实现理论研究和实践运行的互动,谋求共识的最大公约数,以此完善农村集体经济组织制度。囿于当下,不仅会故步自封,还会为重塑新时代背景下农村集体经济组织蒙上阴影。故此,农村集体经济组织重塑要具有开放思路,秉持重塑的前瞻性,无论是政策层面还是法律层面,均应为农村集体经济组织进一步改革留有余地。

农村集体经济组织重塑的不变,是农村集体经济组织重塑的起点和归宿,更是农村集体经济重塑的基本遵循;农村集体经济重塑的变,彰显农村集体经济组织的

---

① 陈甦.籍合组织的特性与法律规制的策略[J].清华法学,2018(3):26-40.
② 臧昊,梁亚荣.农村集体经济组织破产制度研究[J].农业经济,2018(10):12-14.

时代特色,是农村集体经济组织重塑的价值之所在。农村集体经济组织重塑顺应时代发展要求,是发展壮大农村集体经济的不二选择。通过重塑农村集体经济组织,可以使农村集体经济组织的本原主体性得以回归,提供交易便捷工具,促使农村集体资产有效管理,实现集体所有权实质化,杜绝"小村官、大蛀虫"的不正常现象,促进农村经济的发展,完善乡村治理机制。但是,农村集体经济重塑并非一个节点,而应是一个过程,要有足够的历史耐心,根据农村集体经济发展的现实需求,循序渐进、稳步推进。

第三节　农民集体与农村集体经济组织关系

一、问题导入

在《民法典》中,"农民集体"一词出现在三个法律条文当中,共出现 6 次,农村集体经济组织出现在六个法律条文当中,共出现 7 次。需要说明,《民法典》第 101 条第 2 款规定了村集体经济组织,第 262 条在规定代表农民集体行使集体财产所有权时,分别规定了乡镇、村、村民小组三级农村集体经济组织。《民法典》中农民集体出现时,基本指向财产之归属,即集体所有权的不动产和动产归属农民集体所有。《民法典》中农村集体经济组织出现时,要么框定了成员的范围,例如《民法典》第 55 条;要么规定农村集体经济组织的主体性质,例如《民法典》第 96 条、第 99 条;要么规定代表农民集体行使集体财产所有权,例如《民法典》第 262 条;要么规定农村集体经济组织的义务,例如《民法典》第 264 条、第 265 条第 2 款、第 330 条。《民法典》规定了农民集体对集体财产的所有权主体地位,但没有规定农民集体的主体性质;规定了农村集体经济组织的主体性质、义务以及代表农民集体行使集体财产所有权,但没有规定农村集体经济组织的所有权主体地位,也没有规定涉及集体所有财产重大事项的集体成员共同议决机制。由此,农民集体和农村集体经济组织在《民法典》中属于不同主体还是属于同一主体,仅从法律规范本身,无法轻易得出结论,学界争论很大。在《农村集体经济组织法》实施过程中有必要厘清二者之关系,进而明确集体土地的归属。

二、学界争论:不同主体说和同一主体说

学界对农民集体和农村集体经济组织是两个不同主体还是同一主体的认识,虽然直接源于集体土地的归属问题,但还涉及不同部门法的解读和农村集体经济组织的重塑,绝非仅仅是概念层面上的争议,更是农村集体经济组织立法之关键

性难点。归纳不同学者的争议,形成截然对立的两种观点:不同主体说和同一主体说。

(一)不同主体说

不同主体说认为集体经济组织是与农民集体不同的独立主体,共存于法律文本之中,呈现出不同的价值意蕴和规范设计。农民集体源于中华人民共和国成立后的社会主义改造,在计划经济时代,农民集体体现为人民公社、生产大队和生产队;改革开放后,是农民集体(本集体成员集体)和农村集体经济组织共同取代了人民公社、生产大队、生产队。1982年《宪法》规定农民集体是集体土地的归属对象。随着传统农业经营体制的解体,农民集体则呈现出多种表现样态。农民集体虽然在私法中没有针对性的主体规范界定,但从《宪法》的视角,农民集体应为一种特殊的法律主体而存在。"从《民法典》相关规范的体系解释来看,农民集体不同于集体经济组织。"[1]否则,一方面法律规定农民集体为集体土地的所有权主体,另一方面又不承认其主体地位,会发生法律解释上的冲突,无法形成逻辑自洽。此外,农民集体属于社会主义公有制的重要担当者,农民集体已经超出了一般法律主体的范畴,体现了中国实行公有制的政治要求,具有强烈的意识形态承载和政治属性,属于集体所有制的范畴。在农民集体为集体土地所有权主体下,有学者借鉴日耳曼法的财产总有制度,提出总有"可明确权利主体与其内部成员之间的权利义务关系"[2]。总之,农民集体和农村集体经济组织属于不同的主体类型,对二者进行区分,契合立法旨意和现实需求。

(二)同一主体说

同一主体说则认为农民集体属于高度抽象化的表达,农民集体作为农村土地所有权人是政治运动的产物,创设之初就没有遵循法律逻辑,其法律表现形式即具体制度化的农村集体经济组织,实现权利主体自身的私法表达代表其政治意义的表达。但不同的时代背景下,农民集体呈现出不同的组织形式。在人民公社时期,农民集体指向人民公社、生产大队、生产队;在改革开放后,农民集体指向具体农村集体经济组织。"无论是人民公社,还是作为特别法人的新型农村集体经济组织,均属于农民集体在不同发展阶段的不同表现形式。"[3]农民集体无法作为独立主体而存在,源于农民集体无法归纳法律主体形成的基本要素,诸如意思表达能力、意思执行能力等。法律层面上之所以把农民集体作为集体土地的归属主体,是由于改革开放后的农村经营体制改革进程中,传统农村经营体制解体,人民公社等

---

① 高圣平.《民法典》与农村土地权利体系:从归属到利用[J].北京大学学报(哲学社会科学版),2020,57(6):143-154.

② 朱涛.论农民集体土地所有权之主体定位[J].人民论坛·学术前沿,2019(22):79-83.

③ 宋志红.论农民集体与农村集体经济组织的关系[J].中国法学,2021(3):164-185.

政社合一的组织不复存在,实质上为无法统一农民集体表现样态的一种妥协结果,或者说是立法技术处理结果。申言之,人民公社等解体后,成立了乡镇人民政府、村民委员会、村民小组,这些组织主要提供公共品服务,履行一定的公共管理职能,与人民公社等是无法相提并论的,法律层面自然不会规定乡镇人民政府、村民委员会、村民小组享有集体土地所有权;此外,各地农村经营体制改革进程中成立的股份制公司、合作社等主体,本身表现形态各异,从维护集体所有制的角度,自无法担当集体土地所有权主体的重任。但权宜之计的表达,无法回应农村集体经济发展的诉求。应按照权责明确、权力制衡、经济民主、权益保障的原则建构起社区股份合作社法人的内部治理结构,实现农民集体的具体制度化表达。随着农村集体产权制度改革,重塑农村集体经济组织被提到日程。重塑后的农村集体经济组织即为农民集体的表现形式,二者并不是独立的不同主体,而是同一主体。"农民集体亦为宪法规定的特殊民事主体,与农村集体经济组织是集体财产所有权主体这同一主体的两个面相,即一体两面。"①以农民集体的面目出现时,主要考虑到历史延续性,以及意识形态担当和政治属性,彰显集体财产所有制;以农村集体经济组织出现时,则主要考虑私法塑造性,使之参与市场活动,盘活集体资产,发展、壮大农村集体经济。

不同主体说和同一主体说的争论,虽源于对法律文本不同解读和实践运行的不同视角,但本质上仍是对一些基本问题无法形成共识。基于此,本文从农民集体并非虚置、农民集体的不同面向、农民集体与农村集体经济组织的耦合等角度展开论证,并得出不同主体说的结论。

三、溯本正源:农民集体并非虚置

(一)历史沿革下的农民集体运行路径

在计划经济时代,人民公社等就是农民集体的具体承载,依靠其带有国家暴力机器色彩的强大组织力和动员力,农民集体体现得较为明显。集体内的成员共同劳动、按劳分配,并通过价格剪刀差支援了国家的工业化进程,亿万农民30多年集体贡献的传统农业剩余,托起了一个独立的比较完整的工业体系和国民经济体系。在此阶段,没有人否认农民集体的凝聚力和执行力,甚至在教条主义者看来,这就是社会主义特征的典型体现。改革开放后,确立了家庭联产承包责任制和统分结合的双层经营体制,农民集体在形式上有所弱化,具体表现就是凝聚力和执行力与

---

① 王铁雄,王琳.农民集体所有的民法典解释论[J].河北法学,2021(11):28-53.

人民公社时代不可同日而语。有学者在研究中明确提出集体土地"所有权主体的虚位问题"①，甚至有学者直接指出农民集体所有"是个玄妙的法律概念，它既没有否认农民天赋意义上的土地所有权，但也没有让农民真正意义上享有土地所有权"。②

但农民集体已经不复存在。第一，人民公社解体本身就是农民集体一致行动的结果。从安徽凤阳小岗人不拘泥于教条主义的包干到户开始，集体成员通过自身实践，探索出克服吃大锅饭、无法调动集体成员积极性弊端的路径，通过召开集体成员会议，决定对集体土地分包单干；第二，在分包单干初期，基于各户成员的变动，为了体现户之公平，频繁调整所承包土地，基本上是按照人口的变动对土地承包经营权进行"三年一小调、五年一大调"，这仍然是农民集体一致行动的结果；第三，在国家意识到频繁调整承包地不利于农户对地力的投入、无法形成农户稳定预期之后，果断出台政策，实行"增人不增地、减人不减地"的土地承包政策，这实际上是通过国家权威限制农民集体一致行动，但符合国家政策的小范围调整仍然时有发生，这仍是农民集体一致行动的结果。集体所有权无主体或主体"虚位"的说法是不能成立的，否则无法解释集体所有权何以通过土地分配和调整、征收补偿分配等方式得以体现，也无法解释集体及其成员何以主张其权利。总之，无论计划经济时代，还是改革开放后，农民集体议决事项一直存在，并具有持续性，这种存在和持续与其说是法律赋权的结果，倒不如说是法律对业已存在的集体议决事项的确认。农民集体没有因为时代变迁而虚化或不复存在，一定范围的农村集体是客观存在的。

（二）农民集体呈现的困境

"集体"一词不是传统法律用语但也不是不可捉摸的抽象概念，而是一种公有制性质的组织体。在人民公社时期，农民集体议决主要依托人民公社、生产大队、生产队进行集体决议；在改革开放后，农民集体议决主要依托乡镇政府、村民委员会、村民小组进行集体决议。在人民公社时期，人民公社政社合一的运行方式，不仅是乡村政治领域的变革，还是农村社会经济领域的实践。人民公社体制的巨大权威使这种集体议决从不令人怀疑，其执行力也是空前的。但改革开放之后，人民公社的权威已经不复存在，人民公社的建构解体，农民集体经济组织缺位，土地产权主体非法人化。依托乡镇政府、村民委员会、村民小组进行集体议决，失去了自上而下的权威，而新型的权威和相伴随的科学治理结构并没有形成，再加上家庭经营下农户自身利益的追求，集体议决除了在涉及土地承包、宅基地分配等事项上体

---

① 陈小君.农村土地制度的物权法规范解析:学习《关于推进农村改革发展若干重大问题的决定》后的思考[J].法商研究,2009(1):3-11.

② 佘敬,唐欣瑜.农民集体权利主体地位的追溯、缺陷与重塑[J].海南大学学报(人文社会科学版),2018(1):111-118.

现外，出现了一些新的问题。第一，分包到户后农民集体直接支配集体土地弱化，农民集体可以调动的集体资源十分有限，农民对集体事务"冷漠参与"的态度直接影响了产权改革的效果和集体成员权功能的发挥，甚至一些集体成员感觉集体议决对自身而言纯粹是一种负担，不愿意参与集体议决，集体议决流于形式不再是例外；第二，农民集体的代言人例如村民小组组长、村民委员会主任等，在农民集体议决不畅情形下，手中权力缺乏监督，往往一言堂，渐渐迷失方向、忘记初心，村民的知情权、参与权和监督权没有保障，形成小官大贪，农民也对集体失去信心，对农民集体的代言人丧失信任。

基于此，农民集体客观存在，集体土地并没有虚置或虚化，集体议决一直存在，并一直在发挥作用。但是，"农民集体"是在计划经济背景下以农村自然村落为基础、以村落自然居民为成员形成的，欠缺组织的科学治理结构，无法直接塑造成市场主体，存在意志表达和利益表达的天然缺陷。这致使农民集体的土地所有权主体身份无法形成健全的体制机制支撑，客观上造成集体资产无法有效保障甚至流失、集体成员意志无法有效表达甚至利益受损，这严重影响农村集体经济的发展壮大。集体收益分配权的实现需要一定的机制，没有良好的实现机制，集体成员的收益分配请求权就只能停留在纸面上。而重塑农村集体经济组织，就要解决农村集体经济发展的困境，使得财产实际控制秩序从主体、客体、权利、义务和责任的各个方面明确化，实现农民集体的私法制度化表达。在此种背景下，农村集体产权制度改革稳步推行，摸清家底、清资核产，量化经营性集体资产，重塑农村集体经济组织。

四、形态多元：农民集体的不同面向

（一）农民集体的人民公社阶段

农民集体与农村集体经济组织是学术界和实务界的类概括，就像民法中自然人概念一样。自然人是对每一个血肉之躯而又承载法律权利义务个人的概括，但现实中的个人并不是姓"自"名"然人"，可以是张三、李四等。在计划经济时代，依据1955年《农业生产合作社示范章程》之规定，初级合作社即为农村集体经济组织；依据1956年《高级农业合作社示范章程》之规定，高级合作社也为农村集体经济组织；1962年《农村人民公社工作条例修正草案》不仅规定人民公社的组织分为公社、生产大队、生产队三级，而且明确人民公社属于农村集体经济组织，生产队范围的土地，均归生产队所有。农民集体的抽象表达被具体化为制度安排，形成人民公社、生产大队、生产队形式的农村集体经济组织，"队为基础、三级所有"的集体土地所有权归属体系形成。

（二）农民集体的艰难探索阶段

改革开放后,农村集体土地属于集体所有为现行宪法所确认,1986 年《民法通则》、1986 年《土地管理法》依照《宪法》之规定,均表述为农村集体土地属于农民集体所有,农村集体经济组织对集体所有土地进行经营和管理。2006 年《物权法》则表述为农村集体土地属于农民集体所有,农村集体经济组织代表农民集体行使集体土地所有权。但鉴于农民集体并没有统一为具体的制度安排,政策表述不明朗、法律层面的欠缺使农民集体变得无法精准定位,法律上作出如此的技术处理也应是无奈之举。

在此阶段的实践中,农村集体经济组织可谓是外延很大,概念飘忽不定,甚至在一些地方已经脱离了农村集体土地这个依托。如有地方直接把农村集体经济组织改造为公司,依据《公司法》的规定设立和运行;还有的地方所成立的农民专业合作社、乡镇集体企业、村办集体企业等也称之为农村集体经济组织,一些学者也认为此种实践属于对农民集体法人的改造。这种乱象对立法机关的立法也形成了一定的影响。在农村集体经济组织内涵与外延均出于不确定状态的情形之下,立法机关不会直接规定农村集体经济组织是集体土地的所有权主体。原因在于如此规定不仅存在集体土地所有权被异化的风险,甚至还会影响到社会主义公有制基础。实践层面的运作反映到立法层面,必然会保守规定农民集体享有集体土地所有权,也必然会在立法层面从形式上区分农民集体和农村集体经济组织。

（三）农民集体具体制度化阶段

改革开放后人民公社体系解体,农民集体的制度化出现了短暂的迷茫困惑期。农民集体必须借助于一定的符合权利主体构造的"组织体"代表其行使权利方能纳入权利体系中表述为所有权主体。2017 年《民法总则》确立了农村集体经济组织特别法人地位。依据 2020 年《农村集体经济组织示范章程（试行）》,农村集体经济组织具体为经济合作社或股份经济合作社。在农村集体产权制度改革的大背景下,农村集体经济组织的重塑特别强调集体土地的依托性,并排除了农民专业合作社等纳入农村集体经济组织的可能性。故重塑后的农村集体经济组织实乃农民集体的具体制度化表达,是农民集体的制度层面建构,重塑后的农村集体经济组织定要担当新时代背景下农民集体制度化的重任。

由此,农村集体经济组织在不同的时期,有不同的称谓,但均不影响农村集体经济组织与农民集体的关系厘定。农民集体高度抽象,与集体所有制相适应;农村集体经济组织则是具体制度化后的安排,不仅承载着农民集体的意识形态担当和政治属性,而且厘定农民集体成员权利和义务,保障农民集体的集体议事机制健康运行。

五、农民集体与农村集体经济组织的耦合

（一）农民集体与农村集体经济组织耦合的基础

"试图通过否定集体所有制来解决'三农问题'，无异于缘木求鱼，是有其害而无其利的。"①农民集体的客观存在，是集体所有制的保证和依托；农村集体经济组织的重塑则是农民集体在新时代背景下的具体制度化安排，二者一体两面，形成抽象层面与具体层面的耦合。农民集体在抽象层面使用，并非仅仅停留在观念上，而是形成自我实践模式。源自人民公社体系下奠定的基础，农村以土地为单位的封闭社区已经形成。这种社区往往以人民公社体系下的生产队为界限，不同生产队之间的集体土地边界在历史延续中形成，生产队成员间对此也形成共识，国家和乡村社会在初级社、生产队或村民小组这个组织（层次）上（经过多次运动博弈）达成了最终的均衡状态。虽然人民公社体系解体，但这种边界和共识并没有打破，生产队成员仍以此为基础，在集体土地发包到户、联产承包等方面实施集体议决。当然，生产队演化为村民小组称谓后，即使职能发生了翻天覆地的变化，例如村民小组在家庭联产承包大背景下，不可能再统一组织生产劳动，但村民小组仍是集体议决的平台和载体，在集体土地发包等方面发挥着重要的作用。当然，村民委员会、农村集体经济组织对本村属于村农民集体所有的土地和其他财产的管理须具体由村民会议（村民代表会议）、农村集体经济组织成员（代表）大会讨论决定方可。这一定程度上也解释了为什么在没有形式意义上的农村集体经济组织下，集体土地不会空转，集体议决仍会存续。

（二）重塑农村集体经济组织是耦合的必然要求

村民委员会、村民小组既然仍是集体议决的平台和载体，为何重塑农村集体经济组织？原因在于农村经济的发展出现新的冲破此种运行规则的张力，此种张力一方面是集体资产现有管理的缺陷性，无法形成科学的集体事项议决平台，造成集体资产流失，村组干部权力过大，农民利益无法有效保障；另一方面是壮大集体经济的现实需要，集体经济发展的区域不平衡性与社会主义所追求的共同富裕相矛盾，后扶贫时代如何巩固精准扶贫成果、防止规模性返贫等一系列问题，使得壮大集体经济不仅仅是口号，更是责任和担当，具有显著的现实意义。基于"农民集体是抽象的、没有法律人格的农民集合群体"②，可以说，各种因素的综合，使得农民

① 王洪平.集体产权制度改革背景下"坚持农民集体所有不动摇"的认识论[J].苏州大学学报（哲学社会科学版），2021（2）：73-82.

② 胡君，莫守忠.集体土地所有权主体的反思与重构[J].行政与法（吉林省行政学院学报），2005（12）：85-88.

集体具体制度化的安排必须提到日程,重塑农村集体经济组织迫在眉睫。

从职能属性而言,村民委员会、村民小组属于村民自治范畴,解决村内公共集体事务,例如计划生育、村容村貌等,鉴于集体土地已经承包到户,产权明晰,涉及经济领域的集体议决事项,自可在村民委员会、村民小组集体议决平台上解决。这也意味着对于没有需要集体经营管理的集体资产、集体土地已经发包到户的农民集体而言,确实没有把农民集体进行制度化安排的现实需要,否则,只会徒增制度运行成本,降低集体议决效率,得不偿失。但对于有大量集体资产需要管理,尤其是在农村集体产权改革的背景下,随着集体资产的量化清理,以及国家推行的一系列集体土地改革政策,例如农村集体经营性建设用地入市,适度放活土地经营权,适度放活宅基地使用权,再加上对公益性集体资产的梳理,现有的村民委员会、村民小组集体议决平台已经显得力不从心。如果不及时把农民集体进行具体制度化安排,集体就会沦为少数人牟利的工具与公权力的附庸,不仅无法巩固农村集体产权改革成果,还无法发展、壮大农村集体经济。由此,农村集体产权制度改革开启了重塑农村集体经济组织、进行农民集体具体制度化的序幕。

(三)耦合下三种关系的具体安排

农民集体进行具体化制度安排,重塑农村集体经济组织,需要处理好以下三种关系。第一,农民集体和农村集体经济组织的成员范围。基于农村集体经济组织与农民集体的具体与抽象关系,二者的成员范围应是一致的。当然,在认定成员范围的时候,国家采取因地制宜方针,各地可把户籍、义务履行、生活保障等因素作为考量点进行成员资格的认定。第二,农民集体的议决机制和农村集体经济组织的议决机制。《民法典》第261条第2款专门规定了农民集体对法律规定事项的议决机制。诸如土地承包方案、承包地调整、土地补偿费分配和使用等,均需要集体成员议决。这就意味着在已经重塑农村集体经济组织的农村社区,农民集体通过农村集体经济组织的议决机制进行议决;如尚未重塑,农民集体仍通过村民委员会、村民小组议决机制进行议决。第三,农民集体成员的权利保障与权利救济和农村集体经济组织成员的权利保障和权利救济。在没有重塑农村集体经济组织的农村社区中,农民集体成员的经济权利例如知情权、参与权等权利的保障和救济,只能依照《民法典》第264条、第265条第2款对村民委员会、村民小组主张;已经重塑农村集体经济组织的农村社区中,农民集体成员的经济权利自可向农村集体经济组织主张。

六、集体土地所有权主体的再认知

法律层面上表述为集体土地所有权归属农民集体,农村集体经济组织代表农民集体行使集体土地所有权,是立法技术处理的结果,但也折射出农民集体与农村集体经济组织同时存在、互不隶属的结论。

（一）集体土地所有权的法律表达现状

人民公社体系解体后，土地所有权由谁继受成了问题。1982 年《宪法》规定集体土地归属农民集体所有，实乃无奈之举。人民公社解体，作为计划经济时代的集体土地所有权归属的制度化安排，已经成为历史；但改革开放后的先试先行，又无法及时进行农民集体的具体制度化安排。抽象层面的农民集体和具体制度化层面的缺位，使立法者不得不思考集体土地归属的法律化表达。立足于为进一步改革留足空间，保障集体土地的公有制属性，规定集体土地属于集体所有。当然，"和名义性的国家或全民所有权不同，集体所有权可以具备一定的实质意义"。① 1982 年《宪法》规定集体土地归属集体所有，在无奈之举下，彰显出立法的智慧。这种智慧不仅体现了对农村改革先行先试的肯定，而且防止出现由于立法层面的滞后而可能产生的负面效应，很好地协调了法律稳定性和实践复杂性之间的矛盾。在1982 年《宪法》层面规定集体土地属于农民集体所有的背景下，为了确保集体土地实践运行，1986 年《民法通则》《土地管理法》规定了农村集体经济组织对集体土地进行经营管理。此种尝试为以后学者的争论埋下伏笔。在 2007 年《物权法》制定过程中，法律层面的表述已经由农村集体经济组织对集体土地进行经营管理变为农村集体经济组织代表农民集体行使所有权。在法律制度上将集体所有权的主体明确为本集体成员集体，从而将空洞、抽象的公有制落实在了集体成员。此种表达被《民法典》全盘采纳。学界一般认为由经营管理到代表行使仅是形式上发生了变化，实质意义并没有发生改变。

（二）农村集体经济组织代表农民集体行使集体土地所有权

直接依据法律文本的字面文义，我们不仅无法认为农村集体经济组织享有集体土地所有权，甚至可以得出农民集体享有集体土地所有权的结论。农村集体土地所有权主体归属之争议，是对法律文本层面的不同理解所致。归属农民集体，则在法律层面无法为农民集体界定主体身份，不仅有虚置集体土地所有权之嫌，而且无法实现法律层面上的逻辑自洽；归属农村集体经济组织，则解决了法律层面的逻辑自洽，但又似乎与法律文本层面的表述相互冲突，有僭越法律之嫌。农民集体从来不是无法界定外延的不确定性概念，农民集体作为抽象的表达，在我国社会主义改造完成后，就一直存在。农民集体是有特定社区的农民组成的集合体，无论是否有法律层面的主体表达，均不影响农民集体通过一定程序在内部处理因集体土地所有权而引起的例如承包地发包、宅基地分配等一系列问题，这个客观现实必须承认。但农民集体为农村集体土地所有权的主体，属于政治语言的抽象表达，立足于农村集体土地所有权的内部运行机理，通过民主议事方式实现农民集体对农村集体土地所有权的具体支配，没有具体制度化的农民集体无法适应对农村集体资产

---

① 张千帆.农村土地集体所有的困惑与消解[J].法学研究,2012(4):115-125.

充分保障的现实需求,也无法实现农村集体经济的发展、壮大。

立足于集体资产的经营管理,农民集体进行具体制度化是理性选择。人民公社体系就是农民集体进行具体制度化的产物,集体土地形成了"队为基础、三级所有"格局。改革开放后,农民集体没有及时进行具体制度化,法律层面表述实乃无奈之举。但这种无奈之举由于历史之惯性,演化成法律层面的固有表达形式。此种固有表达形式彰显农民集体和具体制度化的农村集体经济组织并非同一主体。农村集体经济组织是农民集体具体制度化的安排,是农民集体意志进行外部表达的法律主体,在对外实施民事法律行为时,农村集体经济组织可以自己的名义与交易相对人签订合同。农村集体经济组织代表农民集体行使集体土地所有权,不仅契合法律规定本意,而且体现出农村集体土地所有权的科学运行机理,是农村集体土地所有权适应社会主义市场经济的客观需要。

七、农民集体与农村集体经济组织关系的法律表达

(一)明晰农民集体和农村集体经济组织的关系

农民集体是社会主义公有制范畴,也是社会主义市场经济体制的重要特色。广大农民共享农村集体经济发展之成果,实现共同富裕,农民集体是最基础保障。但农民集体是抽象层面范畴,如没有具体制度化安排,则农民集体就没有形成规范的法律语言表达,仍会出现诸如小官大贪、集体财产无法有效管理、集体成员利益无法有效维护的悲剧。当然,仅从政治角度界定农民集体,把其作为公有制维护的保障,是没有任何问题的。法律的政治属性十分强烈,也是客观存在的。但法律毕竟有一套法言法语表达机制,通过法律层面的技术处理,实现农民集体的法律语言表达,是不容回避也是不可回避的。

农民集体的具体制度化表达,应是重塑后的农村集体经济组织,具体名称为经济合作社或股份经济合作社。鉴于《民法典》同时存在农民集体和农村集体经济组织的并用表达,并没有厘清二者之间的关系,故在《农村集体经济组织法》相关概念的理解中厘清二者的关系:农民集体为抽象表达,农村集体经济组织为农民集体的具体制度化安排。在地方立法实践中,有对农村集体经济组织的概念表述。① 这些概念表述强调农村集体经济组织的经济属性,立足于统分结合的双层

---

① 2020年通过的《黑龙江省农村集体经济组织条例》第3条第1款规定:"农村集体经济组织,是指在集体统一经营和家庭分散经营相结合的双层经营体制下,土地等生产资料归全体成员集体所有,具有公有制性质的农村社区性经济组织;"2021年通过的《四川省农村集体经济组织条例》第3条第1款规定:"农村集体经济组织,是指以集体所有的土地为基本生产资料,实行家庭承包经营为基础、统分结合双层经营体制的经济组织。"

经营体制,但并没有对农民集体与农民集体经济组织的关系进行界定。由此,农村集体经济组织可以进行如下界定:指为了壮大农村集体经济,保障农村统分结合双层经营体制的实施,实现农民集体的具体制度化表达,依托集体所有的土地等生产资料而成立的社区性经济组织。在此概念中,不仅明确了农村集体经济组织的宗旨和目的,强调了集体所有土地等生产资料的基础性作用,特别提出农村集体经济组织是农民集体的具体化表达,可谓是意义重大。

(二)明确农村集体土地的所有权归属

集体所有实质上是对土地的使用和收益,是由分配产生的,不以交易为原则。现行《土地管理法》第11条,《民法典》第261条虽然规定集体土地归属农民集体所有即农民集体成员集体所有,但鉴于农民集体与农村集体经济组织成员的同一性,不妨对《农村集体经济组织法》做如下解读。

第一,《农村集体经济组织法》须与其他法律保持一致。现行《宪法》《民法典》等法律均规定农民集体对集体所有土地享有所有权,《农村集体经济组织法》也必须与之保持一致,否则,从形式上而言有下位法违反上位法之嫌。当然,此种一致绝非简单照抄照搬,而是为进一步规定奠定基础。第二,进一步规定农村集体经济组织代表农民集体行使所有权。农民集体与农民集体经济组织并非属于同一主体,体现为抽象和具体的区别。无论有无形式意义上的农村集体经济组织,农民集体均是客观存在的,规定农村集体经济组织代表农民集体行使所有权不仅与其他法律实现了有效的衔接,而且充分体现了立法的包容性和前瞻性。当然,我们把农民集体和农村集体经济组织界定为不同主体,也必须重视农村集体经济组织是农民集体的具体制度化安排。

第三章

农村集体建设用地制度

农村集体建设用地是相对于农村集体农用地而言。从广义上讲,宅基地也应属于农村建设用地的范畴,但考虑到具体法权规制,此处采取狭义的界定,农村集体建设用地仅指除了宅基地外的其他农村集体建设用地。基于此产生狭义农村集体建设用地基础上的集体建设用地使用权,与宅基地使用权相对应。要健全城乡统一的建设用地市场,积极探索实施农村集体经营性建设用地入市制度,实现同等入市、同地同价、同权同责,在符合规划、用途管制和依法取得前提下,推进集体经营性建设用地与国有建设用地在城乡统一的建设用地市场中交易,适用相同规则,接受市场监管。

第一节　农村集体建设用地基本法理框架

一、农村集体建设用地使用权的内涵分析

我国土地的用途分为农用地、建设用地和未利用地。建设用地分为国有土地建设用地和集体土地建设用地。根据我国法律规定,国有土地建设用地使用权可以自由进行市场交易,而农村建设用地使用权则受到较为严格的法律制约。2019 年《土地管理法》修改前,曾明确规定,兴办乡镇企业和村民建设住宅可依法使用本集体经济组织农民集体所有的土地;乡(镇)村公共设施和公益事业建设可以使用农民集体所有的土地;其他任何单位和个人进行建设,需要使用土地的,必须依法申请使用国有土地。由此可见,我国的农村建设用地的使用范围很狭窄。2019 年《土地管理法》修改后,删除了相关规定,并明确了集体经营性建设用地可

以依法入市。在农村集体建设用地当中,有非经营性用地,如公共设施公益事业用地、村民宅基用地;也有经营性用地,如乡镇企业用地。那么,如何给农村集体建设用地使用权下一个确切的概念呢? 笔者认为,农村建设用地使用权是指权利主体不以农业生产为目的在农民集体所有的土地上进行建设,并以占有和使用的方式对地上定着物和其所占用范围内的土地使用权进行支配的一种用益物权。但是,考虑到农村建设用地问题的复杂性和较强的政策性,本书仅仅研究农村经营性集体建设用地使用权,也对非经营性集体建设用地使用权有所涉及。

二、农村集体建设用地的权属界定

由于历史遗留原因,虽然从事实的角度来讲,农村集体经济组织或农民个人对其所拥有的集体建设用地所有权或使用权得到了国家的承认和保护,但是,农村的土地权属并没有进行普遍的、明确的产权界定。"确权加流转,才能实现同地同价。若在确权前,一哄而上地搞土地流转,有可能歪曲改革,使改革背上黑锅。"①因此,农村集体建设用地的确权问题是其他问题的前提性问题。

对于农村集体建设用地的确权,《土地管理法》第 12 条明确规定:土地的所有权和使用权的登记,依照有关不动产登记的法律、行政法规执行。依法登记的土地的所有权和使用权受法律保护,任何单位和个人不得侵犯。在我国农村集体建设用地中,集体建设用地所有权的主体可能为"乡农民集体所有""村集体所有"或"村民小组所有"。根据原国家土地管理局(现为自然资源部,下同)于 1995 年颁布的《确定土地所有权和使用权的若干规定》,在具体确权工作中,可以采取权源确认的方式即出示证据(权源文件)进行确权;采取现场确权的方式即有相关利害关系人在没有异议的情形下现场指认确定边界进行确权;等等。在实践中,以 2009 年 10 月 31 日为调查标准时点,国务院部署开展全面的土地确权工作,全面查清农村集体土地所有权、农村集体土地建设用地使用权和国有土地使用权状况,及时调处各类土地权属争议,全面完成集体土地所有权登记发证工作。

但值得探讨的是,因土地确权而产生的争议纠纷是什么性质的纠纷? 我国《土地管理法》确立了行政机关处理前置程序,该法第 14 条第 3 款规定:"当事人对有关人民政府的处理决定不服的,可以自接到处理决定通知之日起三十日内,向人民法院起诉。"问题在于,此种情形下,该诉讼属于民事诉讼还是行政诉讼? 最高人民法院曾于 1987 年作出批复,认为"此类案件虽然经过人民政府处理过但其性质仍属民事权益纠纷,应为民事诉讼"。然而最高人民法院在 1994 年的另一批复中,又强调"关于土地所用权或使用权归属的案件,人民法院作为行政案件处

---

① 周其仁.确权是土地流转的前提与基础[J].农林工作通讯,2009(14):40.

理"。自此,该案件性质又变为行政性质案件了,只能提起行政诉讼。此后的《行政复议法》中,进一步持该观点,并将行政复议作为行政诉讼的前置程序。由于我国的土地所有权通过行政手段配置,而土地的非私有财产性质决定了国家对土地严格的行政监管,包括土地确权规则在内的很多法律规范也基本上是行政管理法的范畴。可见,按照我国现行法律的规定,土地确权而产生的争议应属于行政性质的纠纷。但此种思路是否符合土地权属的本质特点需要进一步探讨。笔者认为,行政纠纷解决强调的是行政确权行为对于民事权益的公法干预。不动产的得失变更虽然需要公示公信以维护交易的安全,需要行政机关介入进行颁证确权,但其中心问题仍然是根据申请人提供的证据对民事权益的公法认可。如果在申请人与利害关系人之间产生证据上的争议或权属本身的争议,基于他们之间的平等主体的民事地位,定位为民事纠纷似乎更为恰当。在此种情形下,行政机关仅仅居中确认民事权属,则其审查方式可以限定为形式审查,由申请人保证所提供材料的真实性、准确性和完整性。如果材料弄虚作假或骗取登记,自当由申请人对利害关系人承担民事赔偿责任。行政机关只要对所提供材料尽到了审慎审查义务,就不会再引起国家赔偿等问题了。由此,土地确权登记不再是强调国家管理、行政干预的具体行政行为,而是确认证据事实等民事法律行为的具体行政行为。当事人对于确权结果存在异议,只要不是针对行政机关的不当行政行为,就是典型的民事争议。"土地登记性质的变化必然溯及从属于土地物权变动的土地确权行为。只有将土地确权救济程序转变为民事救济程序,才能将土地所有权的物权变动与其他物权变动统一定位于民事性质,适用的物权救济,保证物权的权利平等,法律适用的统一。"①因此,把土地确权而产生的争议确定为民事争议更为科学合理,可以考虑在将来修改法律的时候还土地确权争议以本来的面目。

三、农村集体建设用地使用权的取得路径

农村集体建设用地使用权的取得路径包括原始取得和继受取得。农村集体建设用地使用权的原始取得,是指直接从集体土地所有者手中取得建设用地使用权而不依赖于其他建设用地使用权的存在的一种取得方式;集体建设用地使用权的继受取得,是指集体建设用地使用权人在符合规定的条件下将集体建设用地使用权采取转让等方式进行处分,从而使受让人取得集体建设用地使用权的一种取得方式。集体建设用地使用权的原始取得也即为集体建设用地使用权的初次流转,属于集体建设用地使用权流转的一级市场;集体建设用地使用权的继受取得则属于集体建设用地使用权流转的二级市场。

---

① 郭洁.现行土地所有权确权程序的变革[J].法学,2008(10):81-88.

（一）农村集体建设用地使用权的取得必须符合用地规划

土地规划是土地用途管制制度实现的重要方式之一，合理规划土地是集体建设用地流转的必要前提。2008 年实施的《城乡规划法》基于城市和农村发展的统筹考虑，将城乡纳入统一规划体系范围内，这为集体建设用地原始取得提供了必要的条件。当然，规划实施的法律控制方式集中为行政法控制与民法控制两个方面，并且以行政法控制为主。在取得集体建设用地使用权之后，要明确所取得的集体建设用地使用权不得用于商品房的开发。城市强大的土地需求和资金的吸引力，随时可能诱惑农村地产市场冲开现行制度定位的阀门而汇入城市房地产市场。只有采取立法严格禁止的方式，才能避免对我国现行房地产市场的运作造成不可估量的消极影响。

（二）农村建设用地使用权取得的登记批准问题

在农村建设用地使用权的取得中，笔者认为应该依据取得的不同方式而区分对待。如果采取出让或转让方式，应该进行登记，受让人登记后取得的是用益物权；如果采取出租或转租方式，合同成立生效后受让人即取得合同项下的债权，是否登记应该自愿。当然，登记后受让人可以对抗第三人。在农村集体建设用地使用权继受取得情形下，是否应该经过批准？笔者认为，要想回答这个问题，我们首先应回答在农村集体建设用地使用权继受取得中，在符合农村集体建设用地使用权原始取得的条件下，是否还有其他条件？如有其他条件，这些条件又是什么？我们认为，在农村集体建设用地使用权继受取得中，转让人在转让时必须具备一定的其他条件，否则，一方面有"炒地"之嫌；另一方面也不利于土地的开发和利用，增加土地管理的难度。立法可以规定具体的条件，但是，考虑当事人的意思自治，如果在原始取得中约定的投资额或开发面积超过了该具体条件规定的，应当依照合同的约定。这样就实现了国家管制和市场调节的双赢。有了特定条件的规制，是否还需要国家的批准？笔者认为，农村集体建设用地使用权的转让或转租属于权利人处分自己的民事权利，只要符合法律的规定，就应该产生权利变更的法律效果，就像国有建设用地使用权转让一样。因此，原则上不应该赋予政府的批准权力。

四、农村集体建设用地使用权的收益分配与税费负担

（一）农村集体建设用地使用权的收益分配

农村集体建设用地使用权的收益是通过初次流转即出让、出租等方式，土地所有者所获得的收益。"流转收益分配是规范农村集体建设用地使用权流转的关

键,其涉及政府、集体和农民个人三者利益关系的平衡,涉及公平与效率原则的贯彻落实。"①笔者认为,农村集体建设用地使用权的出让、出租等土地所有者所获得的收益,首先应保证村民的社会保障问题(包括农民的安置补偿)。在是否用于公益事业、基础设施上,应遵循"村民自治"原则,把话语权和决定权交予村民讨论决定。《村民委员会组织法》第 24 条规定:"涉及从村集体经济所得收益的使用、本村公益事业的兴办等事项,经村民会议讨论决定方可办理。"关于对土地所有者所获得的收益的监督问题,首先应保证村民的知情权。知情权的尊重和保护是有效监督的前提。笔者认为,应定期公布土地收益使用的情况,必要的时候,可以进行外部审计。在监督权的具体行使上,可以通过专门的监督组织即村务监督委员会或者其他形式的村务监督机构具体负责。农村集体建设用地使用权的初次流转是否缴纳税费?原国土资源部(现为自然资源部,下同)《关于促进农业稳定发展农民持续增收推动城乡统筹发展的若干意见》规定了"初次分配基于产权,二次分配政府参与"的分配原则,笔者认为,可比照国有建设用地使用权的初次流转缴纳相关税费,直接按照一定比例提取收益似显不妥。

(二)农村集体建设用地使用权增值收益的税费负担

农村集体建设用地使用权的再次流转所获得的增值收益问题,主要涉及集体建设用地使用权的使用人和政府之间的关系,关键问题在于是否缴纳税费。如果缴纳,是交费还是缴税?政府部门按一定比例直接参与流转收益分配,既不符合其管理者身份,也不符合市场交易规则。国家作为土地管理者,其基本职责是维护社会公平,兼顾大多数人的利益。由于集体建设用地与农用地之间的收益差异显著,需要国家以适当的方式进行调节。因此,为了实现相关权利人之间的利益均衡,建议政府部门分别以税收和农业补贴的方式调节流转收益。在具体操作上,从科学管理的角度,可比照国有建设用地使用权的再次流转,统一缴纳土地增值税等相关税,税收比例和税基的计算可以再行研究。

五、农村集体建设用地使用权的法律监管

(一)农村集体建设用地使用权的规划监管

我国《土地管理法》明确规定,各级人民政府应当依据国民经济和社会发展规划、国土整治和资源环境保护的要求、土地供给能力以及各项建设对土地的需求,组织编制土地利用总体规划,土地利用总体规划实行分级审批。实践中明确采取诸如规划期内建设占用耕地等主要指标自上而下逐级分解的运作模式。这样可

---

① 王权典.我国农地所有权的法律剖析[J].南京农业大学学报(社会科学版),2005(2):60-64.

能会出现一些指标过死而缺乏弹性。笔者认为,实行上下互动模式更为可取。具体可由下级根据具体情况,因地制宜,先编制规划草案;与此同时,上级在调查论证的基础上,层层分解指标;最后进行反复验证和比对,编制土地利用规划。由此,不仅发挥了两个主动性,而且增加了土地规划的适应性和操作性。此外,要加强土地规划的执行力度,土地规划的实施要着眼于基层,在农村,也就是村民委员会等群众自治性组织。在遵守上位法的前提下,社区的土地规划管理采用社区公约形式。社区公约以社区保护环境为主,其中包括对违章建筑行为的干预。当然,土地利用规划的公示很重要。要按照批准的规划文件和社区公约等向社会民众公示土地利用分区和分区内的土地用途,接受全社会的监督。

(二)农村集体建设用地使用权的用途监管

严格进行土地用途管制,限制农用地转为建设用地。具体来讲,土地用途管制包括以下几个方面:第一,土地利用类型的管制。要划分土地用途区,确立土地利用条件,进行土地利用类型的管制。如中华人民共和国国家质量监督检验检疫总局(现为国家市场监督管理总局)和中国国家标准化管理委员会联合发布《土地利用现状分类》,对土地利用的具体类型作出了详细具体的划分。第二,土地利用转变的管制。明确土地用途转用的审查报批程序。根据市场的用地需求和具体的用地指标及时调整土地利用结构,使之符合经济发展的要求。第三,土地利用程度和效益的管制。明确土地整理、土地复垦等问题,加强对土地的经济、社会和生态效益的分析,实现土地的节约利用和土地综合效益的最大化。在具体的实施中,对于农村集体建设用地的具体用途,必须按照合同或有关文件来界定。这就要求严格执行土地用途,以用途引导用地,在建设用地的使用方面,一般建设项目只能利用现有建设用地或土地规划中的建设留用地。须强调的是,划定土地利用类型,并进一步针对不同土地利用区内的各种土地利用类型细化管制规则,明确每块土地的规划用途和鼓励、限制及禁止的用途,采用'分区+类型+管制规则'模式,更为合理。土地用途一旦确定,对于没有依据土地用途利用土地的,要根据法律规定,对于违法者可以采取没收违法所得,进行行政处罚等措施。

总之,在城乡统筹发展、全面实施乡村振兴的大背景下,农村集体建设用地显得复杂而又关键。合理利用农村集体建设用地,就要杜绝"面子工程""形象工程"。追求短期行为的所谓政绩,无异于"杀鸡取卵""涸泽而渔"。农村集体建设用地要完善制度,加强管理,使之成为破除"城乡二元格局"的突破口,成为我国经济可持续发展的坚强后盾。

第二节　农村集体建设用地传统流转模式

根据农业农村部农村经济研究中心分析小组所做的2010年《中国农村政策执行报告》的统计,在调查县中,完成了农村集体土地所有权、宅基地使用权、集体建设用地使用权等确权登记颁证工作的县占调查县的比重分别为54.7%、38.9%和33%。有72%的县已经建立有农民土地流转服务组织,总数达到1664个,平均每个县为19.8个。截至2012年底,全国农村集体土地所有权累计确权登记发证约620万宗,发证率达到94.7%,基本完成了农村集体土地所有权确权登记发证任务。① 2022年,自然资源部发布《关于加快完成集体土地所有权确权登记成果更新汇交的通知》,整理现有集体土地所有权确权登记成果,纳入不动产登记数据库,形成集体土地所有权地籍图。本部分以农村集体建设用地使用权为研究对象,以农村集体建设用地使用权的不同制度模式为切入点,展开阐述。

一、从城镇规划区内外差别角度考察农村集体建设用地使用权

规划区是指城市、镇和村庄的建成区以及因城乡建设和发展需要,必须实行规划控制的区域。依据规划区的性质不同,可将规划区分为城镇规划区和乡村规划区。就农村集体建设用地使用权的制度模式,因对于规划区的理解不同而有不同的制度模式。

(一)统一对待模式

该模式不分城镇规划区内或城镇规划区外,采取统一的政策,具体分为两种类型。第一,保权让利型。所谓"保权",即农村集体建设用地所有权不变,仍归村民集体所有。所谓"让利",即比照国有建设用地使用权流转模式,"两种产权,同一市场"。保权模式就是乡村集体组织自下而上对构建集体建设用地流转制度自发的、积极的探索。② 第二,转权让利型。所谓"转权",即将农村集体建设用地所有权转变为国有土地建设用地所有权。所谓"让利",即将转变后的建设用地使用权依照"同种产权、统一市场"进行管理,所得收益部分返还集体经济组织。20世纪90年代初,原国家土地管理局一度推行"转权让利"政策,规定集体建设用地必须转为国有以后才能进入二级市场流转。

① 国土资源部.加快土地确权登记 切实维护农民权益.[A/OL].(2013-06-27)[2019-07-12].https://www.gov.cn/gzdt/2013-06/27/content_2435372.htm.

② 高迎春,尹君,张贵军,等.农村集体建设用地流转模式探析[J].农村经济,2007(5):34-36.

（二）区别对待模式

所谓区别对待,即分为城镇规划区内和城镇规划区外两种情形并采取不同的政策。城镇规划区内的采取转权让利模式,城镇规划区外的采取保权让利模式。辽宁、中山、无锡,以及浙江建德、衢州、温州等省市都规定,对城市用地规模范围内的集体建设用地先实行转权让利;山东省德州市则规定城市(镇)规划区内的集体建设用地使用权转让的,其土地一律由市、县政府统一征为国有。

二、从制度动机角度考察农村集体建设用地使用权

（一）典型模式介绍

1. 苏州模式(乡镇企业改制型)

苏州市属于苏南经济圈范畴,乡镇企业非常发达。在 20 世纪 90 年代,该地开始乡镇企业改制。配合着乡镇企业的改制,确定土地使用权,办理了集体建设用地使用权流转手续。明确要求乡镇企业的作价入股、出租、转让等情况造成土地使用权流转的,必须依照集体建设用地流转的办法办理相应的手续。该改革使改制企业拥有了比较完善的土地处置权,乡镇集体经济组织也拥有了一笔财产收益,有利于乡镇经济发展。① 苏州市乡镇企业的改革已经告一段落,故其配合乡镇企业改革所进行的集体建设用地使用权的流转现在不具有典型的借鉴意义。

2. 芜湖模式(乡镇政府推动型)

1999 年 11 月 24 日,国土资源部(现为自然资源部,下同)批准芜湖市为全国农民集体所有建设用地使用权流转试点城市。在各地进行的农村集体建设用地进入市场的尝试中,安徽芜湖是第一个经过国土资源部批准、并在其直接领导下进行的。② 其特色在于在试点乡镇成立建设发展投资有限公司(或土地发展中心),该公司(或中心)作为土地的假定使用方,与农民集体组织签订协议,取得农村集体建设用地使用权,对该土地进行前期开发。之后,该土地运作主体向需要使用土地的企业提供建设用地使用权,具体可采取租赁、转让、作价入股等方式,土地收益按照 1∶4∶5 在县、乡、村集体三方分配。

3. 广东模式(经济发展驱动型)

广东由于其地缘优势,经济的快速发展使原有的国有建设用地使用权捉襟见

---

① 姜爱林."苏州模式"与农村集体建设用地制度创新[J].数量经济技术经济研究,2001(7):34-36.

② 张梦琳.农村集体建设用地流转:绩效分析及政策选择:基于苏州、芜湖、海南三地的流转实践[J].国土资源,2008(11):44-46.

肘,再加上其实践中集体建设用地使用权的"灰色市场"十分活跃,故 2001 年 10 月,国土资源部和国务院法制办(现为司法部,下同)批准广东省顺德市进行农村集体土地管理制度改革试点,由此,拉开了广东集体建设用地使用权流转的序幕。尤其是 2005 年《广东集体建设用地使用权流转办法》的出台,把广东推向了集体建设用地使用权改革的第一线。该模式的特色是针对已经存在的"灰色市场",积极引导,严格规范。比照国有建设用地使用权运作模式,比如出让、转让、出租等,实行"同地同权,同权同价"。集体建设用地使用权与国有建设用地使用权一样,在符合规划和用途管制的前提下,可以出让、出租、转让、转租和抵押,将形成集体土地与国有土地'同地、同权、同价'的新格局。[①] 尤其值得强调的是,在集体建设用地流转的过程中,流转各方应当向土地行政主管部门申报价格,并依法缴纳有关税费。

4. 上海模式(基础设施引导型)

上海市在高速公路等基础设施的建设过程中,采用了与农村集体经济组织合作的方式,由农村集体经济组织就建设用地使用权作价入股,集体土地性质不变,由项目公司定期向农村集体经济组织支付红利。具体为:高速公路建设用地不办理征地手续,仍为集体经济组织所有,项目公司向集体经济组织按年支付土地合作费用。集体经济组织取得的土地回报由村民集体决定分配用,并公开账务,接受监督。

5. 重庆模式(城乡统筹统领型)

在城乡统筹工作稳步推进的背景下,重庆于 2007 年被确定为全国统筹城乡综合改革配套试验区。毋庸置疑,土地改革是试验的核心和关键。该市的特色在于突破过去的点,实行"控总量、调结构"的运作模式,并实行建设用地挂钩指标交易模式,实行城镇建设用地增加与农村建设用地减少挂钩,从而逐步建立城乡统一的建设用地市场。而且,建设用地的改革已经与其他制度有机地结合起来,如打破农业户口和非农业户口二元结构为核心的户籍制度改革,实行城乡户口一体化登记管理制度;初步建立起了统筹城乡的公共财政框架和城市反哺农村的扶贫机制;盘活农村多种土地资源、保障各方权益等措施,促进规模经营快速发展。

(二)典型模式评价

在上述模式中,我们不难发现,其都被深深地打上了时代背景的烙印,功利色彩较浓。如苏州是基于改革乡镇企业的动机,着重从乡镇企业用地的确权角度展开;广东基于面临巨大的建设用地压力而展开;上海则是出于基础设施项目的顺利实施展开(避免了复杂的征地程序和有争议的安置补偿标准);重庆从城乡统筹的

---

① 蒋省三,刘守英.打开土地制度改革的新窗口:从广东《集体建设用地使用权流转管理办法》说起[J].学习月刊,2006(1):22-23.

目标出发。当然,囿于国家层面立法的严格限制和相关研究的欠缺,功利性强本身并没有可以诟病的地方。在所有的模式中,都是政府这只"看得见的手"在发挥着巨大的作用。在功利性指导下的农村集体建设用地使用权的流转,是否能做到"充分保障农民的权利?"例如,虽然上述模式强调"同地同权"的问题,可如何进行有效的操作? 在国有土地建设用地使用权的初次流转上(主要是出让),政府垄断着一级市场,甚至一些地方政府的主要财政收入就是出让国有建设用地使用权,这导致在国有建设用地使用权的一级市场上,"地王"不断地出现。允许农村集体建设用地使用权入市,必然会冲击政府对于一级土地市场的垄断。"一旦城市政府意识到农村集体建设用地流转过旺而形成对国有土地交易市场的较大冲击,就有可能采取某些影响公平竞争的不当措施。"①

　　如何解决类似问题? 笔者认为,一方面,要严格限制政府公权力,避免其既当裁判员又当运动员,这就要提高立法层次,最好由国家对于农村集体建设用地使用权作统一的立法。在该项工作完成前,作为权宜之计,首先应从税收体制方面改革,使地方政府从"土地财政"中解放出来,使其失去利益的冲动回归理性。另一方面,要完善征地制度,严格界定公共利益,合理制定土地利用总体规划和城镇规划、乡村规划,避免其朝令夕改。此外,集体建设用地使用权的配套改革也甚为关键,重庆模式可供借鉴。但就集体建设用地使用权流转本身来讲,完善土地确权制度,强化村组织民主决策程序,加强流转资金的监管,促进城乡统一土地市场的形成等也必须跟进。

第三节　城乡建设用地增减挂钩运行实践

一、城乡建设用地增减挂钩的内涵界定

　　2000 年,中共中央、国务院发布的《关于促进小城镇健康发展的若干意见》指出,要通过挖潜,改造旧镇区,积极开展迁村并点,土地整理,开发利用荒地和废弃地,解决小城镇的建设用地;要严格限制分散建房的宅基地审批,鼓励农民进镇购房或按规划集中建房,节约的宅基地可用于小城镇建设用地。同年,国土资源部发布的《关于加强土地管理促进小城镇健康发展的通知》提出县、乡级土地利用总体规划和城镇建设规划已经依法批准的试点小城镇,可以给予一定数量的新增建设

---

　　①　王权典.农村集体建设用地使用权流转法律问题研析:结合广东相关立法及实践的述评[J].华南农业大学学报(社会科学版),2006(1):131−139.

用地占用耕地的周转指标,用于实施建新拆旧,促进建设用地的集中。此项政策可以看作城乡建设用地增减挂钩的萌芽。2004年国务院发布《国务院关于深化改革严格土地管理的决定》,鼓励农村建设用地整理,城镇建设用地增加要与农村建设用地减少相挂钩。2005年,国土资源部发布《关于规范城镇建设用地增加与农村建设用地减少相挂钩试点工作的意见》,强调城乡建设用地挂钩试点要以保护耕地、保障农民土地权益为出发点,以改善农村生产生活条件,统筹城乡发展为目标,以优化用地结构和节约集约用地为重点。2006年,四川省、山东省、江苏省、湖北省、天津市被国土资源部列为首批城乡建设用地增减挂钩试点地区。

依照国土资源部2008年颁布的《城乡建设用地增减挂钩试点管理办法》的规定,城乡建设用地增减挂钩是指依据土地利用总体规划,将若干拟整理复垦为耕地的农村建设用地地块(即拆旧地块)和拟用于城镇建设的地块(即建新地块)等面积共同组成建新拆旧项目区(简称项目区),通过建新拆旧和土地整理复垦等措施,在保证项目区内各类土地面积平衡的基础上,最终实现增加耕地有效面积,提高耕地质量,节约集约利用建设用地,城乡用地布局更合理的目标。此举一方面是为了保护耕地、消除城乡二元格局,维护农民的利益;另一方面也是为了缓解日益严重的建设用地紧张的问题。在城乡统筹的背景下,该举措具有重大的意义。此后,城乡建设用地增减挂钩试点在全国范围推广。根据有关规定,在项目区内,只要实现了占补平衡,即使在农用地上(不包括基本农田)使用增减挂钩用地指标进行非农建设的,也不需要单独办理农用地转为建设用地的审批手续。但是涉及土地征收的(即由集体土地变为国有土地的),仍应依法办理土地征收手续。

二、城乡建设用地挂钩下资金筹措模式及评价

从城乡建设用地挂钩资金筹措角度来讲,主要有以下三种模式:第一,政府主导实施模式。由政府土地整理中心或相关行政管理部门负责立项乃至规划设计,并对项目实施进行跟踪管理、质量监督。在整个过程中,以政府投资为主,参与主体是政府及其下属企业和有关中介服务机构,用地指标也有政府统一配置和调控。第二,市场主导实施模式。在完善土地市场运作平台的基础上,通过市场杠杆引入投资主体,由投资主体对土地进行复垦、对新区进行建设等,政府仅仅进行项目区的审批、引导、监管等,最终实现项目区运作的企业化和市场化。第三,农民集体组织实施模式。强调农民集体经济组织的作用,由村集体经济组织筹集资金,进行土地复垦、新区建设等,政府仅仅进行项目区的审批、引导、监管等。

笔者认为,三种模式各有优缺点。如政府主导模式实施力度大,利于项目区的推进,但是融资单一,监督可能缺位;市场主导实施模式利于融资,利于政府的监管,但可能在营利性支配下忽视配套制度建设;农民集体组织实施模式能充分调动农民的积极性,实现融资的多元化,但利益关系较难协调,交易成本高。如将三者

结合起来,避其短而取其长,可能是较优方案。如郑州市制定的《城乡建设用地增减挂钩工作管理暂行办法》就体现了该种思路。首先,成立郑州市城乡建设用地增减挂钩领导小组,明确乡镇(办事处)政府是增减挂钩工作的实施主体。其次,对于项目区内房屋及附属物的拆迁补偿安置工作,由所在地乡镇(办事处)政府负责,所在村(社区)具体实施。最后,按照"谁整理,谁投资,谁受益"的原则,引进市场机制,实行市场化运作,广泛吸纳社会资金。

三、城乡建设用地挂钩下村民居住的安置模式及评价

从城乡建设用地挂钩项目村民居住的安置模式讲,主要有以下模式:第一,并村模式。此种模式主要在城乡接合带或人口相对集中的农村地区实施。在原有农村集体建设用地的基础上,进行统一规划,将分散的农村居民统一规划到较为集中的居住小区,并进行基础设施的配套建设,以此来提高农村的居住环境;把结余的农村建设用地通过土地整理和土地复垦,恢复其农用用途,并在此基础上形成建设用地的用地指标。第二,搬迁模式。此种模式主要在偏远地区或交通不便的地区实施。在此种情形下,由政府统一规划,另选新址作为居民安置点,在新的居民安置点内进行基础设施的配套建设;对于搬迁区则实施土地整理和土地复垦,恢复其农用用途并形成用地指标。

通过对上述模式的对比分析可知,这些模式体现了因地制宜、突出特色的理念。但在城乡建设用地挂钩项目村民居住的安置模式中,究竟采取何种模式当属一大问题。进行城乡建设用地挂钩试点,归根到底是消除城乡二元格局,推进城乡统筹发展,最大限度地维护农民的利益。在有关规范性文件中,也始终强调要"尊重群众意愿,维护集体和农户土地合法权益"、要"了解当地群众的生产生活条件和建新拆旧意愿"、在项目区实施过程,涉及农用地或建设用地调整、互换的,"要得到集体经济组织和农民确认"。但整个试点工作是典型的政府推进型,从项目区的申请、项目区的立项、项目区的建设,一直到项目区的竣工验收,均有政府组织实施。在这个过程中,如何防止政府的权力不被滥用,如何让农民发出自己的呼声、尊重农民的知情权和决定权,是不容回避的问题。"民众祖祖辈辈生活的地方,形成了特定的文化、特定的社会生态,农民是否愿意搬迁,是否愿意家园环境改变,是应该考虑的第一要素。"[1]国务院在2010年发布的《关于严格规范城乡建设用地增减挂钩试点切实做好农村土地整治工作的通知》明确指出,要依法维护农民和农村集体经济组织的主体地位,依法保障农民的知情权、参与权和受益权。整

---

① 徐庆朗,张凤伟,李楠,等.影响城乡建设用地增减挂钩实施效果的因素分析[J].国土资源情报,2011(9):50-52.

治腾出的农村建设用地,首先要复垦为耕地,在优先满足农村各种发展建设用地后,经批准将节约的指标少量调剂给城镇使用的,其土地增值收益必须及时全部返还农村,切实做到农民自愿、农民参与和农民满意。

由此可见,农民权利的保护是整个城乡建设用地增减挂钩试点的核心内容。笔者认为,要切实维护农民的合法利益,关键是要使城乡建设用地挂钩试点和《村民委员会组织法》(2010年修订)等法律衔接起来。根据该法的规定,涉及宅基地的使用方案、以借贷、租赁或者其他方式处分村集体财产等涉及村民利益的事项,应经村民会议讨论决定方可办理;村民委员会的设立、撤销、范围调整,由乡、民族乡、镇的人民政府提出,经村民会议讨论同意,报县级人民政府批准。因此,要落实这样的规定,在城乡建设用地挂钩程序的启动上必须把上述程序加上去。否则,项目区已经审批下来,造成了既成事实,再让村民会议"确认",很难体现尊重"农民的意愿",会造成农民"被上楼"的新一轮悲剧。

四、城乡建设用地增减挂钩结余建设用地指标的流转

需要明确的是,结余建设用地指标的价值并非直接来源于指标本身,而是耕地等农用地保护下我国建设用地指标计划管制所导致的建设用地的稀缺性。"如果没有土地用途管制,没有建设用地指标计划下达,以及没有增减挂钩政策,农村建设用地复垦为耕地就不可能产生出农地以外的价值。"[1]项目区包括拆旧地块和建新地块,拆旧地块即对于集体建设用地上的定着物进行拆迁、对建设用地进行平整,使其具备耕作的条件,使其回复农用地用途的地块。建新地块即按照占补平衡原则,在新的集体用地上(包括农用地但排除基本农田),根据规划进行建设,以满足农民居住生活的地块。在此种情形下,会涉及结余建设用地指标的流转。依据国土资源部《城乡建设用地增减挂钩试点管理办法》的规定,可以通过开展土地评估、界定土地权属,按照同类土地等价交换的原则,合理进行土地调整、互换和补偿。根据"依法、自愿、有偿、规范"的要求,探索结余建设用地指标的流转,创新机制,促进挂钩试点工作。如何使其具有可操作性?"要打破行政区域界限,采取企业为主、政府支持、农民参与联合共建等方式,加快建设集中连片、具有相当规模的优势农产品产业集聚区;要引进一批强势龙头企业,鼓励和支持各类市场主体采取多种形式联合。"[2]此种举措着重强调结余建设用地指标的流转要打破"条块分割"的局面,在企业、政府、农民参与的情形下,通过联合的方式依靠建立优势农产品产

① 贺雪峰.土地增减挂钩与财富转移[J].决策,2020(7):9.
② 杨海钦.中原城市群建设中实施城乡建设用地增减挂钩问题研究[J].河南师范大学学报(哲学社会科学版),2010(2):161-164.

业集聚区的手段来实现。

在城乡建设用地实践中，结余建设用地指标的流转在试点之初，原则上局限在县域范围内流转；2016年国土资源部《关于用好用活增减挂钩政策积极支持扶贫开发及易地扶贫搬迁工作的通知》指出，集中连片特困地区、国家扶贫开发工作重点县和开展易地扶贫搬迁的贫困老区开展增减挂钩的，可将增减挂钩节余指标在省域范围内流转使用；2018年国务院办公厅印发《城乡建设用地增减挂钩节余指标跨省域调剂管理办法》明确了城乡建设用地增减挂钩节余指标跨省域调剂机制，省域调剂仅限于"三区三州"及其他深度贫困县城乡建设用地增减挂钩节余建设用地指标[①]；2021年自然资源部、财政部、国家乡村振兴局《巩固拓展脱贫攻坚成果同乡村振兴有效衔接过渡期内城乡建设用地增减挂钩节余指标跨省域调剂管理办法》明确调剂城乡建设用地增减挂钩节余建设用地指标在"三区三州"及其他深度贫困县基础上，增加了国家乡村振兴重点帮扶县。

依据《重庆农村土地交易所管理暂行办法》的规定，所谓地票，就是建设用地挂钩指标，指农村宅基地及其附属设施用地、乡镇企业用地、农村公共设施和公益事业建设用地等农村集体建设用地复垦为耕地后，可用于建设的用地指标。"'地票'交易是指建设用地指标的交易和流转，是城市土地需求主体和农村建设用地供给主体就建设用地指标进行交易的一种证券化的资产交易。"[②]该"地票"交易引入了竞争化模式，虽然有弊端，但在目前情形下，其不仅实现了城乡建设用地的占补平衡，而且使农村建设用地使用权货币化，最大限度地保证了农村集体经济组织和农民的利益，应予以肯定。此外，复垦券是河南省依托建设用地增减挂钩和精准扶贫的政策导向、创造性地盘活宅基地资源的一种尝试，在实践中已经取得了良好的效果，形成了河南模式。[③] 复垦券是指符合国家规定条件的集中连片特困地区、国家扶贫开发工作重点县以及贫困老区等县腾退的农村集体建设用地，扣除自身安置用地后节余的农村建设用地指标。河南省范围内新增建设用地需要办理农转用手续的，可使用复垦券。

---

① 三区三州的"三区"是指西藏自治区和青海、四川、甘肃、云南四省藏区及南疆的和田地区、阿克苏地区、喀什地区、克孜勒苏柯尔克孜自治州四地区；"三州"是指四川凉山州、云南怒江州、甘肃临夏州。

② 程世勇.城乡建设用地流转：体制内与体制外模式比较[J].社会科学,2010(6):45-52,188.

③ 肖颖,范业婷,李权荃,等.城乡建设用地增减挂钩政策演变、创新模式与优化路径[J].土地经济研究,2022(2):199-220.

第四节　农村集体经营性建设用地驱动力

党的十八届三中全会提出"建立城乡统一的建设用地市场。在符合规划和用途管制前提下,允许农村集体经营性建设用地出让、租赁、入股,实行与国有土地同等入市、同权同价"。党的十九届五中全会再次重申"健全城乡统一的建设用地市场,积极探索实施农村集体经营性建设用地入市制度"。2015—2019 年,经党中央批准和全国人大常委会授权,北京大兴等 33 个试点县(市、区)对规划确定为工矿仓储、商服等经营性用途的存量农村集体建设用地,通过出让、租赁、入股等方式入市进行了探索。2019 年修订的《土地管理法》第 63 条明确提出土地利用总体规划、城乡规划确定为工业、商业等经营性用途,并经依法登记的集体经营性建设用地,土地所有权人可以通过出让、出租等方式交由单位或者个人使用。2021 年修订的《土地管理法实施条例》第五节以"集体经营性建设用地管理"为标题,第37 ~ 43 条对集体经营性建设用地入市进行了具体的规定。可见,农村集体经营性建设用地问题是乡村战略实施不可回避的问题,其重要性非同一般。在这个背景下,集体经营性建设用地入市驱动力的研究显得急迫而重要。

一、问题导入

在我国,根据土地用途不同,可以把土地分为农用地、建设用地和未利用地。根据建设用地的所有权权属性质,可以把建设用地分为国家所有的建设用地和集体所有的建设用地。根据集体所有的建设用地能否经营,可以分为集体经营性建设用地和集体非经营性建设用地。集体非经营性建设用地主要包括宅基地、集体公益建设用地等。集体经营性建设用地主要包括村办企业用地及其他存量经营性建设用地。由于传统土地市场的"双轨制",即国有经营性建设用地可以入市(包括一级市场和二级市场)交易,从事商业性开发,而集体经营性建设用地则不能入市,只能将该用地作为村办企业、乡镇企业用地。这对充分利用土地资源、实现城乡经济的统筹发展造成了巨大的障碍。有学者针对此种情况指出:"城市建设用地使用权已经取得了独立的用益物权地位,而集体建设用地使用权的地位尚不明朗;城市建设用地使用权的权属是比较清晰的,而集体建设用地使用权的权属是模糊的;城市建设用地使用权的权能是完整的,而集体建设用地使用权的权能却是模糊的。"①

二、地方政府的驱动力是农村集体经营性建设用地入市运作实效的基点

（一）中央政府对农村集体建设用地使用权入市积极推行

一项制度或政策的落实,必须有驱动力。农村集体经营性建设用地入市的驱动力是多方面的,但如果以土地财政为视野,则可集中于农村集体经营性建设用地入市的外部政府环境进行阐述,是从农村集体经营性建设用地的权属人之外的政府的角度展开。土地资源作为稀缺资源,政府等主体的调控、管制至关重要。政府作为拥有公权力的主体,其对农村集体经营性建设用地入市的态度是积极的。农村集体经营性建设用地使用权的入市试点由中央统一布置和推进。

（二）地方政府对农村集体建设用地使用权入市值得进一步探讨

对于中央和地方的层级建构,我们可以把政府部门看作委托代理关系的科层组织。如果假设政府公务人员本质上是自利而且是理性的,那么委托代理关系可以界定:为了防止受托人发生道德风险乃至违法乱纪,必须建立敬业激励相容的激励规则,要使政府公务人员在自利目标下实现自身利益的同时达到政府部门的敬业激励目标。可见驱动力对于政府部门及其公务人员至关重要。驱动力尤其是地方政府部门及其公务人员的驱动力为农村集体经营性建设用地入市运作实效的基点,关系农村集体经营性建设用地入市的成败。"地方政府在农村集体经营性建设用地入市流转中分配到的收益份额越小,地方政府越倾向利用强行征地的方式来妨碍中央推出新法规。"此外,具体到每一个试点单位,需要由地方政府操作和把控,地方政府对农村集体经营性建设用地入市是否有足够的驱动力,下文详细论述。

三、"三维一体"机制下所导致的土地财政使地方政府驱动力不足

改革开放以来,我国改革政策的落实与中央"自上而下"的贯彻推行密不可分。地方政府在中央"自上而下"的政策推行下扮演者急先锋的角色。一方面,地方政府这一动力源于地方官员的政治大局意识和危机意识。另一方面,如果把地方官员也看作经济理性人,仅靠政治大局意识和危机意识是远远不够的,更重要、更根本的在于地方官员的利益刺激机制。

---

① 管洪彦,孔祥智.集体建设用地使用权出让中的集体成员权体系与实现[J].河南社会科学,2017(3):50-55.

就土地市场运作而言,我国自1994年推行分税制改革,加之1998年开始推行全面的房地产市场化改革,地方政府在房地产开发模式中动力十足。在一些地方政府的财政收入中,房地产市场带来的收益几乎占据半壁江山。这与地方政府垄断经营性土地供应的"一级市场",土地征收领域事实上形成的"农村反哺城市"有很大的关系。这种现象被学界称为"土地财政"。当然,"土地财政"并不是一个严谨的学术概念,仅是对地方财政过度依靠土地的一个形象的概括。笔者尝试对分税制及分税制下的转移支付、地方政府(官员)评价机制和土地财政做一个逻辑上的梳理。

(一)地方财政陷入困顿

自1994年推行分税制之后,国家根据税种收入的归属把税种分为中央税、地方税和中央地方共享税。在这些税种当中,有稳定收入并且税基较大的税种,基本上都划入了中央税或中央与地方共享税,剩余的作为地方税。这导致中央财政收入比值迅速提高。在财权已经发生变化的同时,事权并没有进行相应的调整,大量的公共物品和公共服务仍旧有地方政府提供,出现了较为严重的"财权和事权"不相匹配的现象。其间,为了解决这种现象,中央政府采取转移支付手段试图解决地方财政的困顿,但由于转移支付本身的规范性和科学性值得考究,不仅滋生了"跑部钱进"现象,而且导致地区间的转移支付出现了较大的不平衡。例如,中部地区人口稠密,但得到的中央转移支付的水平确实是最低的。这导致一些地方财政收入捉襟见肘甚至入不敷出。此外,由于省以下的收入划分由省政府决定,省级政府会用相似的逻辑把本级政府承担的财政压力转移给下级政府,造成财权层层上收的效应。

(二)地方政府积极寻求路径解决该财政困顿

地方财政收入的困境对于地方政府来讲有两个选择项:一是正视现实实施不作为,"过一天和尚撞一天钟";二是积极拓展财源,尽最大努力增加地方财政收入。我国现行的官员评价机制和地方政府考核机制使地方政府不可能选择不作为。我国中央对地方最重要的控制手段之一是中央控制省级及其以下官员的人事任免权。中央可以在同级官员之间发起围绕职务晋升的政治竞争,即政治晋升锦标赛。由此,地方政府及其官员为了自身的政治前途必然积极创造条件解决财政困顿,拉动地方经济的增长。这样,其在职位晋升等方面才有希望。由此形成地方政府"八仙过海般"进行创收的巨大冲动。

(三)土地资源成为地方政府解决该财政困顿的法宝

在我国现行的土地运作体制下,政府垄断土地供应一级市场,也就是对级差地租和土地供应进行绝对垄断。为了保证土地供应,成立土地储备中心,把集体建设用地转变为国有建设用地。虽然对于政府来讲土地已经资本化,但征地并不以市值界定补偿标准。政府征地后再行处分,则以市值界定土地价格。此时土地价格是由该块土地所带来的未来收入流的贴现值来决定的。具体来讲,政府通过出让土地使用权,获得土地出让金;通过征收土地增值税等税费,获得税费收入。这在一定程度上不仅促进了城镇化进程,而且大大缓解了地方政府的财政困境。在这个背景下,土地资源对于解决地方政府的财政困顿无疑是较优选项。土地财政由此产生,但其副作用是相当明显的。"这样的城镇化与市民的城镇化无关,只和行政利益和经济利益有关。政府为了卖地并取得客观的土地出让金,放弃了理性的城市规划,导致这城市那么空、这土地财政那么凶。"①

可见,"三维一体"的"三维"是分税制及分税制下的转移支付、地方政府(官员)的评价机制和土地财政,"一体"是地方政府这个载体。分税制及分税制下的转移支付导致地方政府财政陷入困顿,地方政府(官员)的评价机制导致地方政府及其官员必须积极寻找解决财政困顿的出路,而土地财政正好是解决上述财政困顿的良方。这三个方面都以地方政府为载体,通过不同的维度和视角体现出来,笔者将其概括为"三维一体"。"三维一体"机制形成后,使地方政府把财政收入由主要依靠以税收为主体的预算内收入转移到主要依靠行政事业性收费为主体的依靠预算外收入,再转移到主要依靠土地资源为主体的非预算收入。这也使地方政府加速推进土地征收和城市化进程。"三维一体"机制可以说明地方财政产生的必然性,并由此释明地方政府对农村集体经营性建设用地入市的驱动力不足。

四、"三维一体"路径依赖下解决驱动力不足面临的困境

路径依赖的核心在于历史上的选择对当今和之后的进程所产生的影响。相当于物理学事物运动的惯性。进入某一路径便会沿着该路径发展下去,并产生"路径锁定"效应。

(一)"三维一体"路径依赖产生

事物的发展虽然有规律可循,但在发展进程中的随机性和偶然性因素也十分关键。分税制改革之后,没有政策规制地方政府的具体创收路径,但伴随着我国房地产的市场化改革和城市建设的推进,土地创收已经是地方政府财政创收的重要组成部分。由此形成了一系列规范文件予以规制。制度层面上主要有集体土地不能入市而国有土地可以入市;国有土地入市采取竞价机制即"招拍挂",限制协议出让土地的适用范围;成立国有土地储备中心,把大量的集体土地征收变为国有土地。在这些制度当中,征地制度显得很是突出。这种规模巨大的征地现象,一方面导致房价居高不下而且容易产生房地产市场的泡沫,另一方面直接导致地方政府对土地财政收入的极度依赖,政府经常依靠"低进高出"的"征地后卖地"的思路获

---

① 济北南."城市那么空"与"土地财政那么凶"[N].检察日报,2014-10-15(005).

得巨额的政府收入。在这个基础之上,产生了依附于此的既得利益集团。在这些利益集团中,地方政府、房地产开发商、银行等主体凭借土地等资产而实施了大规模的融资活动,这一定程度上也诠释了近些年中国经济高速增长的"经济奇迹"。但其诟病也不绝于耳,如财富过于集中、官员腐化变质、社会正义偏离。

(二)"三维一体"路径依赖对农村集体经营性建设用地入市新机制的制约

土地财政虽然不是"分税制"的必然结果,但"分税制"的实行无疑是土地财产产生的重要原因。上述分税制、地方政府(官员)评价机制和土地财政的"三维一体"机制,不仅可看作中国城镇化进程的特色,客观上也对中国的城镇化进程起到了积极作用。如果把"三维一体"机制看作旧机制,把农村集体经营性建设用地入市看作新机制,鉴于集体土地的巨大财产属性,集体土地作为稀缺资源,市场的供求关系决定了人们基于利益的驱动会使用或转让集体土地使用权,其流转趋势并不是法律阻止就可以避免的,反而会在市场的影响下逐渐扩大,随之而来的是日益增多的集体建设用地使用权流转纠纷。"三维一体"机制的路径依赖对新机制的产生具有特别巨大的阻碍力。原因在于,"三维一体"机制形成后依据该机制而产生的既得利益集团和运行机制对该旧机制有着强烈的要求。在这个背景下,即使新的机制是有效率而又公允的,旧的机制是低效率甚至无效的并且有失公允,该旧机制也会在运作过程中不断地自我强化。并且,由于历史传统、思维惯性等因素的复合作用,新旧机制的变迁困难重重。

(三)"三维一体"路径依赖下地方政府在新旧机制的两难选择中可能造成阳奉阴违

"三维一体"旧机制与中央推行的农村集体经营性建设用地与国有建设用地使用权"同等入市、同权同价"的新机制产生巨大冲突之后,中央推行农村集体经营性建设用地与国有建设用地使用权"同等入市、同权同价",无疑等同于动了地方政府的奶酪,使地方政府在路径偏离甚至路径变迁的进程中观望等待甚至阳奉阴违。正如有学者指出的那样:"当制度变革后地方政府损失的收益大于拒绝变革的惩罚成本,地方政府将不配合中央政府贯彻新的制度设置。"[1]根据我国的政治运行机制,虽然地方不会公然反对该政策,但该政策在运作过程中是否会如同中央所期望的那样,真正惠及"三农",不得不令人怀疑。

---

① 郑威,陆远权,李晓龙.农村集体经营性建设用地入市流转的法经济学分析[J].经济问题探索,2017(7):175-180.

五、"三维一体"路径依赖下驱动力不足的破冰设想

鉴于上述,笔者认为,在"试点地区",地方政府的土地财政会使农村集体经营建设用地入市面临巨大的驱动力不足。主要原因归结于"三维一体"所形成的路径依赖,一般来讲,打破这种路径依赖,有三种不同的路径创造模式:一是通过蛮横的力量来构造路径,也就是通过设计新的系统和克服实现理想路径的障碍来构造理想路径,通俗来讲,就是"打破旧机制,全面确立新机制";二是通过使用经济奖励和惩罚来影响路径发展过程,使一些路径更具有吸引力和更可行;三是通过共同演化的过程和调整来构造理想路径。三种方案各有千秋,但根据改革开放以来所形成的循序渐进思路,笔者认为,第三种方案在解决"三维一体"路径依赖下驱动力不足的问题更具有可行性。在具体实施中,由于现行土地运作体制,寄希望于地方政府从"三农"利益出发制定具体可操作性的实施方案,无异于与虎谋皮。入市需要行政审批,特别是土地用途与规划关系集体经营性建设用地入市的收益,而土地用途与规划由地方政府决定。地方政府也希望从集体经营性建设用地中分配利益,留存更多的土地调节金。因此,中央政府应在确立"试点地区"之后积极研究制定针对性的具体措施,才是可行之策。中央政策应从财政分配机制和官员绩效评价机制等方面入手,探索与"试点"地区相适应的运作机制。对此,笔者有以下几点设想:

(一)实施专项财政转移支付

分税制实施后,中央对地方的财政补助包括专项补助、体制补助、税收返还等。有学者指出:"政府间财政转移支付通常包括税收返还、体制性补助、均衡性转移支付、其他财力性转移支付和专项转移支付。在财税体制中,除了中央政府,其他层级的政府对于税收的权力非常小,税收返还按特定公式计算。"[1]可以在这些财政补助的框架内,作为与该试点政策的配套机制,由中央规定试点地区的"专项财政转移支付"政策,弥补地方政府由于试点而导致的试点地区的"财政流失"。因为从理性的角度分析,如果地方政府能够通过其他途径使自身从财政困顿的漩涡中脱身出来,地方政府征地的冲动自然会降温,也不应该冒着违背中央既定试点的政策以集体经营性建设用地入市之名,行事实上的征地再卖地之实。但须说明的是,这仅是权宜之计,根本上还须审视我国的"分税制"体制及其分税制下的转移支付的不规范、不科学而导致的区域间的巨大差异,解决"事权"和"财权"相一致的问题。

---

① 杨默,杨永恒.地方官员对县级转移支付分配的影响研究:以 G 省 86 个县为例[J].行政论坛,2017(4):102-107.

（二）实施区别于国有土地入市的特殊的税费政策

国有土地入市，依据我国现有的税费运行机制，涉及土地增值税、城镇土地使用税、房产税、教育费附加等。土地税费政策参与宏观调控是我国运用经济手段加强宏观调控的一个重要方向。目前，我国基本上建立了以土地使用权取得、保有和流转三个环节为基础的土地税费体系。在农村集体经营性建设用地入市时及入市后的税费政策上，要充分考虑农村这个特殊的地域和依附于农村上的农民这个特殊的群体。实行轻徭薄赋，还利于民。具体可由中央制定试点地区农村集体经营性建设用地入市的特殊税费的细则，防止地方政府随意用权，进而加大"三失"现象，即"种田无地、就业无岗、低保无份"的失地、失业、失权现象，以使试点效果符合中央的期望，最终实现各利害关系方的共赢。

（三）实施特殊的官员绩效评价机制

有学者对于官员绩效评价机制指出："在政治锦标赛模型中，鉴于 GDP 增幅等核心经济指标不仅十分重要，而且易测量、易裁判，因而被选为比赛内容，相对经济绩效排名靠前者获得晋升。"[①]在官员绩效评价机制上，针对试点地区的特殊性，应引入特殊的绩效评价机制，而不应再唯 GDP 论。当然，新的评价机制应以试点地区利害关系人是否满意作为重要的衡量指标，充分保证作为农村经营性建设用地利害关系方尤其是农户的切身利益。至于该新的评价机制的量化指标，笔者认为，该量化指标应由中央统一规定，在进行评价时，应引入第三方评价机制，增强该评价机制的公平性和权威性。

第五节 农村集体经营性建设用地入市关键点

一、同等入市、同地同价、同权同责

总体上看，农村集体经营性建设用地在农村建设用地改革前存在入市范围受限、权能偏窄、收益过低，在城乡土地市场中明显处于不利地位，形成所谓"城乡二元土地体制"。客观而言，当年立法时并非有意歧视农村，相反，正是出于对农村的保护。鉴于城乡一体化发展水平不断提高，农村自我发展和抵御风险能力逐步增强，推动农村集体经营性建设用地与城镇国有经营性建设用地同等入市、同权同价的时机基本成熟。同时，考虑到农业农村的比较劣势并未消除，在政策上对农村适当倾斜和保护仍有必要。

---

① 李永刚,管玥.地方官员竞争的政治锦标赛模型及其优化[J].江苏行政学院学报,2011(2):73-78.

（一）同等入市

同等入市基本思路是集体经营性建设用地与国有经营性建设用地同等入市交易，统一入市条件、交易平台、交易规则、服务监管，确保流转顺畅、收益共享。第一，统一入市条件。入市土地须符合产业、环保、安全等各项要求，产权清晰，具备开发利用的基本条件。坚持规划先行，凡未编制镇、村规划的地方，不得开发。政府可以在调查评价、规划编制、建筑设计等方面提供适当补贴。《土地管理法》第63条规定土地利用总体规划、城乡规划确定为工业、商业等经营性用途，并经依法登记的集体经营性建设用地才可以进行入市交易。在实践中，严格禁止入市土地用于建设商品住房。第二，统一交易平台建设。设立土地有形市场，是引导交易双方依法交易、沟通市场信息、确保交易合法性和安全性、增强投资决策科学性的重要保障。引导集体经营性建设用地出让、转让、租赁、抵押、联营、入股等交易活动纳入有形市场进行。为降低市场建设成本，增加交易机会，应鼓励利用现有国有土地有形市场，开展集体土地入市交易。第三，统一交易规则。参照国有建设用地市场交易规则，制定集体经营性建设用地入市管理办法，形成城乡统一的建设用地市场交易规则。为确保入市有序进行，防止集体土地资产流失，入市活动应当由得到集体成员同意授权的实施主体申请开展，经乡（镇）人民政府审核，并由县级人民政府土地行政主管部门牵头审查后进行。第四，统一服务监管。总结城镇基准地价管理实践，将基准地价覆盖范围全面拓展到入市的农村地区，建立城乡统一的基准地价体系。"没有中介组织参与入市，市场难以发挥其资源配置的决定性作用。"①要健全交易代理、地价评估、法律咨询等中介服务，完善集体经营性建设用地入市的规划、投资、财务管理制度，加强市场监管，保障交易活动合法有序进行。

（二）同地同价

同地同价的基本思路是：全面实行集体经营性建设用地有偿取得、有偿使用制度，确保城乡土地同地同价。集体经营性建设用地无论是通过存量布局调整，还是通过增量取得，都不涉及所有权的变更。要通过公开市场和充分竞争建立供求决定价格的机制，既充分彰显农村集体经营性建设用地价值，保障集体和个人利益，又改变由地方政府独家垄断土地供应、导致价格扭曲的局面，促进土地市场健康发展。需要指出的是，农村集体经营性建设用地价值受区位影响极大，因此同样面积、用途的土地，农村集体经营性建设用地与城市国有土地价格水平一般存在很大差距，这是客观经济规律作用的结果，与土地所有制无关，同地同价是在市场公平竞争下形成的地价水平，并非完全相同的地价水平。

---

① 李明贤，周蓉.农村集体经营性建设用地与国有土地同等入市的推进机制研究：以湖南省浏阳市为例[J].湖湘论坛，2018(2)：123-129.

政府应在国土空间规划编制中优化集体经营性建设用地配置,根据村庄不同类型及发展需求有序推进村庄规划编制,尊重集体和农民意愿,反映群众诉求。在实践中,农村集体经营性建设用地使用权出让、出租应采取招标、拍卖、挂牌或者协议的方式;但对于同一宗地只有一个意向用地者的,也可采取协议的方式交易。

（三）同权同责

同权同责的基本思路是:赋予农村集体经营性建设用地与城镇国有经营性建设用地同等的占有、使用、收益、处分权能,确保城乡土地权责一致。农村集体经营性建设用地通过有偿方式取得后,通过初次流转获得土地使用权的权利人有权按照合同约定,在不超过同用途国有土地使用权年限的期限内,实际控制和支配土地;通过再次流转获得土地使用权的权利人,有权在合同约定但不超过剩余年限的期限内,实际控制和支配土地。通过有偿使用取得的集体经营性建设用地使用权,在合同约定的使用期限内,享有与国有建设用地使用权同等的权能,并履行同等义务,如承担相应的基础设施建设、按规定缴纳相关税费等。《〈土地管理法〉实施条例》第42条明确规定,集体经营性建设用地使用者应当按照约定及时支付集体经营性建设用地价款,并依法缴纳相关税费,对集体经营性建设用地使用权以及依法利用集体经营性建设用地建造的建筑物、构筑物及其附属设施的所有权,依法申请办理不动产登记。

对于集体建设用地有偿使用的增值收益,可以通过征收土地增值收益调节金的方式,合理调节国家、集体、个人之间的增值收益分配。集体经营性建设用地入市后,政府可直接参与分配流转中产生的收益,或者通过税收分享收益成果。试点中,政府按照入市或再转让农村集体经营性建设用地土地增值收益的20%～50%征收调节金,在契税暂无法覆盖农村集体经营性建设用地入市环节的过渡时期,政府还会再按成交价款的3%～5%征收与契税相当的调节金。土地增值收益调节金中政府的收取比例,应充分考虑到三者之间的利益平衡。2023年5月,天津市人民政府办公厅《关于印发天津市深化农村集体经营性建设用地入市试点工作方案》规定,试点区制定增值收益调节金管理办法,综合分析用于工业、商业等不同用途的土地增值收益情况,统筹考虑地区实际和征地补偿标准、用途、土地级差等因素,分类确定收取比例,确保农村集体经济组织及其成员从不同用途入市土地所得收益基本均衡。农村集体经济组织是农村集体土地的所有权人,可享受占有、使用、收益和处分土地所带来的收益,集体土地入市后产生的收益可用于农村基础设施和公用事业的建设、集体经济组织范围内成员的社会保障等用途。"在集体组织和农户个体之间,处理好农村集体经济组织内部土地增值收益的分配。已经分配到各村的土地增值收益,村集体留存20%～30%,其余在集体经济组织成员之间分配。"①

政府作为监管人,应与农村集体经济组织、市场主体签订三方监管协议的入市监管制度,明确各方权利、义务和法律责任,维护合法权益,促进入市地块依法依规合理开发利用。农村集体经济组织作为集体经营性建设用地的所有权人,有权对土地使用权人的使用、流转行为进行监督,有权要求对妨碍、损害所有权的行为予以纠正或赔偿,有权在流转合约到期后收回土地使用权,并按照合约处置地上建筑物、附属物。当然,不同的集体经营性建设用地入市方式和具体用途存在差别,监管内容相差甚大,单一监管方式难以应对集体经营性建设用地入市后的复杂监管环境。"宜'多管齐下',针对不同入市方式,根据实践反馈的主要监管漏洞,'事前震慑'与'事后纠偏'相结合,完善市场交易和服务监督管理制度,探索制定差异化精准事后监管模式。"②

总之,集体经营性建设用地与国有经营性建设用地"同等入市、同地同价、同权同责",就是要建立城乡统一的建设用地制度,在符合规划和用途管制前提下依法平等保护两种所有制土地的权利,建立兼顾国家、集体、个人的土地增值收益分配机制,增加农民土地财产性收入。

二、城乡统一建设用地市场体制机制建设

建立城乡统一的建设用地市场是完善要素市场、推进土地制度改革、健全城乡发展一体化体制机制的必然要求。建立城乡统一的建设用地市场,有利于健全要素市场,规范和高效利用农村集体土地,促进土地资源在城乡之间合理配置,增加农民和农村集体经济组织收入,缩小城乡经济发展差距,构建城乡协调发展体制机制,加快完善现代市场体系。建立城乡统一的建设用地市场,改革农村集体建设用地使用制度,可以推动农村经营性集体建设用地在符合规划的前提下进入市场,极大地推进要素市场发展,完善土地价格形成机制,促进现代市场体系建设。通过建立城乡统一的建设用地市场,可以把低效、闲置的农村集体建设用地投放到全国土地市场上去,用于城乡建设,从而盘活闲置的农村集体建设用地,提高土地利用效率,缩小城乡差距。

自推行国有土地使用制度市场化改革以来,国有建设用地逐步形成了以招、拍、挂为主的出让方式,极大地促进了土地市场特别是建设用地市场发展。而集体

① 高兴民,顾岳汶.共同富裕视角下集体经营性建设用地入市面临的困境及突破路径[J].农村经济,2023(9):11-19.

② 贾莉.集体经营性建设用地入市事后监管制度的变迁:地方探索、改革困境及化解之道[J].贵州社会科学,2023(9):152-160.

建设用地市场受各方面条件的限制发育较慢,使农村土地的经济价值难以得到充分实现。随着工业化、城镇化和新农村建设的推进,经济社会发展对非农建设用地需求不断扩大,农村土地尤其是城市郊区农地的价值日益提升。要认真贯彻落实党的农村土地政策,立足我国基本国情和发展阶段,坚持问题导向和底线思维,使市场在资源配置中起决定性作用和更好发挥政府作用,兼顾效率与公平,围绕健全城乡发展一体化体制机制目标,以建立城乡统一的建设用地市场为方向,以夯实农村集体土地权能为基础,以建立兼顾国家、集体、个人的土地增值收益分配机制为关键,以维护农民土地权益、保障农民公平分享土地增值收益为目的,发挥法律引领和推动作用,着力政策和制度创新,为改革完善农村土地制度,推进中国特色农业现代化和新型城镇化提供实践经验。

《土地管理法》修订后,一些地区按照《土地管理法》有关规定,开展集体经营性建设用地入市。2022 年 1 月,自然资源部召开全国自然资源工作电视电话会议,就推进集体经营性建设用地入市工作进一步强调"中央审议同意后,稳妥有序推进农村集体经营性建设用地入市"。2022 年 9 月,中央全面深化改革委员会第二十七次会议审议通过了《关于深化农村集体经营性建设用地入市试点工作的指导意见》。2022 年 11 月,中共中央办公厅、国务院办公厅印发《关于深化农村集体经营性建设用地入市试点工作的意见》,明确用两年左右的时间深化入市试点工作。文件强调推进农村集体经营性建设用地入市改革,事关农民切身利益,涉及各方面利益重大调整,必须审慎稳妥推进。试点县(市、区)数量要稳妥可控。要坚持同地同权同责,在符合规划、用途管制和依法取得前提下,推进农村集体经营性建设用地与国有建设用地同等入市、同权同价,在城乡统一的建设用地市场中交易,适用相同规则,接受市场监管。要坚持节约集约用地,坚持先规划后建设,合理布局各用途土地。要严守土地公有制性质不改变、耕地红线不突破、农民利益不受损,落实永久基本农田、生态保护红线、城镇开发边界等空间管控要求。2023 年 3 月,自然资源部办公厅印发《深化农村集体经营性建设用地入市试点工作方案》,审慎稳妥推进集体经营性建设用地入市试点。试点范围在保留原来 33 个试点县(市、区)基础上,各省(自治区、直辖市)按照试点县(市、区、旗)具体数量原则上不得超过本省份县(市、区、旗)数量的 10% 确定,涵盖全国 31 个省(直辖市、自治区)近 400 个县(市、区、镇)。为深化农村集体经营性建设用地入市试点,规范集体经营性建设用地使用权出让合同管理,2023 年 3 月,自然资源部办公厅、国家市场监督管理总局办公厅联合印发《集体经营性建设用地使用权出让合同》《集体经营性建设用地使用权出让监管协议》示范文本(试点试行)。通过改革试点,探索同权同价、流转顺畅、收益共享的农村集体经营性建设用地入市制度,探索形成可复制、可推广的改革成果,为科学立法、修改完善相关法律法规提供支撑。

第四章

宅基地制度

宅基地是农户建造住房及附属设施的集体土地,彰显居有其屋的保障色彩。在宅基地的历史演变中,基本形成了土地集体所有、农户无偿使用、面积严格限定、使用期限长期、仅限内部流转的运行样态。在实践中,一方面出现农房和宅基地的闲置,浪费了稀缺的宅基地资源;另一方面,隐形的农房及宅基地流转一直客观存在。国家提出宅基地三权分置,不仅是对宅基地居住保障功能的回应,也是对宅基地资源市场化的回应。宅基地三权分置改革,需要循序渐进、审慎推动,在探索中改进,以期实现宅基地三权分置的政策诉求。

第一节　宅基地使用权界定与传统流转模式

一、宅基地使用权的内涵

宅基地相对于承包地来讲,属于建设用地的范畴。以户为单位分配宅基地,在我国广大的农村地区有效地得到了贯彻。一般来讲,宅基地的面积与户之人口没有直接的关系,而与该户之历史、该地方之宅基地面积限制有直接的关系。宅基地一旦依法分配,即没有时间的限制,并产生一种效力很强的物权:宅基地使用权。这实际上也产生如下问题:第一,建设用地的有限性会导致后来新设之户无宅基地可供分配;对于无宅基地可供分配的情形虽然不甚普遍并有区域差异性,但必然会形成多户一宅现象。第二,基于户之自然消亡和房屋的继承而产生一户多宅现象;第三,基于户之性质变动(例如该户之成员全部转为城镇户口并迁入城镇居住)而产生的宅基地闲置现象。农村村庄"空心化"严重。村干部说,村里各种条件都差,越来越留不住人了。河南省邓州市孟楼镇南孔村有 382 户 1800 多人,只有 600 多人住在村里。村支书王国瑞说:"全村至少有 200 户搬到了镇上、城里,剩下的分散在 7 个自然村。南赵自然村 60 多户人只剩 10 多户。"①宅基地三权分置改革是立足于盘活利用农户闲置宅基地和闲置农房,有限度地允许使用权的流转。其改革内容包括认定农户资格、确权方式、保障形式、退出方式以及放活宅基地使用权等方面。对于一户多宅现象和宅基地闲置现象,存在土地资源的浪费,如何盘活土地资源,实现户之财产性收益,则是宅基地三权分置所要解决的问题。保留资格权,也就是保留宅基地使用权的资格,在此前提下,盘活对宅基地的使用,允许具有资格权的农户依照市场规律处分使用权。

在全面乡村振兴、农业农村优先发展的背景下,农村集体土地是乡村振兴的重要支撑力量。作为农村集体建设用地使用权的重要一种权利类型——农村宅基地使用权是我们研究农村土地问题不可回避的一项课题。宅基地使用权是农民在其拥有的集体土地上以建设自用住房为目的的一种用益物权。《民法典》对于该权利的物权属性做了明确的界定。从比较法的角度来讲,国外没有和我国宅基地使用权相对应的物权制度,宅基地使用权制度产生可以看作是我国集体建设用地使用权的一大特色。大陆法系国家的地上权制度与我国的宅基地使用权制度有类似之处,二者同为使用他人的土地建设建筑物或构筑物。但在我国,宅基地使用权具有明显的特殊性。

首先,宅基地使用权依靠行政手段取得。"农村宅基地使用权取得制度主要是指初始取得,包括农村宅基地使用权的取得主体、取得条件、审批程序等的法律规定。"②如《土地管理法》规定,农村村民住宅用地,由乡(镇)人民政府审核批准。其次,宅基地使用权的取得具有明显的身份性。申请人必须是本村村民或与本村有特殊的联系。如 2021 年辽宁省规定申请宅基地一般为本村村民,例外为"回乡落户需要建住宅而无宅基地的复退军人和回乡定居的华侨以及港澳台同胞"。再次,宅基地使用权的取得具有无偿性。农村村民基于特定的身份取得宅基地使用权,并无须支付相应的对价。即农村宅基地使用权无偿划拨给农民来使用。虽然近来一些地方进行了试点,实行宅基地使用权的有偿使用,但相应价格也是很低的。最后,宅基地使用权的无期限性。申请人取得了宅基地使用权后,并没有像以出让方式取得的国有建设用地使用权一样有一个明确的期限。

---

①　林嵬."村庄再生"探索乡村振兴新路径[N].经济参考报,2018-6-2(004).
②　耿卓.论宅基地使用权的物权变动[J].政治与法律,2012(5):31-37.

二、宅基地的历史沿革

我们知道,无论农用地或宅基地,历经社会主义改造,其所有权都归农民集体所有。但对宅基地问题,仍然需要进行政策梳理。1963 年中共中央《关于各地对社员宅基地问题作一些补充规定的通知》明确规定,社员的宅基地,包括有建筑物和没有建筑物的空白宅基地,都归生产队集体所有,一律不准出租和买卖。但仍归各户长期使用,长期不变,生产队应保护社员的使用权,不能想收就收,想调剂就调剂。至此,在政策层面明确了农民对宅基地的长期使用权。1963 年最高人民法院《关于贯彻执行民事政策几个问题的意见(修正稿)》针对宅基地使用过程中出现了的纠纷作出针对性的规定:社员的宅基地,包括有建筑物和没有建筑物的空白宅基地都归生产队集体所有,一律不准出租和买卖,但仍归各户长期使用,长期不变。该司法政策进一步强调了宅基地归集体所有,使用权归农户长期使用。

1982 年国务院发布的《村镇建房用地管理条例》(1986 年全国人大常委会通过的《中华人民共和国土地管理法》已将《村镇建房用地管理条例》明令废止)是一个重要的政策上的分水岭。该条例第 18 条规定:"集镇内非农业户建房需要用地的,应提出申请,由管理集镇的机构与有关生产队协商,参照 14 条的规定办理。这意味着宅基地使用权的主体不仅包括农户,也包括非农户,宅基地使用权主体扩大化。"该条例第 14 条规定:"农村社员,回乡落户的离休、退休、退职职工和军人,回乡定居的华侨,建房需要宅基地的,应向所在生产队申请,经社员大会讨论通过,生产大队审核同意,报公社管理委员会批准;确实需要占用耕地、园地的,必须报经县级人民政府批准。批准后,由批准机关发给宅基地使用证明。"1999 年国务院办公厅发布的《关于加强土地转让管理严禁炒卖土地的通知》明确规定,农民的住宅不得向城市居民出售,也不得批准城市居民占用农民集体土地建住宅,有关部门不得为违法建造和购买的住宅发放土地使用证和房产证。2004 年国务院发布的《国务院关于深化改革严格土地管理的决定》规定,改革和完善宅基地审批制度,加强农村宅基地管理,禁止城镇居民在农村购置宅基地。由此,宅基地使用权本身没有期限,不存在期满延期问题,但宅基地使用权的初始取得仍然是基于农户成员中的农民身份。

2014 年,中共中央办公厅、国务院办公厅印发《关于农村土地征收、集体经营性建设用地入市、宅基地制度改革试点工作的意见》,全国人民代表大会常务委员会《关于授权国务院在北京市大兴区等三十三个试点县(市、区)行政区域暂时调整实施有关法律规定的决定》开始实施。在具体试点地区的选择上,根据"坚持小范围试点"和"审慎稳妥推行、封闭运行"的原则,2015 年,国土资源部会同中央农办、发展改革委、财政部、农业部等相关部门,确定的宅基地制度改革试点为 15 个县级地区;2017 年底,中央全面深化改革领导小组(现为中央全面深化改革委员会,下同)决定将宅基地制度改革拓展到全部 33 个试点县级地区。2017 年底全国人民代表大会常务委员会作为了延长一年期限进行授权的决定。

2015 年 12 月 27 日,全国人民代表大会常务委员会《关于授权国务院在北京市大兴区等 232 个试点县(市、区)、天津市蓟州区等 59 个试点县(市、区)行政区域分别暂时调整实施有关法律规定的决定》,在天津市蓟州区等 59 个试点县(市、区)行政区域暂时调整实施《中华人民共和国物权法》《中华人民共和国担保法》关于集体所有的宅基地使用权不得抵押的规定。全国人民代表大会常务委员会 2017 年 12 月 27 日延长授权至 2018 年 12 月 31 日。

2018 年中央一号文件作出探索宅基地所有权、资格权、使用权三权分置的改革部署后,山东禹城、浙江义乌和德清、四川泸县等试点地区结合实际,探索了宅基地三权分置模式。但是,目前试点范围比较窄,试点时间比较短,尚未形成可复制、可推广的制度经验,且各有关方面对宅基地所有权、资格权、使用权的权利性质和边界认识还不一致,有待深入研究。因此,建议在实践中进一步探索宅基地三权分置问题,待形成比较成熟的制度经验后再进行立法规范。

2020 年中央全面深化改革委员会第十四次会议审议通过的《深化农村宅基地制度改革试点方案》着重指出:深化农村宅基地制度改革,要积极探索落实宅基地集体所有权、保障宅基地农户资格权和农民房屋财产权、适度放活宅基地和农民房屋使用权的具体路径和办法。2021 年中央一号文件进一步指出:加强宅基地管理,稳慎推进农村宅基地制度改革试点,探索宅基地所有权、资格权、使用权三权分置有效实现形式。基于中国语境下宅基地使用权的直接市场化也就是径行进行权利转让,从农户的长远利益而言,无疑是对农户财产利益的一种剥夺;从国家的长治久安来讲,也无疑会变成社会不稳定甚至动乱的定时炸弹。国家从宏观上创造性地设计出资格权与使用权分置,基于"农民的财产性收入特别是财产权利仍处于贫困状态"①既是对宅基地居住保障功能的回应,也是对宅基地资源市场化的回应。在中央宅基地三权分置政策意蕴中,既保障农户基于集体成员身份获得宅基地使用权分配,又激活农村闲置宅基地、房屋,将宅基地使用权通过市场化的手段进行流转,实现土地的节约和集约利用,意义深远。

三、宅基地使用权的权利内容剖析

在我国,宅基地使用权人可以对宅基地使用权进行占有、使用,但在处分、收益方面存在一定的问题值得探讨。

---

① 耿卓.宅基地"三权分置"改革的基本遵循及其贯彻[J].法学杂志,2019(4):34-44.

（一）宅基地使用权的处分问题

国务院办公厅《关于加强土地转让管理严禁炒卖土地的通知》和国务院《关于深化改革严格土地管理的决定》针对宅基地使用的规定，已经明确农民的住宅不得向城市居民出售，还明确禁止城镇居民在农村购置宅基地。国务院办公厅《关于严格执行有关农村集体建设用地法律和政策的通知》、国务院《关于促进节约集约用地的通知》等政策性文件均对严格管理农村土地和宅基地提出明确要求。农村住宅用地只能分配给本村村民，城镇居民不得到农村购买宅基地、农民住宅或"小产权房"。单位和个人不得非法租用、占用农民集体所有土地搞房地产开发。"无论是保护农民利益、保持农村稳定还是保障经济社会可持续发展，都属于社会公共利益的范畴，城镇居民购买宅基地使用权的合同，损害了现行国家政策所维护的社会公共利益。"①农村村民一户只能拥有一处宅基地，其面积不得超过省（自治区、直辖市）规定的标准。对于农民来讲，宅基地本身的财产效应已经展现在原有的实践逻辑之中，部分农村内部宅基地买卖已相当盛行，不过已有的事实并没有得到法律政策的支持。② 农民出卖、出租住房后，再申请宅基地的，不予批准。由此，在我国现阶段，除非在特殊试点地区，否则，宅基地使用权是不能自由转让给非本集体经济组织成员的，只允许在集体组织成员之间进行转让。但值得注意的是，依据最高人民法院、国土资源部、原建设部《关于依法规范人民法院执行和国土资源房地产管理部门协助执行若干问题的通知》第 24 条的规定："人民法院执行集体土地使用权时，经与国土资源管理部门取得一致意见后，可以裁定予以处理，但应当告知权利受让人到国土资源管理部门办理土地征用和国有土地使用权出让手续，缴纳土地使用权出让金及有关税费。"据此规定，在人民法院的执行阶段，可以处分宅基地使用权，只是要以征收土地为前提，并要缴纳一定数额的土地出让金和税费。

（二）宅基地使用权的收益问题

1. 能否利用宅基地进行经营性活动的问题

在一些旅游景区，村民利用"农家乐"经营餐饮活动，已成为一个普遍现象。此外，一些农民可能在自己的宅基地使用权上建造房屋开设小卖铺、开办小型作坊等，进行经营性活动。对于在宅基地范围内另建房屋或在居住房屋上另建几层作为'农家乐'的情况，因为国家基于生存保障无偿提供给农民宅基地使用权后，这种宅基地生存保障的使命即告结束，至于农民无偿取得宅基地使用权后如何使用，有自主决定的权利。而且这种利用只要是无污染、不扰民的活动，都应该是允

---

① 魏华,戴孟勇.论宅基地使用权的转让[J].法律适用,2014(10):23-28.

② 朱静辉.宅基地使用权流转的内生机制与法律调适:浙江个案[J].重庆社会科学,2011(4):76-80.

许的。对此问题,严格来讲,属于擅自改变土地用途,由自用改变为经营用地。从宅基地使用权的目的看,似显违法。但是,考虑到农民、农村的实际情况,国家应进行针对性的规定,进行积极的引导而不是消极的取缔。只要不存在影响邻里关系的问题,应允许存在。对于经营性活动的法律规制,如办理营业执照、缴纳税费,则遵循有关规则即可。

2. 宅基地使用权的出租问题

宅基地使用权是不能直接出租的,但可以通过出租房屋达到其占有范围内的土地使用权出租的目的。从私法的角度来讲,对于民事活动,法不禁止即可为。因此,农民出租房屋并不违反"一户一宅"的法律规定。从实践的角度来讲,能够出租房屋的农民往往离城市较近,甚至本身就是"城中村"的村民,禁止其出租房屋,也不利于保护村民的利益。但值得注意的是,农村村民出租住房必须不改变土地本身的用途和房屋产权,出租房屋应以居住用途为主,出租期限应在《合同法》允许的范围之内。但如果采取租期长达几十年,租金一次性付清,承租人长期拥有此房的方式进行出租,实为变相的买卖,应认定合同无效,并可追究相关责任方的法律责任。

四、宅基地使用权的传统流转模式考察

如前所述,虽然国家对于宅基地使用权的处分作出了严格的制度限制,但在具体的制度运行中,仍然存在着宅基地使用权的流转现象。这些现象的存在,要么是国家政策试点的结果,要么是农民自发选择的结果,究其模式,主要有以下几种类型。

(一)宅基地使用权流转的保权模式

宅基地使用权流转的保权模式即宅基地使用权人所占用的土地仍为集体所有,所有权主体没有发生变化的流转模式。此种模式下,允许非本集体经济组织的成员在符合政策规定的前提下取得宅基地使用权,并可以进行开发建设。实践中,该模式是以"联建"方式由农民和开发单位进行合作。例如根据成都市人民政府《关于坚持统筹城乡发展加快灾后农村住房重建的意见》,在青城山镇味江村的灾后重建中,引资北京某公司参与青城山镇味江村 12 组的灾后房地产恢复重建。在保证现有集体建设用工总量不变和全组 16 户同意的前提下,该公司整体开发共计 23.9 亩宅基地,除为每位村民提供 40 平方米住房和相应的公共服务配套设施,节余出的 20 亩宅基地用于开发旅游项目,项目合作期限为 70 年。这样一来,村民的住房建设和农民的配套建设有了保障,而开发商则获得了一定期限的土地使用权,可以进行商业化运作。从法律的角度来分析,此种模式突破了法律规定的宅基地主体的限制,是一个全方位的创新。但该模式的推出,功利性较强,政策性也较强,能否在全国具有示范意义,尚难下定论。

（二）宅基地使用权流转的转权模式

宅基地使用权流转的转权模式即将宅基地使用权征收为国有土地建设用地使用权，从而使所有权主体发生变更的流转模式。当然，《土地管理法》的集体土地征收制度是该"模式"的制度支撑，而实践中该模式对于传统的"征收"又作出了变通。依照一般的征收制度，其强调"公共利益"和"对征收人进行补偿"，体现的是国家的强行性和农民集体的服从性，该制度引出很多社会问题。而此种模式下的"征收"强调的是农民自愿，当然，政府要运用一定的政策刺激。如成都和重庆部分地区采取的"住房换宅基地"的做法。其具体做法是对于符合条件的农民可以申请退还宅基地，有政府在城市提供相应的住房并承担退房居民的社会保障问题。此种模式在政府的主导下展开，可以节约利用土地，促进城乡一体化的进程。但是，政府在整个过程中仍然扮演着"征地"的角色，通过一系列的政府运作，有的直接成为国有土地（规划区内的一些宅基地），有的被转换进入国有土地储备，有的继续保持集体性质，经整理后形成规模。纳入国有土地可出让的部分，在短期内就将产生巨大的收益。在此种模式下，仍然是建立在宅基地使用权不能自由流转的基础之上的。政府在这个过程中获得了巨大的收益，而农民的利益仍然没有得到应有的保护。何况，这些没有一技之长的农民进入城市之后，如何解决他们以后的生计问题，也是问题的关键。

（三）宅基地使用权流转的自发模式

在此种模式下，农民一般不直接出让宅基地使用权（这样做法明显违背法律），而是出卖自己所拥有的房屋。根据"地随房走"的原则，该房屋所占有范围的土地使用权也要相应转让。如果在集体经济组织内部转让并且受让人符合受让的条件（如根据规定可以分得宅基地），法律是予以承认和保护的。如果在集体经济组织外部转让，则难以受到法律的保护。如北京通州区的宋庄镇，一些画家从农民手中购买了农宅并予以改建，形成了远近闻名的"画家村"。而在此后的诉讼中，法院明确指出：宅基地使用权是农村集体经济组织成员享有的权利，与享有者特定的身份相联系，非本集体经济组织成员无权取得或变相取得。

第二节　宅基地静态产权强化与适度放活

一、问题导入

宅基地产权改革是农村建设用地产权改革的重要组成部分，自实行依据村民资格无偿分配宅基地以来，宅基地对于农户的居住保障需求发挥着重要的作用。

在宅基地的历史演变中,基本形成了土地集体所有、农户无偿使用、面积严格限定、使用期限长期、仅限内部流转的运行样态。随着农村人口流动,宅基地出现了闲置现象,无疑造成了稀缺土地资源的巨大浪费。以往学界往往从各自独立视角进行研究。如关于宅基地静态产权的强化,学者指出,"宅基地使用权人不仅能对抗土地所有权人,而且能对抗不特定的任何人"①,"宅基地使用权是在集体土地上设置的他物权,现行宅基地使用权制度使得作为集体土地所有权的主体只承受或容忍了所有权受限制的结果"②。关于宅基地适度放活的改革,学者指出,立法上应"明确宅基地使用权可以适用转让、互换、出资、赠与及抵押等多种流转方式"③,"将宅基地使用权的流转交由农户进行自我安排,才能保证宅基地使用权流转过程中经济效益的最大化"④。

上述研究成果为宅基地产权改革的深入研究奠定了基础,但上述研究中,对静态宅基地产权和适度放活的结合较少关注。从宅基地静态产权角度,一方面赋予农户宅基地使用权的物权属性,对抗集体土地所有权,另一方面对宅基地使用权严格保护,政府征收时也必须基于公共利益并给予公平合理的补偿;从农户而言,其静态产权意识得到增强,农民如果认知到宅基地是归于自己的,基于财产排他性,他们对此会有更大的价值期待。但从宅基地适度放活角度,如果宅基地适度放活改革所形成的政策红利无法满足农户对宅基地价值实现的期待,农户宁愿宅基地闲置,也不愿配合政府流转,甚至退出宅基地。由此,宅基地静态产权的强化,虽然为宅基地适度放活的改革提供了必要的产权基础,但如果宅基地适度放活改革无法满足农户对宅基地价值实现的期待,宅基地静态产权的强化反而增加宅基地适度放活的农户自决成本,甚至会演变为宅基地无法盘活的羁绊;如果宅基地适度放活改革能够满足农户对宅基地价值的期待,农户自会流转甚至退出宅基地。宅基地适度放活改革能否满足农户对宅基地价值实现的期待,就成为宅基地静态产权与适度放活的结合能否助力实现盘活闲置宅基地、提高宅基地资源效率利用的关键之所在。从宅基地三权分置实现盘活闲置宅基地、提高宅基地资源效率的角度,已经强化的静态产权与适度放活的政策期许存在巨大的冲突,而如何进行宅基地适度放活的改革,则成为协调已经强化的静态产权与适度放活政策期许的突破口。

---

①　施适.论宅基地使用权初始取得制度的缺陷及其完善[J].甘肃政法学院学报,2015(3):125-132.

②　陈小君.宅基地使用权的制度困局与破解之维[J].法学研究,2019(3):48-72.

③　贺日开.我国农村宅基地使用权流转的困境与出路[J].江苏社会科学,2014(6):68-77.

④　李谦.宅基地使用权入市:试点反思、理论证成与路径归处[J].现代经济探讨,2021(10):117-125.

二、宅基地静态产权强化的具体体现

宅基地是农户居有其屋保障的重要载体,源于农村土地社会主义改造后的宅基地分配制度,对农户居有其屋的保障发挥着关键作用。改革开放以来,在建设社会主义法治国家的大背景下,宅基地静态产权不断强化。

(一)公共利益限制政府征收

宅基地分配到户,属于农户的重要财产,不得无故剥夺,中央政府以保障农户宅基地的用益物权为改革导向。1982 年《宪法》即明确了征收他人财产,须基于公共利益。1986 年《土地管理法》进一步强调征收集体土地须基于公共利益,并对包括地上定着物在内的农户财产进行补偿。唯何为公共利益所指不明,实践中不易把握,"对宅基地公共利益的模糊征收却有着加大的趋势"[①],存在公共利益滥用的风险。2019 年修正的《土地管理法》采取具体列举的方式明确了公共利益的范围,从而使公共利益的内涵和外延得以框定。在此基础上,又对征收补偿范围进行了具体安排,不仅农户的物化财产例如地上定着物等需要进行补偿,农户失去宅基地后的长远生计也应进行补偿,这充分体现了对农户土地发展权的尊重。补偿费用依据公平、合理标准进行界定,并应当依法足额支付。除此之外,征地程序进一步严格,充分尊重农户的知情权、参与权,必要时还应组织听证,在充分听取民意的基础上形成征地补偿方案。

严格的征收集体土地的实体和程序要件,体现了限制公权力的行使和最大限度保护农户宅基地权益的价值导向。在我国城镇化进程下,建设用地需求是十分巨大的。这种需求的解决,仅靠城镇存量国有建设用地,根本无法满足。农村则存在巨大的集体土地供给,但这种供给往往以牺牲农村集体经济组织及其成员利益为代价。地方政府在发展经济的利益刺激下,无疑会产生巨大征地冲动;农村集体经济组织及其成员在公权力的冲动面前,仅凭一己之力,是无法抗衡的。法律的修改与完善为公权力征地划定了标准和底线,使其无法任性,不得不尊重农村集体经济组织和农户的财产权,在法律的轨道下实施征地行为。这无疑是对农户宅基地使用权的有力保障,也是农户宅基地静态产权强化的具体体现。

(二)用益物权属性界定对抗集体土地所有权

社会主义改造完成后,农户可以申请宅基地使用权。但宅基地使用权和集体土地所有权之间是什么关系,则长期没有解决,这主要源于宅基地使用权的法律属性不明。2007 年《物权法》明确了宅基地使用权的用益物权属性,2020 年《民法

---

① 李宁,陈利根,龙开胜.农村宅基地产权制度研究:不完全产权与主体行为关系的分析视角[J].公共管理学报,2014(1):39-54,139.

典》沿袭《物权法》规定。在宅基地使用权作为用益物权下，一旦农户依照规定申请获得宅基地使用权，则该宅基地使用权就可以对抗集体土地所有权，宅基地使用权人可以之对抗集体土地所有权人。此种对抗是法律术语，具体内涵包括：第一，集体土地所有权上设定的宅基地使用权优先于集体土地所有权。农民集体虽然对集体土地享有所有权，但该所有权上设定了宅基地使用权的负担，所有权的权能受到了限制，农民集体不能随意收回宅基地。第二，宅基地使用权是农户对宅基地的具体支配，可以排除包括农民集体在内的不特定第三人的非法干涉。如果宅基地使用权由于不特定第三人的非法干涉而无法正常使用，宅基地使用权人可以行使物上请求权，要求排除妨碍、消除危险、恢复原状，造成损害的，还可以要求赔偿损失。

宅基地使用权用益物权属性的界定，对宅基地静态产权强化具有里程碑意义。农户取得宅基地使用权后，就意味着农户取得了优先于集体土地所有权的对抗性、排他性极强的宅基地使用权。此种财产权虽源于集体土地所有权，但又独立于集体土地所有权，二者形成了自物权和他物权的法权关系。唯值得进一步探讨的是，宅基地使用权的权能受到现行政策和法律的限制，这体现为宅基地使用权除了内部转让外，无法进行外部转让。很多学者诟病此种现象，认为宅基地使用权身份色彩过浓，需要打破宅基地制度的身份化和物权化"两化复合"结构，促进宅基地使用权彻底物权化，宅基地使用权应使农村村民合理用地的利益获得切实的保障。但这是否就意味着宅基地静态产权的弱化？从一般角度而言，自己的财产自己可以自由处分。宅基地使用权虽然是农户自己的财产，但其从产生之初就具有集体福利的属性，是农户基于集体成员资格无偿取得的。设立宅基地使用权之所以采取无偿方式，无非是为了保障农户的居有其屋。对宅基地使用权的权能进行限制，导致其权能弱化，与宅基地承载的价值功能具有直接关系，也是宅基地无偿分配的正当性基础。宅基地使用权的权能弱化体现了农户对宅基地自我支配的欠缺，而宅基地静态产权强化是农户宅基地静态保护层面上的衡量，二者不是一个层面上的问题。故宅基地使用权的权能弱化无法证成宅基地静态产权弱化。

综上，改革开放以来，国家通过一系列举措，一方面限制公权力，明确征收集体土地的公共利益和公平合理补偿的实体要件，充分保障农户参与征地进程的程序要件，另一方面赋予宅基地使用权的用益物权属性，使农户的宅基地使用权可以对抗集体土地所有权。营造稳定的不受干预的产权环境，塑造农民对于宅基地的心理所有权观念。这从国家公权力层面和农村集体经济组织层面为宅基地静态产权保护提供了强有力的支撑，消除了可能侵犯宅基地静态产权的潜在威胁，宅基地静态产权强化在此背景下不言而喻。

三、宅基地适度放活的政策导向

宅基地使用权的权能弱化,农户对宅基地的支配方式受到极大限制,在传统农村人口不流动的情形下,不会产生问题。宅基地本身就是保障农户居有其屋的,农户从事农业生产,日出而作、日落而息,宅基地成了其劳作之后的栖息之地。但随着农村人口流动加剧,宅基地闲置现象越来越突出,据统计,中国村庄宅基地平均闲置率略高于10%。[①] 宅基地从传统意义田园牧歌式的栖息之地变成了杂草丛生的闲置地,不仅失去了居有其屋的价值承载,而且造成了宅基地资源的巨大浪费。在此背景下,国家希望通过体制机制的创新,盘活闲置宅基地资源,并把宅基地资源的盘活与全面乡村振兴有机结合。

(一)拓展农村宅基地和农房财产性功能

拓展农村宅基地和农房财产性功能,实际上是对宅基地使用权权能弱化的回应。由此延伸出宅基地不仅仅是居有其屋的保障,还要在该条件满足下实现宅基地的多元化利用。随着宅基地使用权实际权能的扩张、福利性的弱化以及资产属性的增强、国家福利向个人权利的转变,对宅基地使用权流转限制作出改革的条件已经日趋成熟。从一般用益物权的属性而言,不仅包括对用益财产的占有、使用,还包括对用益财产的收益及对用益物权本身的处分。在宅基地静态产权强化保护背景下,农户对宅基地的占有、使用得到有力保障。在拓展农村宅基地和农房财产性功能下,以农民宅基地权利至上为本位,当农民个人利益实现最大化的同时,也就意味着集体利益的共赢,故对宅基地的收益及对宅基地使用权的处分应是关注之重点。而宅基地使用权的处分涉及与宅基地居有其屋保障功能的衔接,也涉及宅基地使用权设定之初的目的,在现阶段径行处分宅基地使用权是无法行得通的。农房依托宅基地使用权而建,基于房地一体原则,转让农房,也意味着农房占用范围内的宅基地使用权也一并转让,这实质上还是转让了宅基地使用权。对宅基地的收益则存在多元解读,既包括宅基地上农房的出租,也包括农户利用宅基地开设农家乐。

唯须深思,拓展农村宅基地和农房财产性功能,实践创新空间有多大?在现有法律规制下,即使农户对外出租农房,适用《民法典》租赁合同之规定,租赁合同最长期间为20年,超过部分就变成了不定期租赁。这也构成了法律层面不可逾越的制约。另,即使农户愿意对外出租,能否有人愿意承租,还是未知数。位于城镇郊区、风景旅游区等处的宅基地,存在一定的租赁市场,但对于位于一般地方的广大

---

① 李婷婷,龙花楼,王艳飞.中国农村宅基地闲置程度及其成因分析[J].中国土地科学,2019(12):64—71.

农村而言,即使农户愿意对外出租,恐怕也无承租人进行承租。

(二)适度放活使用权

基于政策层面的推进,2018年中央一号文件提出宅基地三权分置改革,把宅基地上的权利分为所有权、资格权和使用权,强调适度放活宅基地和农民房屋使用权。适度放活构成了宅基地闲置克服的顶层设计。放活无非还是针对宅基地使用权的权能弱化,之所以放活,在于过去宅基地使用权不活,受到了较为严格的限制。"放活宅基地使用权一方面要避免因宅基地使用权的身份限制使农民无法实现其住房财产权的价值,另一方面要使农民能够退出宅基地使用权并同时实现其住宅的财产价值。"①放活是对宅基地使用权的权能进行的解放,旨在实现宅基地从单纯肩负居有其屋保障功能到在兼有居有其屋保障功能基础上承载财产收益功能的转变。其出发点是基于宅基地闲置的现状,手段是赋予农户宅基地使用权的更多权能,目标是通过盘活闲置宅基地资源实现农民增收、宅基地资源的有效利用,凸显宅基地在经济、社会、生态方面的多元功能。农户是放活的主体,也理应是放活的践行者和推动者。

当然,适度为放活进行了限定。一方面,放活宅基地和农民房屋使用权已经显得刻不容缓,另一方面,还要秉持风险可控,需要稳慎推进,故在放活前面用适度进行了限制。但适度本身就是一个模糊词语,何为适度,则为后续政策出台和法律规则创新提供了充足的空间。从词义而言,适度意味着宅基地使用权权能弱化的纠正必须立足现实,不能采取休克疗法,一放到底。宅基地三权分置资格权性质界定虽然存在诸多争议,主要体现为"宅基地分配取得资格"②的取得资格说和"落实宅基地'资格权'的用益物权属性"③的物权说。但无论如何认定,资格权分担宅基地居有其屋保障功能的政策意蕴是十分明显的。宅基地三权分置通过资格权分担宅基地使用权的保障功能,实际上就是剥离了传统宅基地居有其屋的保障功能,为进一步放活奠定基础。唯宅基地三权分置资格权仅为政策用语,无对应法律语言的表达,而法律语言则为宅基地使用权,法律框架内的宅基地使用权仍然承载居有其屋的保障功能。政策与法律的不对应性,需要在适度指导下进行调和。

综上,基于宅基地使用权的权能弱化而产生的一系列问题,国家出台政策并进行局部试点矫正宅基地使用权的权能弱化,拓展农村宅基地和农房财产性功能,适度放活使用权。这种探索是单向探索,欲通过顶层设计实现宅基地闲置资源盘活,助力农民增收。但从农民角度而言,是否如政策所期,则不得不深入研究。

① 韩松.宅基地立法政策与宅基地使用权制度改革[J].法学研究,2019(6):70-92.

② 宋志红.宅基地资格权:内涵、实践探索与制度构建[J].法学评论,2021(1):78-93.

③ 苑鹏.宅基地"资格权"制度的历史演化与改革深化[J].改革,2022(4):21-32.

四、宅基地静态产权强化与适度放活的冲突

宅基地作为农户的重要财产,国家在推行全面建设法治国家的进程中,宅基地产权的静态保护在不断强化,法权层面的宅基地使用权早已被确立为用益物权,该用益物权不仅可以对抗农村集体土地所有权,还可以对抗国家公权力的行使,国家公权力只有在公共利益维护下才能对宅基地进行征收。法权关系的静态产权保护从居有其屋的视角固化了农户和宅基地之间的关系。国家需基于土地资源的节约利用对闲置宅基地进行规制,引导农户合理利用宅基地,不断探索宅基地产权动态实现机制,实现宅基地资源的科学配置。如果无法进一步拓展宅基地使用权的权能,一边是农户的法定权利,一边是国家的强烈政策导向,宅基地静态产权保护无疑成为闲置宅基地进一步加剧的助推器。

(一)静态产权强化下农户权利意识高涨与适度放活的冲突

宅基地静态产权强化体现为对国家公权力征地行为的限制及对集体土地所有权行使的限制,这无疑落实了农户宅基地使用权的保护。虽然在宅基地静态产权弱化背景下农户基于宅基地的财产性收益无法充分彰显,但农户对宅基地使用权的权利意识高涨是静态产权强化的必然结果。从农户角度而言,其是宅基地使用权的主体,对宅基地进行支配是当然之意。闲置不用,也是支配的具体体现。当然,从理性人的角度而言,如果适度放活的利益刺激超过了闲置不用带来了损失,农户还是会与国家政策诉求保持一致,积极对宅基地进行利用,避免其闲置。但问题是倘若适度放活的利益刺激没有彰显,仅靠政策动员,是无法调动农户利用宅基地的积极性的,与其利用存在不确定风险,倒不如让其闲置,将"农村作为基本保障与退路"①,为将来创业失败留有后路。

农户权利意识高涨与适度放活的冲突源于农户诉求与国家适度放活政策诉求的非一一对应性。对于宅基地使用权而言,农户关注的是该权利能否得到充分的保障,该权利市场化利用是否风险可控;而国家适度放活使用权基于全面乡村振兴的大背景,是要盘活闲置宅基地资源,实现宅基地资源的有效利用。由此,产权强化助长农户权利意识高涨,农户权利意识高涨必然意味着对农户来讲,"我的宅基地使用权我做主"。甚至对一些农户而言,其非农收入数量可观,即使宅基地适度放活下能够给其带来财产收益,但其也许认为这种收益可以忽略,仍然放任宅基地闲置。

---

① 贺雪峰.宅基地、乡村振兴与城市化[J].南京农业大学学报(社会科学版),2021(4):1-8.

（二）静态产权强化下政府权威弱化与适度放活的冲突

在全面建设社会主义法治国家背景下，"国家—社会—个人"的关系在发生着变化。计划经济时代，政府权威达到极点，对于农户而言，依照国家统一安排从事农业生产是常态化现象。但改革开放以来，政府在社会管理面前，有所为有所不为，"呈现权威弱化趋势"[①]，农户的自由空间逐步扩大。农户宅基地静态产权强化，也意味着政府的放权与赋权。相比计划经济时代，政府在农户心目中的权威有所下降。这种下降不是农户没有家国情怀，而是权利保障的当然结果，也是时代的进步。但在宅基地适度放活下，则会引起若干不适。一方面，政府提倡适度放活，另一方面，农户出于自身利益考量而不积极跟进。这把本应是农户和政府双方互动的宅基地改革变成了政府的独角戏。

从农户视角而言，出现这种结果，并不是农户选择对抗，而是农户对改革效果的等待和观望。宅基地使用权之于农户，犹如城镇房屋之于产权人，对财产的精心呵护使农户对宅基地的任何风吹草动都显得过于敏感和谨慎。在政府权威弱化情形下，再靠行政命令已经无法实现政策目的，甚至会引起农户的群体性抗争，危及农村社会稳定。在2021年修订的《中华人民共和国土地管理法实施条例》中特别强调，流转宅基地一定要秉持农民意愿，收回依法取得宅基地一定要依法依规，退出宅基地不能与进城落户挂钩，不能强迫农户腾退依法取得的宅基地。这是政府权威弱化的法律规范回应。

综上，静态产权强化下农户权利意识高涨以及静态产权强化下政府权威弱化是国家主导推行的结果，还权赋民体现了国家治理结构和治理能力的现代化，也顺应了时代发展的潮流，但也客观上与宅基地适度放活的政策期许形成了不适和冲突。在农户权利意识高涨、政府权威弱化与适度放活的冲突下，使得宅基地适度放活的探索更加复杂并富有挑战性，这种不适和冲突需要在深化宅基地适度放活的改革中予以克服。

五、宅基地静态产权强化与适度放活的协调

宅基地静态产权保护是伴随着国家法治进程的推进而取得的重大农村产权改革成果，对于农村社会稳定和农民利益实现具有基础性作用，我们不可能为了适度放活宅基地而重走回头路。"通过限制农民行使宅基地权利的传统路径来保护农

民群体利益的价值取向已然行不通。"①如何在尊重宅基地静态产权保护强化的背景下,通过制度层面上的创新,打造吸引农户主动参与宅基地适度放活的宅基地运行规则,是宅基地静态产权强化与适度放活协调的关键。

(一)深化宅基地动态产权权能的拓展

静态产权强化下的宅基地使用权,使农户吃上了"定心丸",其不必担心宅基地使用权的失去。但从农户而言,动态产权的权能弱化也是其挥之不去的痛,虽然能对宅基地占有、使用,但无法进行财产性收益。从一般法理而言,"宅基地占有人取得了宅基地使用权,其如何利用,是自己利用、还是转让给他人利用,这属于宅基地使用权人的财产自由。"②一般来讲,评价财产功能,可评估并可变价是重要指标,而权能匮乏的宅基地使用权却不能满足一般的财产功能。在宅基地三权分置改革的背景下,必须以宅基地动态产权的权能拓展作为突破口,使之真正成为农户手中的活资产,而非是仅能够占有、使用的沉睡资产。

1. 农房抵押的探索

2015年,《国务院关于开展农村承包土地的经营权和农民住房财产权抵押贷款试点的指导意见》指出,盘活农民土地用益物权的财产属性,农民可以就住房设立抵押,农房抵押的,其占用范围内的宅基地使用权也一并抵押。同年,全国人大常委会《关于授权国务院在试点地区分别暂时调整实施有关法律规定的决定》明确在试点地区暂时调整实施《物权法》《担保法》关于集体所有的宅基地使用权不得抵押的规定。2020年,中共中央办公厅、国务院办公厅发布《深化农村宅基地制度改革试点方案》明确国务院提请全国人大常委会授权,可以在试点期间暂停适用有关法律条款。同年,中央农办、农业农村部在北京召开深化农村宅基地制度改革试点电视电话会议,在全国104个县(市、区)以及3个地级市启动实施新一轮农村宅基地制度改革试点。2022年,全国人大常委会审议的《关于授权国务院在北京市昌平区等农村宅基地制度改革试点地区行政区域暂时调整实施有关法律规定的决定(草案)》指出在试点地区暂时调整实施《民法典》关于集体所有宅基地的使用权不得抵押的规定,允许以农民住房财产权(含宅基地使用权)抵押贷款。

基于此,我们发现,宅基地三权分置改革2018年就已经提出,《土地管理法》于2019年进行了修正,《民法典》2020年进行了编纂,均没有实现宅基地三权分置由政策语言到法律语言的转变,国家仍然采取地区试点、调整法律适用的方式进行局部探索,这不仅彰显了宅基地三权分置改革的复杂性,也是适度放活使用权下适度探索的生动诠释。

---

① 乔陆印.农村宅基地制度改革的理论逻辑与深化路径:基于农民权益的分析视角[J]. 农业经济问题,2022(3):97-108.

② 李凤章、李卓丽.宅基地使用权身份化困境之破解:以物权与成员权的分离为视角[J]. 法学杂志,2018(3):68-76.

依据农房抵押试点,中国人民银行等六部委于 2016 年颁布了《农民住房财产权抵押贷款试点暂行办法》,此项试点是宅基地使用权权能拓展的重大尝试。从目前国家政策层面,房地一体的转让仅限于试点地区的农房抵押而非直接转让。农房抵押存在转让空间的原因在于,如果债务到期而债务人无法履行债务,债权人就可以依法拍卖、变卖农房,以所得的价款优先受偿。此时就实现了农房的转让和农房占用范围内宅基地使用权的转让。农房抵押贷款试点中呈现出的症结在于抵押物处置的难题,在抵押物处置上仍然没有取得突破。因此,农房抵押贷款实际上是和宅基地使用权的转让结合在一起的,如果宅基地使用权转让问题没有解决,农房抵押贷款很难有效推进。

2. 宅基地使用权转让的建议

宅基地使用权的转让,扑朔迷离,十分复杂。安徽旌德县在宅基地"三权分置"改革中实现了宅基地使用权由本村流转扩大到外村农民。2021 年浙江义乌市《农村宅基地使用权转让办法》进一步重申宅基地使用权可以转让给本市行政区域范围内的村级集体经济组织成员;2022 年湖南凤凰县出台了《农村宅基地"三权"分置改革实施办法》,明确宅基地使用权可以转让给县内非本集体经济组织符合宅基地申请条件的成员。此种改革无疑是宅基地使用权权能的极大拓展,如果转让方和受让方产生了纠纷,诉诸法院,如何评判该转让行为,则考验着法院的智慧。浙江金华市《关于涉义乌市农村宅基地资格权、使用权转让纠纷裁判规则(试行)》明确了宅基地使用权转让自移转登记后发生物权变动效力,村集体可以按规定收取宅基地使用费。在宅基地三权分置改革下,法院更需要创新裁判思路,"使宅基地上房屋在更大范围流转,激活宅基地使用权,使农民获得更大、更多的收益"。[①] 转让发生了宅基地使用权主体的变更,不仅涉及宅基地使用权人利益的实现,还涉及集体经济组织其他成员利益的实现。农户基于身份无偿取得宅基地使用权,是作为集体成员的一种福利,如果受让人仍为集体经济组织内部的其他成员,则仍与该种福利相对应,制度价值仍得以彰显。但如果农户把宅基地使用权转让给集体经济组织之外的其他主体,则存在集体经济组织利益外溢的问题,这对于集体经济组织其他成员是不公平的,如何探讨转让农户和农村集体经济组织利益分配问题,是必须面对的挑战。此外,宅基地使用权没有期限,农户把宅基地使用权转让给集体经济组织之外的其他主体,受让人的宅基地使用权是否有期限这个问题也必须解决。地方政府对房地产市场的财政依赖较强,如果允许城镇居民到农村购买宅基地,无疑会对房地产市场造成巨大的冲击。诸多问题反映到政策层面上,使得宅基地使用权的转让十分审慎。

---

①　胡云红.三权分置改革背景下宅基地上房屋买卖纠纷的裁判现状与优化路径研究[J].中国应用法学,2022(2):143-157.

宅基地使用权的转让应该循序渐进。可首先考虑允许农房转让,禁止宅基地单独流转。基于房地一体,农房转让,土地的利用性权利已被房屋所有权所吸收,农房占用范围内的宅基地使用权也会一同转让。农户在转让农房时,现阶段仍应对受让人的资格进行限制,可考虑在乡镇范围内或市县范围内无法获得宅基地的农户具有受让资格,对于已有宅基地的农户或城镇居民,仍应禁止购买农房。至于收益分配和宅基地转让后的期限问题,应一体解决。农户向集体经济组织以外符合条件的受让人转让农房时,意味着其已经不再把宅基地看作其居有其屋的保障,其转让后在宅基地方面已经与集体经济组织脱钩,资格权也不复存在,其再次向集体经济组织申请宅基地,自不会获得批准。根据一般民用建筑的安全使用期间,界定转让后的宅基地使用权期限不超过 50 年为宜。在受让人受让农房后,其应按照一定标准向集体经济组织缴纳宅基地使用费,当然,此项费用不宜过高,否则,即使允许农户转让农房,基于宅基地使用权受让成本过高,也没有受让人愿意购买。此外,为了保护受让人受让的积极性,可以规定宅基地使用权期限届满后,自动续期;"受让方可以在剩余转让年限内再流转"①,但考虑到宅基地投机的潜在风险,可规定受让人在取得农房后的一定期限内不得流转。

3. 宅基地使用权转让外的多元化利用

2019 年,农业农村部发布了《关于积极稳妥开展农村闲置宅基地和闲置住宅盘活利用工作的通知》,明确提出支持农村集体经济组织及其成员采取自营、出租、入股、合作等方式,利用闲置宅基地和闲置住宅发展符合乡村特点的新产业新业态;鼓励对宅基地统一盘活利用;支持引导返乡人员、企业等多种主体有序参与盘活利用工作。

政策中的自营、出租、入股、合作等方式,已经超出了传统宅基地居有其屋的保障功能,实则为宅基地多元化利用提供了政策指引。自营意味着农户可以根据区位特色和优势,在宅基地上从事乡村民宿、农家乐等经营行为;出租则把闲置农房对外租赁,农户收取租金。这都属于农户自我直接支配的范畴,在传统宅基地使用权体系当中,也有所体现。在盘活闲置宅基地的进程中,没有资金的支持,很难有效推行。通过农户以宅基地使用权入股,或与他方合作,可以在资金注入下充分利用宅基地资源。宅基地使用权入股情形下,农户和经营主体变成了股权关系,在入股协议中有必要对盈利分配、风险如何防范等具体事项作出详细规定。宅基地使用权合作情形下,往往农户提供宅基地使用权,合作另一方提供资金、技术等支持,对现有农房进行升级改造或新增地上建筑物,双方约定改造后的农房分配方案或经营收益分配方案。当然,资本的逐利属性还是需要予以防范的,集体经济组织

---

① 杨雅婷.《民法典》背景下放活宅基地"使用权"之法律实现[J].当代法学,2022(3):79-90.

应当发挥相应的作用。农户应当报集体经济组织备案,由集体经济组织审查入股、合作是否符合乡村建设规划,是否存在破坏乡村生态环境的风险。无论是宅基地使用权入股还是合作,均不得改变土地的集体属性。

综上,宅基地使用权的权能拓展后,农户作为理性人,自会充分利用宅基地,实现自身利益的最大化,静态产权强化下农户权利意识高涨、政府权威弱化与适度放活的冲突将迎刃而解。静态产权强化下农户权利意识高涨、政府权威弱化与适度放活冲突,不是源于农户权利意识高涨本身,而是源于适度放活中的放活类型不明确,适度界定较模糊,放活使用权的本质是给农民赋权和让利,农户不愿意在诸种不确定因素下自我冒险。

(二)创新宅基地使用权退出的机制

宅基地使用权的初始设立,是基于宅基地居有其屋的保障。宅基地使用权的无偿性和无期限性使其无法应对户之变动。随着农业人口转移和农户非农收入的增加,宅基地使用权的居有其屋保障功能也在逐步弱化。"要使农民能够退出宅基地使用权并同时实现其住宅的财产价值"[①],对于有退出宅基地使用权意愿的农户,必须有相应的通道予以承接,否则,只会导致相应宅基地闲置。

1. 传统宅基地退出的实践模式

在传统宅基地退出的实践模式中,比较典型的有宅基地换房模式、地票模式和两分两换模式。宅基地换房模式最早于天津实施,由政府主导实施,统一兴建安置小区,宅基地腾退的多余指标由政府出让获取土地出让金,弥补安置费用。该模式"节余的土地国有化,村集体及农民均对节余土地丧失了占有、使用、收益、处分的权利"[②]。地票模式强调对符合条件的集体建设用地实施复垦,农户退出宅基地,统一入住安置小区,复垦腾出建设用地指标进行市场化交易,复垦后的土地由农村集体经济组织成员耕种。2008年底,重庆率先在全国挂牌成立首家农村土地交易所并实施地票交易,此种模式利用城乡建设用地增减挂钩政策,通过建设用地指标交易为农村发展、农户增收提供了资金来源,但重视了粮食安全和经济效益,忽视了生态效益。"两分两换"模式在浙江嘉兴市推行,是承包地与宅基地分开、搬迁与土地流转分开即为"两分",承包地换股、换租、换保障和宅基地换钱、换房、换地方即为"两换",以此实现承包地适度规模经营和宅基地退出。"两分两换"政策是以土地调整为核心内容的城乡统筹政策,有利于推定土地规模经营和城乡融合发展,但相当多的农民在失去土地后的同时也进入失业的状态,政府有限的置换补偿款花完后,生存难题又一次把他们推向了贫困的边缘。

---

① 韩松.宅基地立法政策与宅基地使用权制度改革[J].法学研究,2019(6):70-92.
② 何缨."宅基地换房"模式的法律思考[J].山东社会科学,2010(1):171-173,176.

2. 宅基地三权分置下宅基地退出的创新

上述模式基本在宅基地三权分置政策提出前在个别地方实施,产生了积极作用,但也存在一定的问题。在宅基地三权分置下,宅基地退出则呈现出新的特色。例如必须严格落实农户自决原则,不得违背农户意愿。但农村经济发展程度不同,根据具体情况因地制宜应是可行选择。对于经济基础较好的农村(一般为城郊村或具有特色产业的村),农户自愿退出不甚明显,但这些地方土地价值较高,一般也不会存在闲的情形。对于一般农村,可能存在一定闲置情况,应完善退出主体的各项保障政策,推动其融入城镇生活,提高农户退出宅基地后抵抗风险的能力,进而引导闲置农户进行市场化流转,或者由农村集体经济组织进行土地收储。而对于无法进行有效资源开发的边远山区农村,生活不便,可考虑通过建设用地增减挂钩制度对闲置宅基地进行复垦,农户异地安置。

在宅基地退出情形下,关注农户居有其屋是否获得保障是应有之义,但仅从此处出发衡量宅基地退出的标准,则难免失之偏颇。宅基地使用权是农户重要的财产权,农户的关注度肯定远超农户之外的其他主体。依据农户无法居有其屋否定农户的退出行为,实际上是对农户理性判断自身利益的否定,在宅基地退出中应当将农户退出后抵御风险冲击能力和可持续发展能力作为评价的主要依据,拓展农户宅基地退出的标准,尊重农户的自我判断。当然,宅基地使用权退出直接扩大了农村集体经济组织支配的建设用地范围。有学者指出,宅基地使用权退出后并未融入集体土地所有权。此种观点与法律逻辑似显冲突。农户退出宅基地使用权后,实现了自物权和他物权的合为一体,原则上自会导致宅基地使用权消灭,集体土地所有权恢复到圆满支配状态。宅基地使用权退出后,集体经济组织对退出的宅基地如何利用则成为新的问题。基于适度放活的政策考量,退出宅基地要么分配给村内无宅基地可用的农户,要么转为集体经营性建设用地。对于前者而言,农村集体经济组织是没有内生动力的,虽然法律强调应当将退出的宅基地优先用于保障该农村集体经济组织成员的宅基地,但对于此解释应涵盖保障农村村民实现户有所居的多种实现形式,居有其屋保障的多元性下,在村民同意下通过集中安置实现户有所居也是可选项。对于后者而言,退出宅基地转为集体经营性建设用地,在集体经营性建设用地入市背景下,农村集体经济组织具有强大的内生动力,这一定程度上也解决了宅基地使用权退出的补偿经费来源问题。

(三)优化宅基地使用权行使的规则

宅基地静态产权强化,是在宅基地依法依规取得的背景下的强化。对于游离于法律规范之外的宅基地,自然谈不上强化问题。另外,宅基地静态产权强化与政府权威弱化,只是在权利(权力)义务配比下的界定,体现了国家对法律主体财产权的尊重和保护,绝非国家强制力的弱化。在适度放活宅基地的背景下,优化宅基地使用权行使的规则,体现了国家通过法治思维和法治方法介入宅基地三权分置改革的意蕴。优化宅基地使用权行使的规则可以从以下几个方面着手。

1. 宅基地超占使用面积的整治

在一户一宅下,宅基地使用面积是有具体规定的。对于宅基地使用权的面积标准,我国采取因地制宜方法,以省级行政区为单位,各地的面积标准是存在一定差异的,并且在不同的时间段,同一地域的面积标准也有所差别。由于历史原因,客观上存在一些农户宅基地面积超标。此种现象客观上造成了农户之间的不公平性,也使稀缺的宅基地资源无法充分利用,已经超越了宅基地居有其屋的保障功能,在人地矛盾日趋紧张的背景下,无疑也是对土地资源的巨大浪费。

在宅基地三权分置改革下,盘活闲置宅基地资源是重要的政策意蕴。但宅基地面积超标的治理,必须以历史的耐心对待,秉持尊重历史、照顾现实的原则,不能片面追求经济效益而忽视农户个体的利益,更不能采取极端手段造成干群关系紧张。农户超标占有宅基地,应对超标面积,能收回的应予以收回;如无法收回,可以一次性缴纳有偿使用费,也可以分期缴纳有偿使用费,在此基础上由农户继续使用。征收超占的使用费标准制定,应根据本集体经济组织的情况,充分听取农户的意见,切不可单纯为了创收、脱离民意制定收取标准。

2. 宅基地长期闲置的整治

宅基地长期闲置,不等于宅基地上的房屋闲置,专指宅基地上不存在可供人们正常居住的房屋。农户依托村民资格获得宅基地,是要在宅基地上从事建设活动,兴建农房,保证户之成员的安居乐业。农户弃之不用,已经与申请宅基地的目的严重背离,扭曲了宅基地无偿分配的价值意蕴,造成宅基地居有其屋的福利无法实现。相对于集体经济组织的其他成员而言,在宅基地用地紧张的背景下,实则剥夺了有宅基地需求的其他成员获得宅基地的权利。对于宅基地长期闲置,需进行相应整治直至收回宅基地使用权。

在法律框架内,如果此项宅基地是耕地转为建设用地,应适用《土地管理法》第 38 条第 1 款的规定,一年内不用而又可以耕种的,应恢复耕种;一年以上未动工建设的,应依照规定缴纳闲置费;连续两年未使用的,应依法无偿收回土地使用权。如果此项宅基地不是耕地转为建设用地情形,则应适用 1995 年原国家土地管理局发布的《确定土地所有权和使用权的若干规定》。该规定第 52 条明确空闲或房屋坍塌、拆除两年以上未恢复使用的宅基地,不确定土地使用权。已经确定使用权的,依照法定程序注销其土地登记,土地由集体收回。宅基地长期闲置整治下依法收回宅基地,与一般宅基地的收回不同,最根本的区别在于宅基地长期闲置整治下依法收回的宅基地上没有进行农房开发建设,属于严重浪费宅基地。故此种整治,不存在对农户的补偿问题,甚至农户还要对浪费行为承担经济不利益。

3.宅基地使用权的收回

农民集体是集体土地所有权主体,农户只是基于集体经济组织成员资格取得了宅基地使用权这种用益物权。为了平衡集体经济组织与农户的利益,实现宅基地的功能,法律规定在特殊情形下集体经济组织可以收回宅基地。首先,为乡(镇)村公共设施和公益事业建设,需要使用土地的,集体经济组织可以收回宅基地使用权。此种情形是牺牲了农户利益而维护了集体的利益,因此应对农户给予适当补偿。其次,农户不按照批准的用途使用宅基地的情形。如何理解"不按照批准用途"是一大难题。我们认为,不能仅从居住保障角度理解"不按照批准用途",而应做扩大解释,只要农户进行合理使用,包括开设农家乐、民宿等,均应认为不违背批准用途。否则,严格限制批准用途为农户自身的居住,则与宅基地使用权的适度放活是严重背离的,无法容纳到政策体系之下。最后,因撤销、迁移等原因而停止使用宅基地的情形。农户已经停止使用宅基地,对宅基地进行收回,自是应有之意。但农户对宅基地的闲置与停止使用不是一个概念,不能认为宅基地闲置就是停止使用,宅基地闲置是农户自身行使宅基地的具体体现,如不符合法律规定,自应依照宅基地长期闲置的整治规则进行处理,而非此处的收回。

总之,优化宅基地使用权行使的规则,不是漠视农户的宅基地使用权,而是保障宅基地使用权的行使,避免破窗效应,为宅基地产权静态强化与适度放活协调的长效机制。一方面实现了户之公平,增强了农户的政策认同感,另一方面也增加了农村集体经济组织的收益,盘活了闲置宅基地资源,可谓是一举多得。

宅基地静态产权强化,"从立法上进一步减小政府行政权力对私人权利的干预"[1],是改革开放以来财产权保护的重要成果,也理应是农村宅基地改革的出发点。无论采取什么措施引导宅基地适度放活,均不得违背农户意愿,更不得采取行政命令方式强行推进宅基地流转。虽然宅基地静态产权强化助长了农户的权利意识,不利于政府统筹推进闲置宅基地的整合和利用,但时代的召唤注定已经不能再采取以牺牲农户利益为代价,去强行单向推行政府意志。解决之道绝不能弱化农户宅基地的静态产权,重走回头路,而需要创新宅基地适度放活的体制机制,引导农户合理利用宅基地。当然,宅基地适度放活中的"适度"本身,就体现了宅基地改革的循序渐进。需要进一步思考的是,宅基地使用权转让的口子应开多大?农房抵押与宅基地使用权转让范围的最佳契合点是什么?在农村经济发展不平衡背景下,对于相对落后的农村地区,宅基地适度放活有多大的利益刺激空间?如何形成宅基地适度放活的区域市场甚至全国市场?宅基地适度放活,一方面连着农户财产利益的实现和居有其屋的保障,另一方面又连着我国建设用地市场的重新洗

---

① 董新辉.新中国 70 年宅基地使用权流转:制度变迁、现实困境、改革方向[J].中国农村经济,2019(6):2-27.

牌,其复杂性根源于利益格局的调整,一招不慎,全盘皆输。唯循序渐进、审慎推动,方能在探索中改进,不断凝结学界和实务界的共识,实现宅基地三权分置改革的政策诉求。

第三节　居有其屋与有效利用下的宅基地三权分置

一、问题导入

宅基地的保障功能主要体现在对居住权的保障上,宅基地制度的设立主要是为了保证农户有所居。居有其屋是千百年来人们的梦想,在过去,对于底层民众来讲,居有其屋是一个难圆的梦。究其原因,根本在于社会资源匮乏下土地私有而导致的土地兼并。一个新的朝代建立之初,连年战争所导致的人口锐减和土地资源配给的重新洗牌,往往会使自耕农也会实现耕有其地、住有其所。但一旦社会经济发展到一定程度之后,居无定所之民众便会产生,加上自然灾害、吏治腐败,甚至会出现食不果腹、衣不蔽体的大量民众,社会动乱也由此开始。

中华人民共和国成立以来,我们汲取历史教训,在宅基地资源的配置上,居有其屋这个思路始终没有动摇。正是基于土地私有情形下产生的宅基地流转对居有其屋保障的冲击,从 20 世纪 60 年代初实行宅基地所有权集体所有,但对一定范围内基于房屋转让而产生的客观上的宅基地流转仍予以承认。这一时期由于实行计划经济并严格控制农村人口的流动,这种流转主要发生在集体组织内部,不可能进行跨区域的大规模流转。20 世纪 80 年代初的经济体制改革和人口流动的频繁,导致宅基地的事实流转空前繁荣,并且国家政策也允许城镇居民在农村置地建房。① 20 世纪 90 年代末,我国对城镇职工停止福利分房进而转为货币补贴,城镇房地产开发的春天到来,分税制的实行以及土地征收制度下政府垄断城镇建设用地的一级市场,使地方政府的土地财政依赖愈演愈烈。由此,从 20 世纪 90 年代末开始的严禁城镇居民购买集体土地的房屋在这个背景之下展开。改革开放之后,计划经济让位于社会主义市场经济,农民工登上了历史舞台。农村剩余劳动力

---

① 1982 年国务院发布的《村镇建房用地管理条例》是重要的政策上的分水岭。该条例第18 条规定:集镇内非农业户建房需要用地的,应提出申请,由管理集镇的机构与有关生产队协商,参照 14 条的规定办理。该条例第 18 条规定:农村社员,回乡落户的离休、退休、退职职工和军人,回乡定居的华侨,建房需要宅基地的,应向所在生产队申请,经社员大会讨论通过,生产大队审核同意,报公社管理委员会批准;确实需要占用耕地、园地的,必须报经县级人民政府批准。批准后,由批准机关发给宅基地使用证明。

怀着对美好生活的期许,背井离乡,外出务工。农村人口的流动、经济资源的分化、户籍制度的改革等一系列因素的融合,使宅基地有流转的极大冲动。但《土地管理法》和国家有关政策(试点地区除外)出于居有其屋的保障理念,对宅基地的流转基本上持否定态度,这导致大量闲置宅基地的存在。如何在宅基地适度放活的背景下继续强化宅基地的居有其屋保障功能,如何拓展闲置宅基地的市场化空间,将是宅基地三权分置改革不可回避的问题。

二、居有其屋应是宅基地三权分置改革的基点

(一)居有其屋的实践价值

中华人民共和国成立后,中央制定《土地改革法》进一步开展土地改革运动,通过没收大地主土地等手段,把土地分配给无地或少地的贫苦农民,实现"耕者有其田、居者有其屋"的目标。这意味着通过土地改革实现了农民的土地所有权。随后开展了一系列的社会主义改造运动,通过初级社、高级社及人民公社等,以1962中共中央通过的《农村人民公社工作条例修正草案》为标志,农村土地(包括宅基地)都归集体所有。改革开放后,1982年《宪法》、1986年《民法通则》和《土地管理法》在肯定农村集体土地归属集体所有的前提下,确立了农村土地"三级所有、组为基础"的集体土地所有权体系。第三次全国农业普查主要数据公报显示:"2016年末,99.5%的农户拥有自己的住房。其中,拥有1处住房的20030万户,占87.0%;拥有2处住房的2677万户,占11.6%;拥有3处及以上住房的196万户,占0.9%;拥有商品房的1997万户,占8.7%。"①这充分彰显了我国社会主义集体土体所有制下对居有其屋保障的成效。

有学者指出:"宅基地流转现象大量存在且屡禁不止,既让主管部门处于尴尬地位,法律和政策的威信也受到挑战,又埋下很多产权纠纷隐患,使得今后国家推行相应改革措施时不得不背上处理复杂历史遗留问题的包袱。"②制度的建构,是社会的需要。法律有自己的独特追求,但如果法律不能有效地针对现实问题提出解决方案,就使我们不得不对法律的效能产生怀疑,不得不重新审视法律的制度构建,寻找一种能够有效解决问题的法律路径。中央推行宅基地三权分置改革,是解决该问题的政策导向,但上升到法律层面的规制,还需要不断实践探索,形成共识。有学者假设农户是理性人,认为在土地所有权归集体所有的前提下,农户可以自由

① 国家统计局.第三次全国农业普查主要数据公报(第四号)[BE/OL].(2017-12-16)[2019-2-11].http://www.stats.gov.cn/tjsj/tjgb/nypcgb/qgnypcgb/201712/t20171215_1563634.html

② 宋志红.宅基地使用权流转的困境与出路[J].中国土地科学,2016(5):13-20.

流转宅基地,奉行意思自治、责任自负。甚至得出结论:限制农户流转宅基地就是剥夺农户的财产权、就是要把农户牢牢绑定在农村。"宅基地使用权买卖是体现资源稀缺性的有效途径。允许宅基地使用权自由交易是体现宅基地资源稀缺性与实现土地价格的基本途径。宅基地房入市自由交易是实现宅基地使用权价格的最佳方法。"①笔者认为,这种观点值得商榷。社会主义市场经济下市场对资源的基础决定性配置作用无疑要利用价格杠杆,价格由市场机制形成,这必然形成巨大的市场风险。价格形成的过程必然充满优胜劣汰,中间充满刀光剑影、激烈无比的竞争。如果听凭农户流转宅基地,若干年之后,这些农户是否还能居有其屋?目前制约宅基地使用权的制度性障碍,笔者认为主要有两个方面:一方面是宅基地使用权的社会保障属性,另一方面为宅基地使用权的无偿性和无期限特性。

第一,就目前农村的宅基地使用权问题,很大程度上承担着农村社会保障的功能。如果允许宅基地使用权流转,可能会造成农民无家可归的结果,一旦农民失去住房及其宅基地,将会丧失基本生存条件,影响社会稳定,进而导致农村社会的混乱或城市大量贫民窟的产生。住房和宅基地是农民安身立命的基本场所,一旦允许自由流转,农民会在急需用钱或举家外出打工时卖掉房子,而农民一旦无法继续在城市立足,就会失去最后的立足地而成为无家可归者,从而增加社会不稳定因素。很多学者反对宅基地使用权的流转即持该观点。第二,由于宅基地的取得是无偿的和无期限的,农民基于特定的身份而取得对土地的使用权。如果允许宅基地使用权的流转,对于其他未流转的农民来讲是不公平的(因为该土地的所有权归该集体经济组织成员所有),肆意放开宅基地使用权流转市场,必然带来更大的问题。

(二)居有其屋的政策意蕴

宅基地三权分置中农户资格权依托宅基地的福利性质、集体成员资格是没有争议的。问题之关键在于宅基地资格权在宅基地三权分置的政策价值导向。笔者认为,其价值导向至少包括以下两个方面。

1.立足居有其屋的宅基地保障属性

城乡差距在乡村振兴战略背景下逐步缩小,但农民的保障体系完善仍是一个长期的过程。直接实现宅基地的自由流转,其风险具有不可控性。唯有把农民与宅基地的居有其屋保障功能有机结合,才能提高农民在市场环境下的抗风险能力,使其进可攻、退可守,筑牢农村社会安全保障防线。就目前法律体系而言,宅基地使用权在承担此角色。虽然《物权法》《民法典》把宅基地使用权规定为用益物权,但这种用益物权无法自由流转,体现极强的保障属性。在新一轮的宅基地改革中,需探讨宅基地三权分置中的资格权与法律体系中作为用益物权的宅基地使用

---

① 卢驰文,于晓媛.农村宅基地房交易合法化问题研究[J].理论探索,2017(5):98-103.

权的关系。从功能论角度,二者具有居有其屋保障的相同功能,这种功能的相同性为二者的进一步解释提供了价值平台基础。把宅基地三权分置的资格权解释为纯粹申请取得宅基地的资格权,无法解决法律体系中宅基地使用权在宅基地三权分置中的制度定位,甚至形成只要注重保障申请取得宅基地的资格权,宅基地使用权就可以市场化运作的误解。"越是缺少进城能力的农民,越可能通过将作为基本保障与退路的宅基地低价交易出去,以增加在城市立足的机会;一旦进城失败,他们也同时失去了返乡的退路。"①

2. 着眼宅基地运行困境

宅基地三权分置政策是在宅基地运行存在巨大问题的背景下提出的。当然,这些问题主要不是宅基地居有其屋保障的问题,而是宅基地无法进行市场配置的问题。从农民的角度而言,宅基地作为其重要财产,仅能保障居有其屋,这是十分狭隘的。能否在保障农民居有其屋的基础上拓展宅基地的财产权能,使农民获得更多的宅基地收益,不仅涉及农民个体的切身利益,而且关系到乡村振兴战略的实施。宅基地三权分置提出资格权与使用权的分离,政策导向无非是把宅基地的居有其屋保障功能落实到资格权上,在此前提下,实现使用权的市场化运作,破解宅基地闲置和利用效率不高的现状,实现宅基地的盘活和农民的增收。宅基地三权分置这种问题导向,为我们在法律体系内对宅基地资格权解释提供了基本遵循。法律体系内宅基地使用权的严格规制,使作为用益物权属性的宅基地使用权无法顺应市场之召唤,进行有效利用,造成宅基地运行困境。在法律体系内坚持现有宅基地使用权规制现状的前提下探讨次级宅基地使用权的适度放活提供了解释路径。

由此,宅基地三权分置中农户资格权实际上在行使居有其屋保障功能,为使用权的市场化铺平道路。法律体系内作为用益物权的宅基地使用权是农户基于集体成员资格取得,在现行法律体系框架内对宅基地使用权进行若干的限制,这是基本现实,但绝不能由此认为宅基地使用权本身可以分离出身份性成员权和物权。我国城镇化进程是一个缓慢、长期的过程,不可能一蹴而就。对于农户已经在城镇有稳定的工作,甚至已经购买商品房的,其与城市市民已经差距不大,客观来讲,这些农户宅基地居有其屋保障功能已经十分淡化。但是,这样的农户毕竟是少数。并且这样的农户取得的一切,应是其通过艰苦奋斗、合法经营而获取的,我们也不应该直接剥夺其宅基地,而应合理引导,使其流转宅基地甚至退出宅基地。除此之外,大量的农户成员仍然是两栖状态:在外务工、在村定居。虽然一些人由于结婚等原因而举全家之力甚至贷款在县城购买了商品房,但由于其技能的欠缺和工作的不稳定性,也存在巨大的生存居住风险。宅基地使用权三权分置改革明确强调

---

① 贺雪峰.宅基地、乡村振兴与城市化[J].南京农业大学(社会科学版),2021(4):1-8.

"农民利益不受损"。"之所以农民进城后仍然愿意保留在农村的宅基地，是因为农民有对自己进城风险的清晰评估，他们担心万一进城失败还要返回农村，就保留下宅基地这个退路"。① 把农户和宅基地结合起来，无疑会形成农户成员居住权的安全保障，这种安全保障不仅弥补农户社会保障本身的欠缺，而且化解农户实施市场行为的风险，值得肯定。

由此，与居有其屋理念背离的宅基地三权分置改革强调所谓改革的重要意义，如何实现闲置宅基地的有效利用，都存在路径设计难以克服的风险鸿沟。"资本进入农村宅基地领域，虽有利于快速改善农村居住环境，但也有巨大风险。资本本质是追逐利润，资本进入宅基地领域，与地方政府合谋，改变了传统宅基地分配秩序，形成了'国家—资本—村民'的新宅基地使用秩序。"②唯有把居有其屋理念作为宅基地三权分置改革的出发点，才能最大限度地管控宅基地三权分置改革中可能产生的各种风险，也才最符合中央推行宅基地三权分置改革的政策意蕴。当然，宅基地三权分置改革不可能一蹴而就，更不可能整齐划一。问题的复杂性不仅使该项改革的推荐秉持先行试点、稳步推进的方针，而且路径探索的多元化也是在所难免的。

三、宅基地使用权适度放活改革的目标是解决闲置宅基地问题

（一）宅基地资源闲置

中华人民共和国成立以来，宅基地的制度设计紧紧围绕居有其屋的思路而展开。在计划经济时代，这种思路并没有与当时的经济发展模式产生隔阂；改革开放之初，这种思路便受到了一定的冲击，但仍在可化解范围之内；21 世纪之初，这种思路与社会发展越来越不能契合，一定程度上造成了农村建设用地资源的巨大浪费，出现了大量的空心村、闲置宅基地。宅基地不仅规模巨大，而且闲置、浪费严重，有足够的整治利用空间。如果对这些问题视而不见，不仅乡村振兴很难实现，甚至影响我国城镇化的发展进程，城乡融合发展也很难实现。宅基地三权分置就是要解决盘活农村空闲宅基地问题，使这些沉睡的资本活起来，作为重要资源融入乡村振兴战略和城乡融合发展当中。

盘活沉睡的宅基地资源，首先要解决宅基地使用权的流转限制而导致的农村大量闲置宅基地问题。宅基地闲置的隐含之义是闲置宅基地的农户居有其屋的千

① 贺雪峰.论农村宅基地中的资源冗余[J].华中农业大学学报(社会科学版),2018(4)：1-7,16.
② 刘升.宅基地的资本化运作及政治社会后果[J].华南农业大学学报(社会科学版),2015(4)；29-36.

年梦想所依托的并不是宅基地,而是其在城镇购买或租住的房屋,否则就无法解释大量宅基地的闲置。这种闲置无疑也剥夺了集体外主体获得农村土地资源的权利,将宅基地资源限于某一特定的群体必然意味着对群体外人士获取宅基地资源的歧视和获取资源增值机会的剥夺。同时,闲置宅基地资源对于农户来讲也变成了无法合法变现的"死资产"。此外,随着农村人口大量流入城镇,大量的宅基地闲置,导致一些村变成了空心村,市场利润的刺激侵入了这些土地的机体,这就形成了一个张力:即制度设计下此类土地的沉寂和市场刺激下此类土地的复活。这就演变成了规则与潜规则的交融。可想而知,规则的非活力性在潜规则的利润刺激下的巨大活力性导致规则沉沦,而潜规则盛行。这就是市场的力量。事实上存在的不合法的宅基地交易,形成了大量的法外无秩序,十分不利于社会矛盾的化解以及和谐地权秩序的维护。要解决宅基地的流转问题,必须立足宅基地的首要功能——保障居有其屋,而且要奉行尊重历史、循序渐进的原则。

中华人民共和国成立后,宅基地历经社会主义改造,其所有权都归集体所有。但对宅基地的使用上,仍然需要进行政策梳理。1963年中央《关于各地对社员宅基地问题作一些补充规定的通知》明确了宅基地归集体所有,不得买卖;但宅基地上的房屋等定着物可以进行流转交易。此项政策一直延续到1999年。1999年国办发〔1999〕39号《国务院办公厅关于加强土地转让管理严禁炒卖土地的通知》明确规定农民的住宅不得向城市居民出售,也不得批准城市居民占用农民集体土地建住宅,有关部门不得为违法建造和购买的住宅发放土地使用证和房产证。2004年国发〔2004〕28号《国务院关于深化改革严格土地管理的决定》进一步强调改革和完善宅基地审批制度,加强农村宅基地管理,禁止城镇居民在农村购置宅基地。由此,径行流转之路无法行通。依据法律及有关规定,宅基地使用权可以依照规定的条件在集体内部流转,禁止转让给集体外部的受让人尤其禁止转让给城镇居民。这主要是在发挥宅基地使用权居有其屋的社会保障功能,但在这种限制的负面作用不断扩大。

宅基地相对于承包地来讲,属于建设用地的范畴。以户为单位分配宅基地,在我国广大的农村地区有效地得到了贯彻。"以'农民集体'成员权获得宅基地的资格权,是国家通过法律规定赋予农民的一种特殊权利,目的是保障农户基本的居住性需求,解决农村土地资源配置的公平性问题。"[①]一般来讲,宅基地的面积与户之人口没有直接的关系,而与该户之历史、该地方之宅基地面积限制有直接的关系。宅基地一旦依法分配,即没有时间的限制。这实际上也产生如下问题:第一,该地方建设用地的有限性会导致后来新设之户无宅基地可供分配;第二,基于户之自然

---

① 韩文龙,谢璐.宅基地"三权分置"的权能困境与实现[J].农业经济问题,2018(5):60-69.

消亡和房屋的继承而产生一户多宅现象;第三,基于户之性质变动(例如该户之成员全部转为城镇户口并迁入城镇居住)而产生的宅基地闲置现象。对于无宅基地可供分配的情形虽然不甚普遍并有区域差异性,但必然会形成多户一宅现象。对于一户多宅和宅基地闲置现象,则存在土地资源的浪费,如何盘活土地资源,实现户之财产性收益,则是宅基地三权分置所要解决的问题,这与宅基地使用权的适度放活有直接关系。

(二)引入市场机制与适度放活使用权

社会主义市场经济之下,"市场"这只看不见的手之所以"所向披靡",就是因为它利用了"人的自私"和"利润的刺激"这双重手段,把资源盘活。面对此类闲置资源,表面看似沉寂,但市场配置资源下,其暗潮涌动,一旦冲破张力,便会发生"小产权房出售""农户转让住宅"等现象。与其自我冲破,不如尊重市场,充分发挥土地资源的市场化配置作用。从历史的角度看,这具有合理性,对于维护农村社会的稳定和保障农村社会的相对公平发挥了至关重要的作用。但从1992年我国确立社会主义市场经济体制之后,已经走过了30多个年头,市场配置资源已经成为社会共识,这种农村宅基地社会保障属性强,市场化程度差的现状也必须重新审视。宅基地三权分置政策中的使用权是在尊重和深化宅基地的居住保障功能的前提下对宅基地效率利用的权利。有学者认为:"从宅基地用益物权权能完善的视角,应赋予宅基地使用权以转让权能,根据受让对象的不同实行有差别的交易规则。"[1]在引入市场机制下,对宅基地三权分置政策中使用权的适度放活,至少应有以下几个方面的遵循。

1. 不得与宅基地的居住保障功能相冲突

市场机制是一把双刃剑,取其长而避其短可以事半功倍,否则,可能事与愿违。宅基地的居住保障功能在现阶段对农民权益保护、农村社会稳定发挥着至关重要的作用,绝不能为了追求所谓的市场化而导致宅基地的居住保障功能丧失。虽然农民的收入来源已经多元化,非农收入已经在农民的收入中占有很大的比重,但这绝不意味着农民是劳动力市场的强势群体。由于农民的教育背景、知识储备等方面的不足,农民的非农收入具有很大的不稳定性。宅基地作为农民重要的保障,仍然发挥着十分重要的作用。

2. 要尊重农户的自主决定权,不得非法干涉,强制宅基地流转

市场交易强调意思自治。对宅基地而言,是否流转,何时流转,流转给谁,应由农户在理性的基础上,自主作出决定。当然,市场机制的逐利性,可能会使宅基地流转的相关利益主体对宅基地流转产生天然的冲动,但这种冲动只能通过相应经

① 高圣平.宅基地制度改革政策的演进与走向[J].中国人民大学学,2019(1):23-33.

济利益刺激、政策优惠等措施来实现,而不能强迫、命令农户流转宅基地。对于农户而言,其应是本身利益的最佳代言人。在利益的取舍与追求面前,农户可以看作经济人,实现其自身利益最大化才是其行动方向的关键因素。在构建适度放活宅基地使用权的配套措施时,应利用利益杠杆对农户加以引导,实现宅基地资源的优化配置。

3. 要遵循宅基地用地规划和用途管制

在现代社会,不同用地规划和用途管制下,土地的价值具有很大的区别。适度放活使用权,引入市场机制,宅基地用地规划和用途管制特别关键。资本下乡,不是兴建商品房,更不是开发别墅庭院,而是结合乡村产业振兴的需要,发展特色产业。乡村民宿、农家乐等形式,是国家政策允许的范围,符合宅基地用地规划和用途管制,应予以提倡和鼓励。如果违背了宅基地用地规划和用途管制,即使短期内能取得经济效益,也应当予以坚决叫停和取缔。此种情形是以透支乡村的未来发展为代价而换取的短期经济效益,经济效益的获取不具备可持续性。

四、宅基地三权分置的具体实践模式

中央提出宅基地使用权三权分置,就是要解决"居有其屋"保障下如何盘活闲置宅基地资源。但是,政策上的概念和法律上的概念并不一定在语言表达形式上是一一对应的,这一点在宅基地使用权适度放活改革中的有关概念表述上就有相应的体现。在宅基地使用权适度放活改革之下会形成两个层级的概念,第一个层级为资格权,基于宅基地三权分置的政策意蕴,该层级非市场化,基于平均主义思想和特定身份配置土地资源,是基于农户成员中的农民身份而取得。农户资格权是固守农民生存居住安全的保障性权利,是集体所有权在每一户农民身上的具体量化。第二个层级为使用权,是基于市场交易而配置资源的,宅基地三权分置中的适度放活使用权是实现该层级土地资源的市场化。"宅基地'三权分置'的重要突破口是放活使用权,而放活使用权主要在于赋予财产权的同时给予相应的经营权。"①

(一)浙江义乌模式

2016 年 4 月,义乌市委、市政府印发了《关于推进农村宅基地制度改革试点工作的若干意见》。该模式体现出以下几个特点:第一,实行有偿使用和无偿使用相结合的制度,建立从永久无偿向分类有期有偿转变的宅基地使用制度,提高农村宅基地节约集约利用水平和市场化配置水平。对于农户宅基地面积没有超出规定面积的存量宅基地,实行无偿使用。对于农户超标准占用宅基地的,超出部分实行有

---

① 林依标.农村宅基地"三权分置"的权能界定与实现路径[J].中国土地,2018(9):24-26.

偿使用;非本集体经济组织成员通过继承房屋或其他方式占有和使用宅基地的,实行有偿使用;对于农户新分配取得的宅基地实行有偿调剂、有偿选位。通过这种经济手段,加大宅基地持有成本,盘活闲置承包地。第二,实施"集地券"。通过对农村退出的宅基地等农村建设用地进行复耕,折算为建设用地指标,建设用地指标的载体就是"集地券"。"集地券"可以进行交易流转,交易取得的"集地券"在符合规划和用途管制的前提下,通过城乡增减挂钩,在市域范围内统筹使用。第三,完善农村土地民主协商机制。成立村土地民主管理组织,加强对宅基地使用权流转的审查和管理,促进宅基地使用权流转有序、规范。第四,明确宅基地使用权的流转方式和条件。宅基地使用权的流转方式包括买卖、赠与、互换或其他合法方式。转让方必须保证流转后仍拥有人均建筑面积不低于 15 平方米的合法住宅并对流转的宅基地取得宅基地使用权和房屋所有权的不动产权证书。受让人必须为本市行政区域范围内的村级集体经济组织成员且在同一村级集体经济组织内只能流转取得一宗宅基地使用权。"义乌侧重从赋予农村集体经济组织以宅基地分配权、经营权、处置权和收益权入手,最大限度地拓展所有权权能。"[1]

据报道,2019 年 1 月 5 日,义乌市宅基地跨村跨镇街安置试点正式进入实施阶段。"廿三里街道里兆村村民吴建东经过激烈的举牌竞价,以每间 91 万元的选位费价格中标,加上里兆村与西张村的宅基地级差,总价 150.5 万元竞得了 1.5 间(54 平方米)宅基地,实现了他多年来梦寐以求的建房梦,他也成了全省农村宅基地跨村跨镇街安置第一人。"[2]需要强调的是,跨集体经济组织流转实行所有权和使用权相分离,流转后使用年限最高为 70 年。农村宅基地制度改革中,义乌坚持维护农村宅基地集体所有权,固化宅基地资格权,完善宅基地使用权,既保障了农民的基本居住权利,又最大限度地促进了宅基地价值的增值,增加了农民的财产性收入,助力乡村振兴。

(二)浙江瑞安模式

瑞安市在 2018 年 7 月出台《关于开展农村宅基地三权分置改革试点工作的若干意见》。瑞安模式体现出以下几个特点:第一,确权登记先行。在确权登记过程中,尊重历史、依法确权,妥善解决历史遗留问题。第二,分门别类、因地制宜。在放活宅基地使用权方面,不搞一刀切,根据区域产业特色和发展方向,制定宅基地使用权不同的流转方案。第三,构建流转平台,简化交易流程。成立市级农村产权服务中心,实行多部门参与、全流程衔接,为宅基地使用权的交易提供简便高效的政务服务。第四,明确宅基地流转后的使用用途。严禁建设私人会所和别墅,鼓励

①　朱明芬.农村宅基地产权权能拓展与规范研究:基于浙江义乌宅基地"三权分置"的改革实践[J].浙江农业学报,2018(11):1972—1980.

②　胡建兵."首个农村宅基地跨村交易"开了个好头[N].贵州日报,2019-1-10(4).

发展居家养老、乡村旅游、农村电商等项目。第五,细化流转后宅基地使用权人的具体权能。具体是允许通过流转取得宅基地使用权的使用权人进行宅基地使用权的登记、抵押及再流转。但是,对登记有具体的要求,必须为流转年限 15 年以上以及规模、业态等符合条件。据报道,"2018 年 8 月 17 日,瑞安市湖岭镇呈店村作为瑞安市农村宅基地三权分置改革的首个试点,流转涉及该村 9 户 14 间房屋,共颁发 7 本流转证书,期限 20 年,转入方为浙江逸墅文化旅游发展有限公司,这是全国首批农房(宅基地)使用权流转证书。"①

(三)河南长垣模式

河南省长垣县在 2018 年 4 月制定了《宅基地三权分置指导意见》,该意见围绕落实宅基地集体所有权、保障农户资格权和放活宅基地使用权展开。长垣模式体现出来以下几个特点:第一,在落实宅基地集体所有权,确定宅基地所有权的主体代表资格,强化监管职能。第二,在保障农户资格权方面,明确资格权为农村村民取得宅基地使用权的资格。通过"按人确认、按户实现"的方法行使资格权。第三,在放活使用权方面,提出符合宅基地资格权实现条件的农户,可以跨集体申请取得宅基地。允许农户通过转让、互换、赠予、继承、出租、抵押、入股等方式流转宅基地使用权,其中互换、赠予只能在本村村民之间进行。"长垣县开展农村宅基地退出和整治,充分盘活农村闲置宅基地资源,按照城中村、城郊村、远郊村(规划区外)类型,实施差异化农村闲置宅基地利用策略。"②

基于上述不同的宅基地使用权适度放活改革实践模式,我们发现,实施宅基地三权分置改革,均是立足于盘活农村闲置土地资源而不是买卖宅基地;均坚持宅基地土地所有权属于集体所有,请求分配宅基地的权利属于村集体经济组织成员并基于该权利取得宅基地使用权,在此基础上适度放活宅基地使用权,通过多种方式盘活闲置宅基地,充分发挥宅基地的融资功能。但是,在上述宅基地三权分置改革模式中,对所有权的具体实现方式、资格权的内涵界定、使用权适度放活的具体路径仍有不同的理解和操作。这种不同正如有学者指出的那样:"我国地域广大,不同地区的土地开发强度和开发模式存在显著差异,由此造成不同地区农民参与土地开发的差异,进而影响农民的城镇化过程。"③但专门针对宅基地三权分置改革下的土地开发来讲,这种差异一方面反映出宅基地三权分置改革问题的复杂性,另一方面也需要加大宅基地三权分置改革的理论研究力度,廓清概念内涵,理顺权利关系。

---

① 孙欣娜,章郁琼.宅基地使用权流转有了权利证书:浙江省瑞安市农村宅基地"三权分置"改革初探[N].中国自然资源报,2018-8-27(7).

② 林超,吕萍,顾汉岳.河南长垣:中部平原地区农村土地制度改革试点探索[J].中国土地,2019(2):58-59.

③ 桂华.论土地开发模式与"人的城镇化":兼评征地制度改革问题[J].华中农业大学学报(社会科学版),2019(1):155-161,170.

五、宅基地三权分置下次级宅基地使用权市场化的思考

（一）第三方使用权人次级宅基地使用权之属性

宅基地市场化配置的前提是农户享有资格权。离开这一前提，所谓的宅基地三权分置只能是水中花、镜中月。要在巩固宅基地集体所有权、稳定农户宅基地占有权及保障农民住有所居和宅基地财产权的基础上，赋予流转主体更有保障的土地使用权，保护流转主体依据流转合同取得的土地使用权。宅基地市场化配置是为了充分实现物尽其用、增加农民收入、盘活农村经济。宅基地在市场化配置过程当中，都离不开第三方使用权人的介入。宅基地使用权流转的重构是此次宅基地三权分置改革的关键。宅基地使用权人在保留宅基地资格权的前提下，对宅基地使用权设定负担，设定后的权利可以称之为次级宅基地使用权。使用权的权利主体向城乡社会开放，可以是城乡任何自然人、法人或非法人组织。第三方使用权人介入的主观动机首先是为了自身利益追求的实现而不是基于农户利益的考虑。从法律产权上讲，必须赋予第三方使用权人相应的权利，并且该种权利应是市场化的权利。

我们把宅基地第三方使用权人对宅基地享有的使用权称之为次级宅基地使用权，这种次级宅基地使用权从法律上讲是债权还是物权，学界尚未有定论。物权为对物进行支配并排除他人干涉的权利，包括所有权和定限物权；债权为对债权人对债务人进行请求的权利。前者为绝对权、支配权，后者结合起来。界定为物权，物权效力可以包括占有；界定为债权，虽然债权效力不能包含占有，但独立的占有制度可以充分保护占有人的利益。此外，对于土地这种不动产，无论物权或债权，没有登记，对抗效力都很弱，进行了登记，都具有很强的对抗效力。

（二）次级宅基地使用权市场化的现行法梳理

2019 年 8 月新修正的《土地管理法》第 62 条第 2 款规定："人均土地少、不能保障一户拥有一处宅基地的地区，县级人民政府在充分尊重农村村民意愿的基础上，可以采取措施，按照省、自治区、直辖市规定的标准保障农村村民实现户有所居。"该法第 6 款规定："国家允许进城落户的农村村民依法自愿有偿退出宅基地，鼓励农村集体经济组织及其成员盘活利用闲置宅基地和闲置住宅。"通观《土地管理法》的修正，并没有直接把宅基地三权分置中的权利体现到法律文本当中，但这绝不能理解为对宅基地三权分置没有回应。宅基地"三权分置"中的资格权是为了保障"户有所居"，但现实中在一些人地关系紧张的农村地区，已经没有多余的空闲地进行宅基地的分配，新《土地管理法》创新性地提出了"一户一宅"的例外，允许通过多种途径保障农村村民实现户有所居。对于进城落户的农村村民，由于其在城镇生活有了相应的保障，法律不仅规定其可以有偿退出宅基地，而

且特别强调自愿原则。结合宅基地三权分置政策,此处的退出实质上为把宅基地上的权利负担去掉,农村集体组织恢复对宅基地的全面支配状态。这不仅体现了宅基地三权分置中坚持宅基地所有权属于集体的政策意蕴,而且使农村集体经济组织作为所有权人的所有权弹力性得到了充分的彰显。2020 年 5 月通过的《民法典》物权编对宅基地的规定仍沿袭现行《物权法》的规定,不仅没有根据宅基地三权分置政策设计出更多的宅基地法律规则,而且利用援引性立法技术把宅基地的法权关系交给了土地管理的法律和国家有关规定。基于此,2019 年 8 月修正的《土地管理法》对"盘活利用闲置宅基地和闲置住宅"的规定,直接体现了宅基地三权分置政策中放活宅基地"使用权"的政策设计。但令人遗憾的是,2019 年 8 月修正的《土地管理法》以及 2020 年 5 月通过的《民法典》物权编并没有对宅基地三权分置中的法权关系进行厘定,宅基地"三权分置"政策中"使用权"在新《土地管理法》和《民法典》物权编当中仍显得扑朔迷离、难以确定。

在现行法律层面上,宅基地的法权关系仍采用宅基地所有权+宅基地使用权的立法模式,并没有设计新型用益物权。依据传统民法理论,宅基地使用权作为用益物权,权利人自可在法律允许的范围内行使物权进而实现自己的收益。立法者的立法意图更倾向于采取债权方式解决在保障"户有所居"前提下适度放活宅基地使用权问题。宅基地使用权人在保留宅基地使用权的前提下,对宅基地使用权设定负担,通过从宅基地使用权派生出宅基地使用权的租赁权或利用权,将后者定性为市场化权利。设定后的权利可以称之为次级宅基地使用权,对应宅基地三权分置政策中的使用权,对次级宅基地使用权进行市场化配置,可以看作适度放活宅基地使用权。在居有其屋宅基地功能的约束下以及宅基地三权分置政策的大背景下,宅基地使用权的转让受到严格的限制。囿于法律规则的制约,对宅基地三权分置下放活宅基地使用权的"债权+占有"模式是现行法解释的可行之路,应保护权利人对宅基地利用的基本状态与合法利益,肯定其对宅基地的债权性利用即租赁权。

基于此,以下两点至关重要。第一,宅基地流转合同的签订。第三方使用权人的次级宅基地使用权无论是物权还是债权,第三方使用权人都基于与农户签订土地流转合同而取得该次级宅基地使用权。土地流转合同约定了彼此的权利和义务,也框定了彼此的财产利益分配。合同应详细规定合同期间双方的权与责,村集体有责任对流转后的宅基地用途进行持续监督,并在第三方违背合同内容时代表农户终止合约、收回宅基地。可以考虑由政府或有关社会机构制定较为规范的宅基地流转合同示范文本,降低交易成本,弥补宅基地市场化过程中由于信息不对称而可能给农户造成的伤害。第二,土地流转合同的登记。公示产生公信,公示公信的结合才能对抗第三人。健全的宅基地流转合同登记制度,可以有效地防止同时多次流转、恶意流转,平衡农户与第三方使用权人的利益。

(三)"债权+占有"模式的法权关系阐释

1.债权为适度放活宅基地使用权的法权基础

宅基地使用权人作为出租人与承租人签订宅基地租赁合同,在该合同中约定彼此间的权利义务。宅基地使用权人与承租人之间,依据合同的约定和法律的规定形成法律上的权利义务关系。"宅基地经营权人对其依法依约取得的宅基地,应赋予其在一定期限内予以占有、使用并获取收益的权利。"①作为制度的完善,可考虑设立宅基地租赁合同登记制度,对该宅基地租赁合同进行登记。这种登记不是为了产生物权性质的使用权,而是为了使合同当中的债权能够对抗第三人,使该债权突破传统的平等性而具有优先性。所谓对抗第三人强调的是宅基地使用权人把宅基地出租给承租人后,就不能再把同样的地块出租给其他人。一旦租赁合同登记后,登记合同所产生的债权就优先于再行出租所产生的债权。虽然依据合同法理论,再行出租所产生的租赁合同仍然可能会产生效力,但会导致合同目的无法实现的法律后果。作为之后租赁合同的债权人,自当对宅基地使用权人提起违约之诉追究其违约责任。须强调的是,这种登记仅仅是使债权具有优先性,与产生物权性质的登记具有天壤之别。

2.占有为适度放活宅基地使用权的有力保障

如前所述,宅基地租赁合同进行登记,登记后的宅基地租赁合同中的债权具有了优先性,优先于承包权人再行出租后的承租人的债权。论证至此,我们发现承租人的外部保护问题并没有通过债权的设定甚至进行登记而得到有效的解决。换言之,倘若在经营宅基地的过程中,其他不特定的主体干涉宅基地的正常经营活动,例如非法占地、倾倒垃圾等,承租人应当采取何种民事救济路径? 在我国现行法律体系之下,承租人可依据占有制度来保护自己的合法权益。占有一旦形成,即产生法律保护之效力。占有的权源可以是债权,也可以是物权,甚至有的占有没有权源。但这只会产生占有的瑕疵,并不会影响到占有的排他效力。社会秩序需要稳定,就必须尊重静态的占有状态。而在宅基地适度放活下,占有的权源为债权,自然是有权占有、无瑕疵占有。基于此种占有事实状态,任何非法干涉占有人之正常使用之行为,均在占有排他效力的统摄之下,受到占有的强有力保护。

(四)第三方使用权人权利与市场的契合

第三方使用权人作为市场经营主体,具有信息优势和专业优势,但这是外在条件。要想使第三方使用权人真正融入市场环境中,须从第三方使用权人的权利这一内在条件入手,真正把该权利打造成可以市场化的权利。"应逐步放开社会投

---

① 张克俊,付宗平."三权分置"下适度放活宅基地使用权探析[J].农业经济问题,2020(5):28-38.

资者受让获得宅基地使用权后的种种限制,受让方不仅可以直接经营,而且还应该允许其将剩余期限内宅基地使用权转让、出租、抵押等。"①一般来讲,市场化的权利应具有可评估性、可转让性、可救济性。可评估性意味着应形成地价的合理形成机制,减少政府不必要的干预,避免拉郎配,充分发挥土地价格评估中介的作用,规范评估机制。可转让性意味着第三方使用权人可以在二级市场处分已经取得的使用权。可救济性意味着要健全对第三方使用权人权利的法律保护机制,规范土地征收、健全土地仲裁、完善土地诉讼。

需要明确的是,在次级宅基地使用权的流转过程中,要依照土地利用规划、城镇规划、乡规划和村庄规划进行。我国《城乡规划法》已经终结了城乡二元的规划历史,为城乡统一奠定了规划方面的制度平台。对于次级宅基地使用权的流转,本书认为要以该法为契机,加强土地规划的执行力度。规划的实施要着眼于基层,在农村,也就是村民委员会等群众自治性组织,要赋予其一定的职权并苟以相应的责任。要严格进行土地用途管制,限制农用地转为建设地。在次级宅基地使用权的具体流转中,必须按照合同或有关文件的具体用途来界定。土地用途一旦确定,对于没有依据土地用途利用土地的,要根据法律规定严格追究责任,确保土地用途的贯彻落实。

第四节 宅基地资格权的实践探索与改革深化

宅基地使用权的历史渊源,应起源于1962年宅基地的集体所有制改造。此次改造确立了宅基地"两权分离"格局。宅基地使用权无偿分配、无偿使用就是宅基地资格的当然体现;脱离农房的宅基地使用权禁止交易与宅基地资格也有密切联系。宅基地上农房的交易使农房占用范围内宅基地使用权转让的现实,导致1999年对农房的交易进行限制②。此种交易之限制,使"农民权益在产权管制中受到损害"③,在农村人口空前流动的大背景下显得不合时宜。一方面出现农房和宅基地的闲置,浪费了稀缺的宅基地资源;另一方面,隐形的农房及宅基地流转一直客观存在,虽然没有政策及法律层面的支持,但利益驱使下很难根除此种现象,致使宅基地使用制度混乱,一旦产生纠纷,可能会引起社会的不稳定。由此,宅基地使用权无法交易的关键点在于宅基地资格问题。

---

① 韩立达,王艳西,韩冬.农村宅基地"三权分置":内在要求、权利性质与实现形式[J].农业经济问题,2018(7):36-45.

② 1999年国务院办公厅《关于加强土地出让管理禁止炒作土地的通知》(国办发〔1999〕39号)明确农民住房不得出售给城镇居民,城镇居民不得占用农民集体土地建房。

③ 乔陆印.农村宅基地制度改革的理论逻辑与深化路径:基于农民权益的分析视角[J].农业经济问题,2022(3):97-108.

一、宅基地资格权产生背景

源于 1962 年宅基地权属的集体所有制改造,农户彻底丧失了对宅基地的所有权。农户丧失所有权,与私有制下权利主体丧失所有权具有根本区别。在私有制下,权利主体丧失对土地的所有权,其将彻底失去对土地的利益,变成无产者,开始沦为无地佃农甚至无地流民,其间伴随着土地兼并,形成农民与地主的巨大利益对立。在公有制下,农户丧失宅基地所有权,农民集体取得了宅基地所有权,农户仍然是农民集体的一部分,是宅基地利益的归属主体,宅基地利益是农村集体经济组织内部农户共享的,"根据农户的居住需求实行无偿福利分配制度"[①],而非为个别农户所垄断。如果农户转让宅基地使用权,会稀释宅基地利益的共享范围,故1962 年宅基"两权分离"确立后,即明确禁止农户直接转让宅基地使用权。但宅基地上的农房,农户是享有所有权的。作为政策的妥协,允许农户转让农房,通过地随房走的方式也实现了宅基地使用权的转让。在计划经济时代,农户转让农房的客观条件有限,并不会引起剧烈的利益冲突,稀释宅基地利益的共享范围。改革开放后直到 1999 年之前,国家探索农村土地使用权的流转问题,在城市房地产市场尚未兴起之际,政策是允许城镇居民为解决居住之需求从农村获得宅基地使用权的,但这区别于农户获得宅基地使用权的无偿性,是要支付宅基地有偿使用费。并且,当时的农村人口流动才刚启动,宅基地仍是保障农户居有其屋的重要载体,故流转的空间也十分有限。在 20 世纪 90 年代后期,农村人口流动进一步加剧,农户转让农房引起宅基地使用权流转,如果规模化,必定会稀释宅基地利益的共享范围;此外,1998 年的城镇房地产市场的发展方向,也为城镇居民住房需求的满足提供了解决思路。故 1999 年之后,宅基地使用权转让收紧,基本形成了只能在集体经济组织内部依托农房转让的格局。鉴于房地一体,农户转让农房也就没有了制度空间。此种演进呈现出渐进式强制性与制度创新路径依赖及诱致性并存等特征。

房地一体下农房仅限于集体经济组织内部转让的格局,使农房及宅基地使用权的权属功能弱化,农房及宅基地使用权完全变成了农户的生活资料,无法变现,但同时却保证了宅基地利益共享范围不被稀释。由此,具有集体经济组织成员身份,才能依法获得宅基地使用权。限制宅基地使用权交易在村庄具有封闭性、城乡之间的市场要素不流通的情形下是能够维持的,但随着中国的社会主义市场经济体制改革逐步推向深入,市场配置资源逐渐深入人心,这种限制使农户的宅基地

---

① 管洪彦.农村宅基地分配制度:历史演变、运行困境与改革思路[J].南京农业大学学报(社会科学版),2022(4):165-175.

使用权仍停留在生活资料阶段,财产属性无法充分显现,导致农房闲置,浪费了稀缺的宅基地资源,而且无法满足农户追求利益最大化的内心期许,"农村宅基地隐形流转较为多见,大多通过私下签订协议的形式进行流转"①。在经济发展程度提供了外部条件下,尤其是城乡接合部的农户,出租农房,甚至出卖农房。出租由于没有产生权属变更,应在法律政策允许范围之内,出卖农房则产生了权属变更,不为法律政策所允许,此种交易无法得到法律保障。此种现象不仅使转让方和受让方没有产权稳定预期,而且稀释了宅基地利益的共享范围;但此种现象也意味着农房及宅基地使用权具有巨大的潜在市场交易空间,如不采取制度变革而任其发展,则不是明智之举。

国家 2015 年启动了第一轮宅基地改革试点,确定 33 个县级单位作为试点单位,试点工作于 2019 年底结束;2020 年启动了第二轮宅基地改革试点,确定 104 个县级单位和 3 个地级单位为试点单位。源于 2015 年的宅基地第一轮改革试点,主要完善宅基地权益保障和取得方式、改革宅基地审批制度等,并没有针对宅基地资格问题展开,但浙江义乌市围绕宅基地资格问题的试点改革却走在了的前列。② 2018 年《中共中央国务院关于实施乡村振兴战略的意见》提出宅基地所有权、资格权和使用权三权分置,通过宅基地资格权,改造宅基地权属结构,实现多元适度放活宅基地的目标。2020 年《中共中央办公厅　国务院办公厅深化农村宅基地制度改革试点方案》指出,要积极探索落实宅基地集体所有权、保障宅基地农户资格权和农民房屋财产权、适度放活宅基地和农民房屋使用权的具体路径和办法,同年启动的第二轮宅基地改革试点,宅基地资格权成为此次改革试点的关键内容。

二、宅基地资格权的理论争鸣

笔者在中国知网以"资格权"为篇名检索,截至 2023 年 10 月 17 日,共搜索到 98 篇期刊文献;限制检索范围,其中 C 刊和中文核心论文共计 40 篇;以"宅基地三权分置"为篇名检索,C 刊和中文核心论文共计 114 篇。在短短几年内,呈现出诸多研究成果,体现出学界对此有很高的关注度。对宅基地资格权的研究,集中体现在两大块,其一是资格权的性质,其二是资格权与三权分置中其他权利的关系,后者直接受到前者的影响和限定。

---

① 瞿理铜,沈素素.农村宅基地取得和流转制度的历史考察及现实启示[J].湖南社会科学,2022(3):52-57.

② 2015 年 4 月,浙江义乌市《农村宅基地制度改革试点实施方案》中提出了"完善'以集体经济组织成员资格和家庭农户为控制标准,以多种方式实现户有所居和财产权益'的宅基地分配模式",在全国率先提出宅基地所有权、资格权、使用权三权分置。

（一）宅基地资格权的性质

对于宅基地资格权的性质认定，至少存在以下八种学说。第一，剩余权说。该说认为农户申请宅基地使用权后，可以自我支配，对宅基地占有、使用；但农户把宅基地使用权在一定期限内让与他人行使后，宅基地资格权就是"农户拥有的'剩余'权利"①。鉴于宅基地占有、使用的排他性，农户已经无法直接支配宅基地，呈现出特殊性，此时农户的宅基地使用权被命名为资格权而已。第二，受限制的宅基地使用权说。该说认为农户取得宅基地使用权后，基于盘活宅基地资源之考量，可以创设次级宅基地使用权。宅基地利用的排他性使得农户的宅基地使用权受到限制。此时，宅基地资格权即为"创设次级使用权后行使受到限制的宅基地使用权"②。此种观点除了在表述中与剩余权说有所区别外，并无实质性差异。第三，类所有权说。该说认为宅基地资格权彰显了农村社区成员的土地利益保障，是社区成员共享集体土地利益并基于身份而形成的用益物权，区别于改造后可以市场化的宅基地使用权，实质上是"一种独立的用益物权，并具有'类所有权'的属性"③。第四，宅基地申请权说。该说认为宅基地资格权"只是取得宅基地使用权的前提条件"④，具有该权利可以申请获得宅基地使用权。该权利打上了身份烙印，旨在保障农户居有其屋的实现，具有身份性、专属性、平等性、不可让与和不可剥夺等法律特征。第五，成员权说。该说认为宅基地资格权属于成员权的范畴，是成员权的重要组成部分，"应属成员权的实体内容，是集体成员实现在集体所有土地上享有的居住权益的方式"⑤，虽然因身份关系而产生，但包括财产性利益和非财产性利益，价值导向为保障农户居有其屋，农户能够对宅基地无偿、无期限使用等。第六，复合权利说。该说强调宅基地资格权从宅基地社会主义改造后确立的宅基地集体所有制即已经形成，彰显农户对宅基地的利益，体现为通过占有、支配宅基地实现居有其屋，"是集成员权和用益物权于一身、一体双面、用益物权是核心所在的复合性权利"⑥。第七，宅基地使用权说。该说认为宅基地资格权属于政

① 李琳,郭志京,张毅,等.宅基地"三权分置"的法律表达[J].中国土地科学,2019(7):19-25.

② 刘国栋.论宅基地三权分置政策中农户资格权的法律表达[J].法律科学(西北政法大学学报),2019(1):192-200.

③ 贾翱.宅基地资格权的"类所有权"属性及其制度构造[J].行政与法,2018(12):100-106.

④ 宋志红.宅基地"三权分置"的法律内涵和制度设计[J].法学评论,2018(4):142-153.

⑤ 程秀建.宅基地资格权的权属定位与法律制度供给[J].政治与法,2018(8):29-41.

⑥ 苑鹏.宅基地"资格权"制度的历史演化与改革深化[J].改革,2022(4):21-32.

策语言,其对应法律语言应为宅基地使用权,"是指现行法律上的'宅基地使用权'"[1],体现了对农户居有其屋的保障,具有专属性,不能进行转让,在宅基地制度中没有在宅基地使用权之外独立规定农户宅基地资格权的必要。第八,身份权说。该说认为宅基地资格权是农户基于成员资格获得的居有其屋保障,体现了集体福利,"是一种亲属法外身份权"[2],一旦农户获得宅基地使用权或通过其他形式保障居有其屋,资格权就不复存在。

上述对宅基地资格权的界定,主要是从学理角度进行的逻辑论证,均有一定的道理。但理论不仅要指导实践,还要经过实践的检验。学理上对宅基地资格权性质的研究虽然进行了充分的逻辑论证,但宅基地资格权并不是学界率先提出来的,是在实践中逐步探索的。学界对宅基地资格权性质的学理注解,虽然对拓展宅基地资格权的实践空间具有推动作用,但鉴于目前还是局限于地方试点,全国范围内并没有统一界定和标准,相比于从理论探讨宅基地资格权,从地方试点经验出发,考察宅基地资格权的内涵和外延,具有更强的针对性,也体现了目前宅基地资格权改革的试点成果,对于进一步优化宅基地资格权,甚至在全国范围内出台宅基地资格权的指导性意见,具有一定的现实意义。

(二)资格权与三权分置中其他权利的关系

学界对资格权与三权分置中其他权利关系的研究,受制于宅基地资格权性质的界定,至少形成了以下七种不同的主张。第一,所有权、用益物权(宅基地使用权)模式。该主张认为宅基地三权分置中的资格权为宅基地所有权所涵摄,没有必要在法权改造中独立出来,农户对宅基地享有的利益应"作为集体土地所有权的部分内容"[3]。在此基础上改造宅基地使用权,使其具备可转让性、可抵押性,符合条件的甚至可以转为集体经营性建设用地。第二,所有权、成员权(宅基地资格权)、用益物权(宅基地使用权)模式。该模式把现行法中作为用益物权的宅基地使用权中的身份属性进行剥离,由成员权进行涵摄,保障农户宅基地利益的实现,适度放活宅基地使用权,"这样的用益物权才能自由地转让、互换、赠与、入股、抵押"[4]。第三,所有权、用益物权(宅基地使用权)、租赁权模式。该模式认为农户申请宅基地的资格自宅基地集体所有的社会主义改造完成后即已经存在,宅基地

① 席志国.民法典编纂视域中宅基地"三权分置"探究[J].行政管理改革,2018(4):45-50.

② 郭忠兴,王燕楠,王明生.基于"人—地"二分视角的宅基地资格权探析[J].中国农村观察,2022(1):2-15.

③ 姜楠.宅基地"三权"分置的法构造及其实现路径[J].南京农业大学学报(社会科学版),2019(3):105-116+159.

④ 吕军书,郑弼天.农村宅基地"三权分置"的政策意蕴及实现路向[J].西北农林科技大学学报(社会科学版),2022(4):44-51.

三权分置的资格权就是宅基地使用权,由此形成"宅基地所有权、宅基地使用权及宅基地租赁使用权"①模式,宅基地使用权由农户享有,宅基地租赁权由承租人享有。第四,所有权、用益物权(宅基地使用权)、宅基地经营权模式。该模式认为现行法中的宅基地使用权权能限制具有合理性,旨在落实宅基地资格权,保障农户居有其屋。农户在保有作为用益物权的宅基地使用权的前提之下,可以采取灵活方式盘活宅基地资源,开展经营活动。宅基地经营权以 20 年为限可以分为长期和短期两大类。短期的宅基地经营权和宅基地租赁权基本类似,"当事人也可登记设立长期的宅基地经营权(如 40 年、50 年或 70 年)"②。第五,所有权、资格权、建设用地使用权模式。此模式强调农户基于资格权不仅可以获得分配宅基地的资格,还可以优先受让和最先受让宅基地。在农户流转宅基地使用权后,该"使用权是集体建设用地使用权"③,可参照国有出让的建设用地使用权期限界定其期限。待期限届满,农户在具有宅基地资格权的前提下仍可获得宅基地使用权。第六,所有权、用益物权(宅基地使用权)、地上权(宅基地次生使用权)模式。该模式着眼于现行法上宅基地使用权的流转困境,在坚持宅基地使用权居有其屋保障功能的前提下,新设用益物权性质的地上权。"宅基地地上权作为用益物权的一种"④,实现了去身份化,是可以进行市场交易的权利,充分释放宅基地的财产权能。第七,所有权、用益物权(宅基地使用权)、农房租赁权模式。该模式不改变现行法中关于宅基地使用权的制度建构,践行其居有其屋的保障作用,认为"宅基地及其上农房一体租赁在实践中大有可为"⑤,需要构建农房租赁体系,实现宅基地的多元利用。

　　宅基地三权分置下宅基地权属模式设计,除了所有权之外,其他权利之间的关系如何界定存在很大的争论,甚至不同的模式设计很难兼容和协调。这种争论体现了研究视角的差异,集中反映在是囿于现行法框架内的设计还是大胆突破现行法框架的设计,但本质上还反映出对宅基地资格权性质如何认定问题。宅基地三权分置旨在保障农户居有其屋的基础上盘活闲置宅基地资源,宅基地资格权性质的认定不仅涉及保障农户居有其屋,还涉及盘活闲置宅基地资源的具体路径设计。

---

　　①　陈广华,罗亚文.宅基地"三权分置"之法教义学分析:基于试点地区改革模式研究[J].农村经济,2019(2):23-30.

　　②　夏沁."三权分置"背景下宅基地有偿使用的物权法构造:以 2015 年以来宅基地改革试点为对象[J].西北农林科技大学学报(社会科学版),2022(4):52-59.

　　③　高海.宅基地"三权分置"的法律表达:以《德清办法》为主要分析样本[J].现代法学,2020(3):112-125.

　　④　席志国.论宅基地"三权"分置的法理基础及权利配置:以乡村矛盾预防与纠纷化解为视角[J].行政管理改革,2022(3):69-79.

　　⑤　刘灿.民法典时代的宅基地"三权分置"实现路径[J].法学论坛,2022(1):109-118.

鉴于宅基地使用权已经被界定为用益物权,唯其身份属性使其权能受到限制,宅基地三权分置提出后,如何分置更为妥当,仅靠学理的探讨很难得到妥帖的方案,还是需要考察试点地区的做法,进一步凝练总结。

三、宅基地资格权内涵的地方政策考察

(一)地方政策层面的不同做法

地方政策文本	核心规定	基本观点
《义乌市农村宅基地使用权转让细则(试行)》	跨集体经济组织转让宅基地使用权后,农户仍具有集体经济组织成员资格	取得宅基地资格说,为为取得宅基地的资格
《广西覃塘区农村宅基地资格权认定管理办法(试行)》	宅基地资格权是指保障农村集体经济组织成员实现其基本居住需求的权利	基本居住需求说,保障农户基本居住需求
《贵州息烽县农村集体成员宅基地资格权认定及管理办法》	宅基地资格权为农村居民户依法取得并享有宅基地占有和使用的权利	宅基地使用权说,取得并占有、使用宅基地

纵观地方试点的文本表达,我们发现,对宅基地资格权内涵的认定,还是呈现出多元性的。第一,把宅基地资格权表述为取得宅基地的资格。2016年《义乌市农村宅基地使用权转让细则(试行)》明确,跨集体经济组织转让宅基地使用权后,农户仍具有集体经济组织成员资格。2021年《义乌市农村宅基地使用权转让办法》重申了该规定。2021年《义乌市农村宅基地资格权益登记工作规则》明确了宅基地资格权登记的具体流程,同年《义乌市农村宅基地资格权权益有偿调剂办法》专门针对宅基地资格权权益落地前的有偿调剂进行规定。值得关注的是,2020年浙江金华市中级人民法院印发的《关于涉义乌市农村宅基地资格权、使用权转让纠纷裁判规则(试行)》规定,宅基地资格权是指基于村集体经济组织成员身份,通过分配、继受、共有等方式取得宅基地使用权的权利,权利人取得宅基地使用权后,相对应的宅基地资格权消灭。另外,《广西覃塘区农村宅基地资格权认定管理办法(试行)》《上海奉贤区农村宅基地资格权认定暂行办法》《海安市农村宅基地资格权认定及宅基地保障对象认定指导意见》也做了类似界定,均认为宅基地资格权是依法申请取得宅基地使用权的权利。第二,把宅基地资格权表述为保障基本居住需求的权利。《安徽东至县农村宅基地资格权认定管理暂行办法》《浙江象山县农村宅基地资格权管理暂行办法》《江西湖口县农村宅基地资格权认定管理试行办法》《陕西柞水县农村宅基地资格权认定管理办法(试行)》《河北平泉

市农村宅基地资格权认定办法(试行)》《广东德庆县农村宅基地资格权认定管理办法》等均认为宅基地资格权是指保障农村集体经济组织成员实现其基本居住需求的权利。第三,把宅基地资格权表述为取得并占有、使用宅基地的权利。《贵州息烽县农村集体成员宅基地资格权认定及管理办法》认为宅基地资格权为农村居民户依法取得并享有宅基地占有和使用的权利。

上述界定是有差别的,"异质性资源禀赋决定了差异化宅基地三权分置实践模式"①,但在保障农户居住需求方面是一致的,申请取得宅基地使用权的资格是宅基地资格权在试点地区的核心体现。宅基地资格权源于农户的集体经济组织成员身份,是农户在集体经济组织中成员权的具体体现,彰显了福利角色和居住保障色彩,以农村封闭社区为其空间维度,着眼于保障农户的既得利益。另外,在把宅基地资格权表述为申请取得宅基地使用权资格的试点地区,通观其试点运作,除了2022年《广西覃塘区农村宅基地资格权认定管理办法(试行)》认为取得农村宅基地资格权的资格权人,通过申请、申购、受让等方式取得农村宅基地(或村居公寓)后,原资格权自动失效外,宅基地资格权权益体现并不仅仅限于申请取得宅基地使用权的资格。把资格权表述为保障基本居住需求权利的试点地区,保障基本居住需求的实践是很丰富的。如2021年《义乌市农村宅基地资格权权益有偿调剂办法》明确了农村有机更新或者新农村建设取得的宅基地资格权权益在落地前,可将宅基地资格权权益调剂给符合条件的村集体经济组织成员或安置对象;2021年《上海奉贤区农村宅基地资格权认定暂行办法》规定宅基地资格权人可以自愿以"户"为单位,通过宅基地置换上楼形式向有关部门申请进城镇集中居住,实现其居住权;2019年《浙江象山县农村宅基地资格权管理暂行办法》明确宅基地资格权与宅基地使用权分置,宅基地资格权不因宅基地使用权流转而丧失,宅基地资格权人可以申请宅基地使用权有偿退出。尤其强调的是把资格权表述为取得并占有、使用宅基地的权利则在试点地区中别具特色。如2021年《贵州息烽县农村集体成员宅基地资格权认定及管理办法》明确农村宅基地资格权入库申请人包括已合法取得宅基地并符合农村宅基地资格条件的农村居民户和没有宅基地并符合农村宅基地资格条件的农村居民户;农户具有宅基地资格权,意味着其不仅可以申请取得宅基地,还可以对依法取得的宅基地进行占有和使用。

(二)宅基地资格权的内涵厘定

在承包地三权分置中,就有学者把土地承包权解释为请求承包集体土地的资格。"土地承包权虽名曰权利,实则是一种承包土地的资格,由于这种资格以集体经济组织成员资格为前提,土地承包权本质上是集体经济组织成员权在农地分配

---

① 王亚星,于水."求同"与"存异":异质性资源禀赋视域下宅基地三权分置实现路径研究:基于典型案例的对比分析[J].宁夏社会科学,2022(2):43-52.

或承包上的一种行使结果"。① 但这种观点最终并没有被官方所接受。2018 年 12 月修正的《中华人民共和国农村土地承包法》明确了土地承包权与土地承包经营权的关系，不是土地承包权产生了土地承包经营权，而是土地承包经营权存续期间农户流转了土地经营权后，可以把流转后的土地承包经营权称之为土地承包权。例如，2019 年《农村土地承包法》第 9 条规定："承包方承包土地后，享有土地承包经营权，可以自己经营，也可以保留土地承包权，流转其承包地的土地经营权，由他人经营。"由此，承包地三权分置中农户承包权不是一种期待权利，而要与具体的承包地结合起来，不是先有土地承包权，再产生土地承包经营权，而是先有土地承包经营权，再有土地承包权。"农村土地'三权分置'政策中的土地承包权绝不能理解为取得土地承包经营权的一种资格，而是土地承包经营权人在流转土地经营权后对土地承包经营权的特殊表达，其本质上仍应指土地承包经营权。"② 宅基地三权分置中的资格权，具有一定的借鉴意义。诚然，承包地三权分置远没有宅基地三权分置复杂。对于承包地来讲，国家政策一直强调稳定承包关系长期不变，并实行承包地"增人不增地、减人不减地"的土地承包政策；而对于宅基地来讲，国家从来没有禁止分配新的宅基地，从理论和法律规定上而言，符合宅基地分配条件的农户可以依照法定的程序和方式申请获得宅基地，只不过由于一些地区宅基地资源紧张，导致事实上已经没有多余的宅基地可供分配。根据居有其屋的宅基地三权分置改革理念，宅基地三权分置改革中，不仅要解决存量宅基地的资格权问题，还要回应事实上没有充分居有其屋保障的农户居住问题。

　　由以上试点地区的试点经验可知，宅基地资格权不应仅仅界定为请求集体经济组织分配宅基地的资格。我国现行法律和地方政府文件对于宅基地的分配已经形成了一套较为完善的法律设计，这种设计经过数十年的实践检验是行之有效的，如果把资格权界定为请求集体经济组织分配宅基地的资格，无疑是我国现行宅基地的分配制度出了问题，需要重新设计。但这个前提是不存在的，以一个不存在的前提作为假设并论证资格权的性质，会背离宅基地三权分置政策的意蕴，不仅无法解决现有问题，而且会形成缘木求鱼、隔靴搔痒的悖论。仅仅把宅基地资格权界定为申请取得宅基地使用权的资格或一种身份，就显得较为狭隘，无法涵盖宅基地资格权人在取得宅基地使用权后由宅基地资格权体现出来的具体利益，并且"对宅基地流转时居住权益的保护不够充分，有误置改革重点的问题"③。把宅基地资

---

① 朱广新.土地承包权与经营权分离的政策意蕴与法制完善[J].法学,2017(11):88-100.

② 韩宁.中华人民共和国成立以来农村土地经营政策演进研究[J].重庆理工大学学报(社会科学),2020(3):64-80.

③ 徐忠国,卓跃飞,李冠,等.宅基地三权分置的制度需求、实现形式与法律表达[J].中国土地科学,2022(1):1-9.

格权作为宅基地使用权转让后的剩余权或认定为受限制的宅基地使用权,甚至等同于宅基地使用权,很难解释农户取得宅基地使用权前的权利状态,也无法说明宅基地使用权取得的正当权源,存在明显不周延。而把宅基地资格权作为类所有权,则又无法实现宅基地资格权与宅基地所有权内容的协调,甚至还有弱化宅基地所有权之嫌,也无试点经验的实证支持。把宅基地资格权认定为复合权利,实则没有界定宅基地资格权的性质,只是从技术处理角度认定宅基地资格权是具体权利的集合体,有避重就轻、规避矛盾之嫌,无益于问题的解决。成员权说则直接把宅基地资格权归属到成员权的体系当中,不仅说明了宅基地资格权的性质,而且对宅基地资格权在试点中体现的权能例如申请宅基地或以其他形式实现居住保障、对宅基地使用权的无偿和无期限使用、有偿退出等都能涵盖进去,"实现'三权分置'下宅基地制度社会保障功能和财产功能的平衡"[①]。唯须强调,从宅基地使用权的无偿和无期限角度而言,这是宅基地资格权的效能使然,而非宅基地使用权的当然效能,正是农户拥有宅基地资格权,其才可以对宅基地使用权进行无偿、无期限的使用。个别试点地区提出农户取得宅基地使用权后,宅基地资格权就消灭,就值得进一步商榷。基于此,把宅基地资格权认定为取得宅基地使用权或以其他形式实现居住保障并享受宅基地所有权利益,可以无偿、无期限对宅基地进行使用的权利较为妥当,其权能可以包括宅基地分配请求权、费用豁免权、退出权及补偿权、优先受让权等内容。

由此可知,宅基地资格权具有如下特性。第一,宅基地资格权的主体具有限定性。一般情形下,只有具备集体经济组织成员身份,才能取得宅基地资格权。宅基地资格权以户为单位进行分配,利益固定,一般不能进行市场交易。第二,宅基地资格权决定宅基地使用权的无偿利用性和期限的长久性。农户对宅基地使用权可以无偿使用,并没有期限限制,这源于宅基地使用权人本身拥有宅基地资格权,正是在宅基地资格权的庇护之下,农户的宅基地使用权才呈现出无偿利用性和期限长久性的特点。第三,宅基地资格权彰显居有其屋保障色彩,但其行使具有多元化路径。农户依据宅基地资格权取得宅基地使用权,这是宅基地资格权行使的典型体现;但农户也可以依据宅基地资格权获得相应的住房分配。资格权主要承担宅基地对农民居住保障功能,保障符合宅基地取得条件的农户都能顺利取得宅基地或通过联建等方式实现户有所居。此外,如果农户已经在城镇获得住房保障,其还可以申请退出宅基地资格权甚至进行宅基地资格权有偿调剂。此时,农村集体经济组织往往会对农户给予一定的奖励或使农户资格权通过市场化的调剂获取经济利益。第四,宅基地资格权兼具身份属性和财产属性。有学者指出,宅基地资格权

---

① 温世扬,陈明之.宅基地资格权的法律内涵及实现路径[J].西北农林科技大学学报(社会科学版),2022(3):73-81.

"本身没有具体的利益价值"①。我们认为此种观点过于强调身份属性,不承认财产属性,是有待商榷的。身份属性是从宅基地资格权的获得角度而言的,财产属性则基于宅基地资格权可以给农户带来的财产利益。通过考察试点地区的做法,我们发现,宅基地资格权不仅依附身份,而且也是集体所有权利益在农户个体上的具体体现,可以使农户享受因宅基地而产生的财产利益,宅基地资格权不仅具有保障功能,而且具有财产功能。

四、宅基地资格权的地方政策认定

试点区域纷纷出台了宅基地资格权的认定办法,在认定的基础上颁发宅基地资格权证书。宅基地资格权人认定,需要从把集体经济组织成员资格与宅基地特殊性结合的角度进行认定的。

(一)宅基地资格权认定实体因素考察

宅基地资格权认定实体因素主要包括以下方面。第一,出生在农村集体经济组织,具有当地户口。农村集体经济组织成员土生土长在集体经济组织,其自身甚至其父辈、祖辈参与了农村土地的社会主义改造。此类因素形成了大多数的宅基地资格权人。第二,通过婚姻、收养等成为农村集体经济组织成员,具有当地户口。此类认定因素保护了妇女等群体的合法权益,也使妇女等群体当然成为宅基地资格权人。当然,强调户口易于把握,但容易忽略土地积累的历史沿革,也有绝对化之嫌,在法理上是无法真正让农民在心理和财产上与市民平等的,其他的认定因素也在矫正此种弊端。第三,原籍在集体经济组织并享有土地承包经营权。此类群体的父辈、祖辈一般是农村集体经济组织成员,甚至其也曾经是农村集体经济组织成员。但由于选择进城落户等原因迁出原农村集体经济组织,考虑到历史原因,并且其还享有土地承包经营权,从利益衡平的角度,也能成为宅基地资格权人。② 第四,合法取得宅基地使用权,经过集体议决。此类情形往往意味着相关主体通过继承农房等原因享有农房所有权,并对农房占用范围内的宅基地有权使用。考虑到此类主体与集体经济组织千丝万缕的联系,本着平衡各方利益的考虑,在集体议决通过后,也可以成为宅基地资格权人。③ 第五,返乡创业人员等对集体经济组织发

---

① 陈广华,罗亚文.乡村振兴背景下宅基地资格权研究[J].安徽大学学报(哲学社会科学版),2019(5):122-128.

② 2019年《浙江象山县农村宅基地资格权管理暂行办法》规定:因经商、务工、求学、参军等离开农村在城镇居住,依然享有农村土地承包经营权的人员,可以享有宅基地资格权。

③ 2021年《安徽东至县农村宅基地资格权认定管理暂行办法》规定:非本集体经济组织成员在农村合法拥有住房而享有宅基地使用权的,经本集体经济组织村民会议或村民代表大会讨论,并依法表决同意可以享有宅基地资格权。

展有重大贡献的人员,经过集体议决。农村经济要发展,必须吸引人、留住人。通过赋予对农村集体经济组织发展有重大贡献的人员宅基地资格权,使其共享农村集体经济组织红利,能够实现吸引人、留住人的目标。① 第六,其他特殊情形。宅基地资格权认定,十分复杂,很难穷尽认定的情形。通过兜底性的不完全列举,可以具体问题具体处理,体现了原则性和灵活性的结合。② 这体现了"身份识别"不仅仅是依据家庭关系,集体经济组织有一定的自由裁量权。在试点中,《上海奉贤区农村宅基地资格权认定暂行办法》《湖口县农村宅基地资格权认定管理试行办法》《河北平泉市农村宅基地资格权认定办法(试行)》等还规定了保留宅基地资格权的情形。例如户籍未迁出因外出务工、就学、服刑等非永久性离开,或虽户籍迁出但在原籍保留生产生活资料、未曾放弃其成员权利义务等。此类情形下,归并入宅基地资格权的认定因素当中即可,没有必要单独列出。

　　在宅基地资格权人认定因素中,也需要从消极方面界定认定因素。一般而言,有下列情形的,不能认定为宅基地资格权人:第一,已经是国家公务员、事业单位工作人员。此类主体虽然原籍在集体经济组织,但其通过求学、考公等手段已经实现了职业的转变,并且国家公务员、事业单位的工作人员工作相对稳定,能够实现基本居住保障需求,没有必要再通过原籍集体经济组织进行保障。③ 第二,举家迁入设区的市并已经放弃土地承包经营权的。设区的市最低为地级市,经济相对发达。能够举家迁入设区的市并放弃了土地承包经营权,意味着此类主体已经融入城市生活当中,也没有必要再赋予其宅基地资格权。④ 第三,其他情形。如享受过宅基地动迁安置或享受财政性住房补贴、书面形式自愿放弃本宅基地资格权、已经享受其他集体经济组织宅基地资格权、户口在本村的"空挂户""挂靠户"、现役义务兵在部队服役 12 年以上及提干等均是试点地区的做法,但不同的试点地区存在一定的差异性。2022 年《广西覃塘区农村宅基地资格权认定管理办法》甚至规定户内成员在覃塘区范围内已有农村宅基地、村居公寓的或将宅基地改为经营性场所等非自住用途的,不予认定宅基地资格权。

---

① 2022 年《广西覃塘区农村宅基地资格权认定管理办法(试行)》规定对本村集体经济项目建设有重大投资或对本村社会公共事业有重大资助的人员可以经过集体议决认定为宅基地资格权人。

② 2021 年《江西湖口县农村宅基地资格权认定管理试行办法》规定:对于未列举的兜底性情形,由集体经济组织在依法依规的前提下,通过集体经济组织成员(代表)会议讨论,经依法表决同意后予以认定宅基地资格权。

③ 2021 年《安徽东至县农村宅基地资格权认定管理暂行办法》规定宅基地资格权人被招录为国家公务员、事业单位等正式编制工作人员的,丧失宅基地资格权。

④ 2019 年《浙江象山县农村宅基地资格权管理暂行办法》规定户籍迁入设区的市,不再保留农村土地承包经营权的,丧失宅基地资格权。

(二)宅基地资格权认定程序因素考察

在宅基地资格权认定程序上,一般分为以下几个步骤。第一,农村集体经济组织根据上级指导意见出台农村集体经济组织宅基地资格权认定实施方案,该方案秉持村民自治,但要与上级指导意见保持一致,切勿侵犯包括妇女在内的相关主体的合法权益。第二,农村集体经济组织宅基地资格权认定实施方案上报审批。一般由乡镇人民政府组建的专门机构从合法性、公平性等角度对上报的实施方案进行审查,审查通过后,才会产生效力。第三,农村集体经济组织展开认定。由农村集体经济组织根据方案制定宅基地资格权人一览表,在认定时分为当然取得宅基地资格权和议决取得宅基地资格权两大类。对于当然取得宅基地资格权的,直接列入一览表中,注明理由,再召开农村集体经济组织成员会议进行确认;对于议决取得宅基地资格权的,应先行召开农村集体经济组织成员会议,由集体表决是否能够认定为宅基地资格权人,表决通过后,再列入一览表中。第四,颁发宅基地资格权证。通过合法程序确认享有宅基地资格权的,可以依法申请宅基地资格权证,由政府有关部门在核查属实的情形下,颁发宅基地资格权证。

宅基地的认定,呈现出"以人为认定对象、以户为计算单位"的特征,有学者认为的"宅基地资格权的主体是农户而非农民个人"[①]混淆了认定对象和计算承载主体,失之偏颇。所谓以人为认定对象,是在宅基地资格权认定实践中,资格权主体亦应是集体成员个人,根据认定要素,以农村集体经济组织中的人为认定对象,如果符合条件,该人即宅基地资格权人,否则,该人就不是宅基地资格权人;所谓以户为计算单位,是在申请、保有宅基地使用权过程中,直接以户的名义进行,宅基地资格权也是确权到户的名下,而非人的名下,具有宅基地资格权的人通过户这个单位行使宅基地资格权。"以人为认定对象、以户为计算单位"的宅基地资格权认定方式,与集体产权改革中农村集体经济组织成员资格的认定有所区别,户内成员的数量与每户得以分配的宅基地面积仅具弱相关性,这是由宅基地资格权居有其屋保障和户之成员共同生活的特性所决定的。

通过宅基地资格权的认定考察可知,宅基地资格权与宅基地使用权是彼此不同的权利。宅基地资格权因特定身份关系而产生,具有宅基地资格权,意味着权利人对集体经济组织享有宅基地利益,如果其没有获得宅基地使用权,其可以凭借宅基地资格权申请获得宅基地使用权或申请通过其他方式实现户有所居;除了个别试点地方认为农户取得宅基地使用权后宅基地资格权即消灭外,即使农户已经获得宅基地使用权,其可以凭借宅基地资格权对宅基地无偿、无期限使用,如果其流转宅基地使用权,其可以保有宅基地资格权或退出宅基地资格权。宅基地资格权

---

① 刘恒科.宅基地"三权分置"的政策意蕴与制度实现[J].法学家,2021(5):43−56,192−193.

实质上是作为集体土地的宅基地量化到资格权人上的具体利益,其虽因特定身份而产生,但其具有明显的财产属性,是公有制的土地所有权折射到资格权人上的利益共享。此外,宅基地资格权也具有请求权能,权利主体是资格权人,义务主体是农村集体经济组织,资格权人可以请求农村集体经济组织依法保障自己的宅基地利益。从传统法权关系角度,请求权是相对权,原则上仅在权利人和义务人之间产生效力,但只要进行登记,便可对抗第三人。宅基地资格权是可以登记的,登记之后,其效力增强,自可以产生对抗第三人的法律效果。

五、宅基地资格权存续的不同阶段考察

根据对试点地区的考察,一般而言,宅基地使用权存续可以分为四个阶段。第一阶段为取得宅基地使用权之前阶段;第二阶段为与宅基地使用权并存阶段;第三阶段为流转宅基地使用权(例如宅基地使用权转让、退出)但保留宅基地资格权阶段;第四阶段为宅基地资格权消灭阶段。农户的宅基地资格权在不同阶段彰显出不同的特色。

(一)取得宅基地使用权之前阶段

在该阶段,宅基地资格权因农户农村集体经济组织成员身份而取得,农村集体经济组织"有义务为符合宅基地使用权取得条件的农民提供宅基地"[1]。在人地紧张、无宅基地可供分配的地区,可以采取户有所居的方式保障农户的居住需求。宅基地资格权在此阶段担当实现农户居有其屋保障的作用,当然,宅基地资格权并非局限于居有其屋的保障。一些农户乘着改革开放的东风外出务工、外出经商,积累了一定的财富,在城镇当中已经购买了商品房,但只要其没有丧失农村集体经济组织成员资格,其宅基地资格权就存在并受到保护,不能因为宅基地资格权在此类农户身上无法体现居有其屋的保障功能或这些农户根本不需要宅基地资格权保障其居有其屋,而否定此类农户的宅基地资格权。这些农户是一批改革开放后富裕起来的农户,其通过诚实劳动、合法经营积累了财富,并不能因为其另有居住保障而剥夺其应享有的集体土地利益。这也说明虽然宅基地资格权保障农户居有其屋,但如果农户不需要宅基地资格权保障其居有其屋,也不能径行剥夺此类农户的宅基地资格权。

---

① 石佳友,刘欢.民法典背景下的宅基地"三权分置":实践考察与规范诠释[J].温州大学学报(社会科学版),2021(4):35-48.

（二）宅基地资格权与宅基地使用权并存阶段

此种情形下，农户基于宅基地资格权已经获得宅基地使用权。有学者认为此种情形下宅基地资格权目的已经实现，"宅基地资格权的行使具有一次性特征"①，故宅基地资格权应该消灭。个别试点地区也认为宅基地资格权随着宅基地使用权的获得而消灭。这种观点是经不起推敲的，具体理由有二。其一，《民法典》《土地管理法》均规定宅基地因自然原因等灭失的，农户可以依法申请宅基地，获得宅基地使用权。如果宅基地资格权因农户已经获得宅基地使用权而消灭，如何解释此种法律规范的意蕴？难道宅基地资格权消灭后还能自动恢复吗？其二，宅基地资格权的存在与宅基地使用权并不冲突，甚至彼此兼容。宅基地资格权的存在决定了农户对宅基地使用权的无偿性和无期限性，只要宅基地资格权存在，宅基地使用权就是农户的福利，也是农户共享集体土地利益的具体体现；宅基地使用权则保障了宅基地资格权目的的具体实现，也就是落实了居有其屋的保障功能。从一定程度上而言，现行法律框架内宅基地使用权深深打上了宅基地资格权的烙印，甚至可以认为宅基地资格权与宅基地使用权是一体两面。一方面，法律层面上的宅基地使用权无法进行转让，农房转让所引起的农房占用范围内的宅基地使用权的转让也被禁止，除非在农村集体经济组织内部或在试点地区，这实际上是资格权的具体体现；另一方面，农户农房权能需要拓展，闲置宅基地资源需要盘活，这是宅基地使用权作为用益物权的具体体现。宅基地资格权附着在宅基地使用权上，弱化了宅基地使用权的财产权能，但也使宅基地使用权保有成本极低，农户即使闲置农房及宅基地使用权，也不会使其现有财产减少。

（三）流转宅基地使用权（例如宅基地使用权转让、退出）但保留宅基地资格权阶段

在农户居有其屋有所保障情形下，试点地区允许农户盘活宅基地使用权，保留宅基地资格权。一般而言，资格权越巩固，使用权越能放活。农户盘活宅基地使用权的方式包括对宅基地使用权进行退出、转让等。此时，相对方通过退出、受让等行为取得了对宅基地的占有、使用和收益，但出让方并没有丧失宅基地资格权。农户虽然不再直接对宅基地占有、使用，但其仍有宅基地资格权。一旦其居有其屋得不到保障，其可以通过行使宅基地资格权，化解自己因居住问题所面临的风险，彰显宅基地资格权的财产属性，从制度上打开农民在工农之间自由切换，在城乡间进退有据的通道。此时，宅基地资格权是作为独立权利而存在的，虽然并不与具体的宅基地直接相连，但由于农户并没有丧失农村集体经济组织成员资格，其仍然可以根据宅基地资格权享有农民集体所有宅基地的利益，其权利内容典型表现为请求

---

① 刘宇晗，刘明.宅基地"三权分置"改革中资格权和使用权分置的法律构造[J].河南社会科学，2019（8）：80-86.

权。请求权的权利主体是宅基地资格权人,义务主体是宅基地资格权人所在的农村集体经济组织或现行宅基地使用权人,请求权行使的内容是农户转让、退出宅基地时和现行宅基地使用权人或农村集体经济组织关于宅基地资格保留所约定的具体内容,甚至可以通过请求权的行使当然回复宅基地使用权圆满的权利状态。

(四)宅基地资格权消灭阶段

宅基地资格权的消灭往往与农村集体经济组织成员资格的消灭有直接关系,但宅基地资格权的消灭也具有特殊性,其消灭并秉持"'人离地失'并'有偿退出'原则"[1]。与宅基地使用权相同,宅基地资格权也以户为单位进行分配。如果依据宅基地资格权申请分配宅基地,则不论户之人口多寡,所分配宅基地的面积在户之间是相等的;但如果依据宅基地资格权申请安置住房,则申请住房面积则与户之人口具有直接关联,户之人口多,则分配的住房面积就大,反之,则分配的住房面积就少。但不论哪种情形,宅基地资格权的承载者均界定为户,户之成员发生变动,并不会影响到户的存在,自然也不会影响到宅基地资格权的存在。由此,宅基地资格权的消灭存在以下几种情形。第一,绝户。户之成员不复存在,导致宅基地资格权消灭。户之成员不复存在,仅指户之成员中具有农村集体经济组织成员资格的成员不复存在,与户主具有一定亲属关系但不具有农村集体经济组织成员资格的自然人虽然存在,但无法改变宅基地资格权消灭的现实,此类主体可以通过继承制度继承农房,宅基地资格权无法继承。第二,自愿退出。宅基地资格权本质上属于农户的权利,既然是权利,农户可以行使,也可以放弃。农户资格权退出是导致农户资格权内容绝对丧失的行为,故农户退出宅基地资格权,秉持自愿原则。但考虑农户居有其屋的保障以及农户退出的积极性,防止出现城市贫民窟和积累其他社会风险,农村集体经济组织对在城镇已有居住保障的农户可采取激励措施,引导农户积极退出宅基地资格权。

通过宅基地资格权不同阶段的观察可知,宅基地资格权"可以不具体到宅基地实地,可以以权利证书或权利凭证等方式来进行确权"。[2] 宅基地资格权产生宅基地使用权,伴随宅基地使用权,即使宅基地使用权已经流转,农户仍然可以保留宅基地资格权。宅基地资格权超脱于宅基地使用权,是农民集体作为集体土地所有权人映射到农民集体成员的直接反映,体现了农村集体经济组织内部成员共享宅基地利益的价值理念。宅基地资格权是对1962年宅基地集体所有制改造后农户的权利对接,体现了党心系农民、关爱农民的一贯方针。从传统宅基地"两权分

---

①　王金兰,张晓冬.基于民事权利之宅基地"三权分置"研究[J].河北法学,2022(3):156-169.

②　孙建伟.宅基地"三权分置"中资格权、使用权定性辨析:兼与席志国副教授商榷[J].政治与法律,2019(1):125-139.

离"到宅基地"三权分置",使宅基地资格权实现了事实上隐形存在到显性存在的转变。宅基地资格权不仅在彰显农户居有其屋保障的理念,更是在彰显集体所有宅基地的利益共享理念。在宅基地三权分置改革中,应在居有其屋与利益共享理念的共同作用下,维护好、实现好农民对宅基地的利益诉求。

六、宅基地资格权与宅基地使用权关系的厘定

(一)宅基地资格权涵摄下的宅基地使用权

在此种情形下,农户具备农村集体经济组织成员身份,依法取得宅基地使用权。当农户取得宅基地使用后,虽然宅基地资格权的权能受到限制,农户不可能再行申请宅基地,除非宅基地因自然原因等发生了毁损、灭失,但不等同于宅基地资格权已经消灭。宅基地资格权与农户的农村集体经济组织成员身份是联系在一起的,宅基地资格权仍然与宅基地使用权并存,并保障宅基地继续无偿使用。农户无偿利用宅基地,在宅基地上兴建农房及其附属设施,满足其安居乐业的生活资料之基本需求。此种利用也构成了我国村庄的基本结构,奠定了我国村庄宅基地用地的布局。从传统视角,宅基地资格权涵摄下的宅基地使用权为农户提供了田园牧歌式的居住保障,其不必担心自己居无定所风险,农户基于宅基地资格权享有取得宅基地使用权之后使用费的豁免权,是社会主义改造在宅基地领域的巨大成果,坚定了农户对社会主义制度优越性的信心,强化了农户坚决跟党走的决心,为宅基地"两权分离"提供了正当性基础。在农村人口流动的大背景下,宅基地资格权涵摄下的宅基地使用权的利用形态发生了巨大的变化,一些农户甚至产生了转让农房的财产处分冲动。农户在农村集体经济组织内部转让农房不存在制度障碍,农户在农村集体经济组织外部转让农房,会稀释宅基地利益的共享范围。在一些宅基地改革试点地区,尝试农户转让农房及农房占用范围内的宅基地使用权的运行机制,但基本限于改革区域内具备宅基地资格权的农户。2021年《浙江义乌市农村宅基地使用权转让办法》、2021年《浙江江山市农村宅基地使用权流转指导意见》均明确农户在居有其屋有所保障的情形下,可以在市域内把农房及农房占用范围内的宅基地使用权流转给具备宅基地资格权但该资格权尚未落地的其他农户,这突破了宅基地使用权只能在集体经济组织内部转让的规定。

除非试点地区的试点尝试,否则农房及农房占用范围内的宅基地使用权跨集体经济组织转让仍在禁止之列,但农户可以对农房及宅基地进行适度开发,采取自营等方式拓展农房及宅基地的利用方式,发展乡村民宿、乡村电商、开办农家乐等。2021年《广东南海区农村宅基地使用权流转管理实施意见》对农村宅基地使用权出租条件和流程进行了较为详细的规定,并指出农村集体经济组织可以采取统租、托管等形式统筹盘活闲置宅基地和闲置农房资源。此时,承租人对宅基地享有的是债权性质的宅基地租赁权。

(二)宅基地资格权无法涵摄的宅基地使用权

在此种情形下,宅基地使用权人不享有宅基地资格权。例如城镇居民通过继承农房的形式取得的农房占用范围内的宅基地使用权;由于其他历史原因取得的宅基地使用权等。"这种物权性流转不会在宅基地上产生'三权分置'之'三权'"[①],仍然是"两权分离",但此种"两权分离"和传统意义上以农户享有宅基地使用权为内容的"两权分离"具有典型区别。关键区分点在于宅基地使用权无法被宅基地资格权所涵摄,已经脱离了宅基地使用权居有其屋的保障功能。从制度的体系一致性角度,可考虑对宅基地资格权无法涵摄的宅基地使用权进行深入改革,依据对宅基地使用的具体类型,分门别类进行宅基地权属转化。如果仍以居住为目的,可考虑转化为集体住宅建设用地;如果以经营性为目的,可考虑转化为集体经营性建设用地。转化时应参照同类国有建设用地设定一定的使用期限。此种转化的现实必要性在于,可以便于对集体建设用地进行分类管理,落实农村集体经济组织对集体土地的收益权能。对于集体住宅建设用地而言,由于没有宅基地资格权的涵摄,本着尊重历史、照顾现实的原则,统一规定集体住宅建设用地期限届满后,应允许使用权人有偿续期,保障其居住利益;对于集体经营性建设用地而言,应由农村集体经济组织与现有用地主体补签集体经营性建设用地出让合同,参照同类国有经营性建设用地确定使用期限,在已有期限内,不再征收土地使用费,但应依法缴纳有关税费;如期间届满,集体经营性建设用地使用权人可以申请续期,农村集体经济组织在同等条件下应优先与现有农村集体经营性建设用地使用权人签订出让合同。唯令人遗憾的是,上述制度设计还仅停留在学理论证层面,并没有试点地区的成熟经验予以支撑。

此外,对于一户多宅、超面积使用宅基地的宅基地使用权人,对于多出的宅基地和超标部分的宅基地,均不在宅基地资格权的涵摄范围之内。虽然宅基地使用权人在取得宅基地的时候是合法的,无法通过直接强制收回解决上述问题,但鉴于宅基地使用权人的宅基地资格权已经无法涵摄多出的宅基地或超标部分的宅基地,故应该对此种情形下的宅基地,实施有偿使用,探索有偿使用的具体办法和路径。

(三)对宅基地资格权与三权分置中其他权利关系的再探讨

通过对试点地区试点经验分析可知,宅基地三权分置中,宅基地资格权独立于宅基地使用权,可能单独存在,也可能并存,但宅基地资格权在"接管两权分置下

---

① 丁关良."三权分置"政策下宅基地流转方式运行机理的剖析和思考[J].农业经济与管理,2020(4):65-76.

宅基地使用权社会保障的包袱"①。学理上认为的宅基地三权分置中的所有权、用益物权(宅基地使用权)模式忽视宅基地资格权的独立性,把其涵摄到宅基地所有权范围之内,且并无试点经验的支撑。宅基地所有权、成员权、用益物权(宅基地使用权)模式中,在宅基地资格权涵摄的宅基地使用权情形下,保障了农户对宅基地的无偿、无期限使用,但在试点地区宅基地使用权转让后,受让人自无法再无偿、无期限使用宅基地,但农户也可以保留宅基地资格权。但转让后已经改造的宅基地使用权究竟如何称谓,是立法技术选择的结果,并不影响改革的实效,故宅基地三权分置所有权、资格权、建设用地使用权模式和所有权、用益物权、宅基地经营权模式,以及所有权、用益物权(宅基地使用权)、地上权(宅基地次生使用权)模式中"建设用地使用权""宅基地经营权""地上权(宅基地次生使用权)"的表述也并无不妥,只是对宅基地资格权的认定失之偏颇罢了。宅基地三权分置所有权、用益物权、租赁权模式和所有权、宅基地使用权、农房租赁权模式虽然也反映宅基地三权分置改革中的试点成果,但现行法本身就不禁止农户对农房及农房占有范围内的宅基地使用权进行出租,再单设租赁权,有隔靴搔痒之嫌,实不足取。宅基地三权分置中的资格权和使用权应是针对同一农户的制度设计,旨在在保障农户居有其屋的前提下克服现行法束缚宅基地使用权权能,导致农房及占用范围内的宅基地闲置、无法效率利用问题。在宅基地资格权无法涵摄的宅基地使用权情形下,宅基地使用权人已经没有宅基地资格权,无论其是采取什么手段依法取得的宅基地使用权(或者改造后的集体建设用地使用权、集体经营性建设用地使用权),其对宅基地的利用应当遵循市场规则。

宅基地三权分置所有权、成员权、用益物权(宅基地使用权)模式符合宅基地三权分置政策意蕴,虽然试点地区也在进行试点尝试,但囿于《民法典》《土地管理法》以及国家政策层面上的限制,试点步子很小,远远不能达到适度放活宅基地的目的。尤其是在一些试点地区颁发的宅基地使用权流转指导意见中,例如 2022 年《内蒙古五原县农村宅基地有偿使用、流转和退出暂行办法(试行)》、2022 年《浙江龙泉市农村闲置农房(宅基地)使用权流转暂行办法》主要围绕宅基地使用权的租赁流转进行规制,并规定了一系列的审批程序。如前者规定宅基地使用权出租限于本社集体经济组织内部流转,经申请集体议决后公示 7 天,无异议的,报村委会审查,通过审查的,报乡镇人民政府(办事处)审核;后者规定农房(宅基地)使用权流转包括租赁、登记及转租,并详细规定农房(宅基地)使用权流转登记的条件,还明确允许转入方可以将农房(宅基地)使用权再次流转。在《民法典》第 716 条明确承租人转租须经出租人同意的情形下,此项规定是否与法律规范相冲突,值得反思。需要进一步说明的是,在现行法律框架内农户出租农房,不存在任何法律

---

① 李谦.宅基地资格权:内涵重塑、功能演绎与内容阐述[J].中国土地科学,2021(1):26–32.

障碍,再通过所谓地方试点办法对出租行为进行规制,意义有多大姑且不论,这种规制是放活宅基地资源还是给农户本已经可以自由出租的农房套上枷锁,也令人深思。但如果宅基地使用权出租具有区别于一般出租的特殊性,还是须由法律特别规范,这不是试点地区通过试点所能解决的。

七、宅基地资格权的完善建议

宅基地资格权是农村集体经济组织成员身份的具体体现,是保障集体经济组织成员共享集体土地利益的重要举措之一,也是农民集体享有集体土地所有权的当然要求。在传统宅基地使用权塑造过程中,针对原始取得渠道进行严格限制,除了特殊阶段有所宽松外,均强调只有农村集体经济组织成员才有权申请宅基地,获批后取得宅基地使用权。鉴于农户取得的宅基地使用权具有浓厚的居有其屋保障属性,不仅承载着满足农户居住需求的价值意蕴,还涉及农民集体土地所有权利益的保障,要平衡不同农户之间的利益关系。在宅基地三权分置背景下,如何从宅基地资格权完善的角度,进一步理顺宅基地的权属关系,实现宅基地三权分置的政策意蕴,是需要深入考虑的问题。基于此,对于宅基地资格权的完善,可以从以下几个方面展开。

（一）农村集体经济组织内部的农户对农民集体土地所有权利益的共享

农用地与建设用地边界的严格控制,保障国家的粮食安全,农用地不能随便转化为建设用地。这造成了农村集体经济组织内部建设用地的紧张。作为农村建设用地重要组成部分的宅基地,在一些地方已经无法满足集体经济组织内部农户的宅基地需求。对此问题的解决思路包括:第一,深挖农村集体经济组织内部宅基地使用权转让的潜力,对于一户多宅或面积超标的宅基地,要鼓励相应农户积极进行内部转让。此种情形下没有跨越农村集体经济组织范围,属于农民集体土地所有权的涵摄范围之内,因此,农村集体经济组织对于转让方和受让方均不应收取土地收益金,但要严格控制受让人的受让条件,要求受让人必须是没有宅基地或虽然有宅基地但宅基地使用面积没有达到法定标准的农户。第二,探索户有所居的多种实现形式。传统上通过分配宅基地的形式保障户有所居,在人地矛盾日趋紧张情形下,可以采取建设多层或高层住房的形式满足农户居有其屋的需求。此种情形下涉及集体建设用地的整理,一定要尊重农户的意愿,经过群众参与、集体议决的方式进行推进,并要与村庄规划结合起来,有序展开。

（二）适度拓展跨农村集体经济组织宅基地使用权的转让

囿于国家政策和法律的限制,此项政策主要在宅基地试点地区开展。此种跨农村集体经济组织转让宅基地使用权需要注意以下几点:第一,以保障农户居有其屋为目的。对于其他农村集体经济组织的农户而言,意味着其宅基地资格权无法有效落实,其所在的农村集体经济组织内部宅基地资源紧张,不存在可供分配的宅基地,也没有其他有效地解决这些农户居有其屋保障的方式。第二,转让方所在的农村集体经济组织内部宅基地相对充足。假设转让方所在的农村集体经济组织也存在宅基地资格权没有落实的农户,则宅基地资格权没有落实的农户应享有优先购买权,优先保障农村集体经济组织内部农户利益的实现。第三,对转让方和受让方所在农村集体经济组织的利益应做妥当安排。转让方所在地的农村集体经济组织没有落实其他农村集体经济组织农户宅基地资格权的义务,故其他农村集体经济组织农户获得宅基地使用权,不是通过无偿分配方式取得,而应当采取市场机制取得。对于转让方所在地的农村集体经济组织,有权收取宅基地评估地价一定比例的土地收益金;受让方所获得的宅基地使用权也不应是无期限的宅基地使用权,而应有一定的期限,期限届满后,受让方可以申请有偿续期。受让方所在地的农村集体经济组织无法满足其农户宅基地资格权的需求,虽然宅基地资格权无法落实的农户只有凭借宅基地资格权才能跨越农村集体经济组织购买宅基地使用权,实现其居有其屋保障的需求,但此种购买并非宅基地资格权福利实现的结果,其实质是一种有偿使用。故在受让方所在地的农村集体经济组织,受让方的宅基地资格权并没有因为受让方在其他集体经济组织内部取得宅基地使用权而消灭,只是该宅基地资格权中申请宅基地的资格不复存在,但受让方凭借宅基地资格权仍享有一定的利益。比较妥当的做法是受让方所在的农村集体经济组织让受让方积极退出宅基地资格权,激励措施就是对受让方退出宅基地资格权的行为予以一定的奖励。

(三)探索宅基地资格权保障下宅基地使用权的多元放活

宅基地资格权与农户居有其屋保障、无偿使用宅基地直接挂钩,也是农村集体经济组织当中农民集体共享集体土地所有权当然的利益延伸。宅基地资格权具有身份属性,但也具有财产属性,其因特定身份而产生。宅基地资格权身份属性与财产属性的交织,使其无法进行市场交易,以宅基地的实物保障为核心目标的现行做法,在很大程度上成为农民寻求其他方面保障的限制。故探索宅基地资格权保障下宅基地使用权的多元放活,农民(赋权对象)是否能从制度改革中获益,应是盘活闲置宅基地资源、拓展宅基地使用权权能的关键所在。

1. 宅基地使用权多元放活的基本遵循

宅基地使用权多元放活,涉及不同利益主体利益格局的调整,需审慎进行,秉持以下基本遵循。第一,宅基地使用权多元放活的前提是农户具有居住保障。农户作为宅基地使用权人,其支配宅基地使用权的行为是理性的,但在经济利益的刺激下,也会存在巨大风险。故宅基地使用权人无论采取什么手段盘活宅基地资源,首要的前提是必须保证其居有其屋。第二,多元放活应与乡村产业兴旺结合起来的,而非满足非农村集体经济组织人员的长期居住需求。多元放活意味着宅基地财产性功能的进一步挖掘,农户可以利用闲置农房和闲置宅基地,发展乡村民宿、乡村生活体验、乡村手工作坊、乡村电商等,具体可以采取自营、入股、租赁等形式,甚至可以引入外部资本通过合作方式对现有农房进行升级改造,打造乡村经济发展的新业态。第三,坚持农户主体地位,尊重农户意愿。农村集体经济组织与地方政府应坚持农户的主体地位,避免大拆大建,平衡政府与市场的资源配置功能,充分调动农户的主动性和积极性,坚持多予少取的监管理念,采取宅基地适度放活税费清单制度,能不收取的税费就不收取,必须收取的税费尽量少收取,并依法依规实行税费减免政策,切实履行服务职能,从全面乡村振兴的政治担当践行对农户多元适度放活宅基地的具体支持。只要农户多元适度放活宅基地符合试点政策,不存在违背村庄规划、破坏生态环境等违法违规行为,农村集体经济组织与地方政府均应予积极鼓励、甚至进行扶持。在审批环节,要考虑到农户的接受程度和认知能力,简化审批程序、优化审批材料,使农户能够顺利完成审批事项。

2.宅基地使用权多元放活下的三权建构

宅基地三权分置所有权、成员权、用益物权(宅基地使用权)模式的理想状态是把作为用益物权性质的宅基地使用权打造成可以市场化交易的用益物权。从权利关系而言,农户成员权承担宅基地保障色彩,剥离宅基地使用权的身份属性,进而明确农户长期资格权和第三方固定期限使用权。农户基于成员权可以获得宅基地使用权,该宅基地使用权对于农户而言是无偿和无期限的;农户可以依法转让宅基地使用权,但并不意味着农户必然丧失成员权。农户在转让时应和受让方在转让合同中设定转让期限,此种期限应有国家层面直接规定或授权试点地方规定;转让后的宅基地权利被称作宅基地使用权还是其他权利,是否区分经营性或非经营性,均是立法技术处理结果,并不影响权利的行使和享有。成员权虽未体现对财产利益的直接支配性,但并不排除从其派生出具有财产利益属性的请求权。故待转让的宅基地使用权期限届满后,农户基于成员权仍享有宅基地使用权,但在转让的宅基地使用权存续期间,农户是丧失宅基地使用权的,仅基于成员权对宅基地享有期待利益。这也是该模式设计和农户流转宅基地时给受让方设定新型权利例如次级宅基地使用权等的最大区别。此种模式不仅使法权关系明晰化,而且突出成员权在宅基地居有其屋保障中的作用。但需要说明的是,如果在受让期间内农户丧失了成员权,则意味着转让的宅基地使用权期限届满,该块宅基地的所有权恢复到圆满支配状态,农民集体基于所有权人地位重新配置宅基地资源。无论期限届满农户重新取得宅基地使用权还是使宅基地所有权恢复到圆满支配状态,在受让人丧失宅基地使用权时,均需对受让人包括房屋在内的地上定着物进行补偿,除非在农户转让宅基地使用权时和受让人另有约定。

宅基地使用权固定化,实则是千年来农民故土观念的当代延伸。在传统小农自给自足社会,交通不发达,基本依托农业开展经济活动。但在当今社会,农村人口流动频繁,宅基地使用权固化,实则束缚了农民的手脚,使其无法把宅基地资产当作可供变现支配的资源。宅基地资格权从提出到进一步试点,其面临问题和复杂程度远非承包地中的土地承包权所能相比。宅基地资格权是在实践中逐步探索的,本书立足于地方试点,围绕"取得固定化、价值市场化、权益多样化、配置有偿化、管理科学化",从地方试点出发,考察宅基地资格权的内涵和外延,相比于仅从理论探讨宅基地资格权,具有更强的针对性。

第五节　宅基地使用权依托农房转让的实践创新

宅基地使用权是我国民事法律中具有特色的法律术语,实际上是法律制定中吸收了以往政策中的表述。该权利于 20 世纪 60 年代初在政策中首次使用,20 世纪 80 年代规定到法律当中。21 世纪以来,通过民事类法律的制定与完善,宅基地使用权的用益物权地位得以确立。宅基地使用权虽为用益物权,但其转让权能受到限制。农户转让宅基地使用权,往往依托农房,随着农房的转让,农房占用范围内的宅基地使用权一并转让,体现了房地一体、地随房走原则。宅基地使用权的转让,是用益物权权利主体的变更,呈现转让方丧失宅基地使用权、受让方取得宅基地使用权的法律后果。基于无偿分配宅基地的政策考量,农户取得宅基地使用权后,应从事农房及其附属物建设,保证户有所居,实现安居乐业。故农户单纯转让宅基地使用权,不存在制度供给空间,也不在本文探讨范围。本文探索的宅基地使用权转让是以农房转让体现农房占用范围内的宅基地使用权的转让,是坚持房地一体、地随房走的具体体现。由政府推动的城乡建设用地挂钩试点、宅基地置换等宅基地改革虽然使宅基地使用权主体发生了变动,但由于这不是因农户转让住房所引起的,故也不在本文探讨范围。

对于宅基地使用权依托农房转让,学界主要存在限制转让说、允许转让说。限制转让说从宅基地使用权取得的无偿性和居住保障属性出发,强调宅基地是集体经济组织成员共享集体土地利益的制度安排,基于房屋抵押、转让的一般规则是房地必须一体,无法形成农房脱离土地而单独转让,而农房与占有范围内的宅基地使用权一并转让,会引起农户之间利益的不均衡,因此房地一体处分原则即便是宅基地使用权连同地上住房所有权一并转让亦属禁止之列。此外,农户所在村庄具有区域封闭性,"开禁农村宅基地交易,或者使一大批农民沦为流民,或者瓦解农村宅基地分配制度"①,导致农民集体土地所有权彻底虚化,甚至引起农村集体经济组织的治理更加困难。允许转让说认为既然宅基地使用权是用益物权,就应该充分发挥其财产属性,显化宅基地的财产功能,对农户充分赋权,不应仅把其作为农

---

① 孟勤国.物权法开禁农村宅基地交易之辩[J].法学评论,2005(4):25-30.

户的生活资料,避免农房及宅基地使用权闲置,允许农村宅基地使用权流转给集体外部的成员,使农民共享城镇化发展的红利。此外,农户对农房享有所有权,"根据物权法上的所有权自由原则,农户有对宅基地上房屋自由处分的权利。"①国家政策层面已经意识到限制农户对宅基地使用权财产属性支配的负面作用,实行宅基地三权分置改革,拓展农户宅基地和农房的财产功能,探索农户对农房的财产性利用,盘活宅基地资源,实现农民增收。

一、宅基地使用权依托农房转让的制度沿革

(一)宅基地使用权依托农房允许转让阶段(1962—1998 年)

中华人民共和国成立后,1950 年颁布《土地改革法》,明确农户对宅基地享有土地所有权,农房可以自由交易。1956 年《高级农业生产合作社示范章程》虽然实现了对农用地等主要生产资料的集体所有制改造,但农户的宅基地、房屋等生活资料仍归个人所有。1958 年《卫星人民公社试行简章(草案)》指出将私有的房基等生产资料转为公社公有。1962 年《农村人民公社工作条例修正草案》确立了宅基地的集体所有制,农户有权使用宅基地,但农户不得出租、买卖宅基地。农户享有农房所有权,可以买卖或租赁农房。1963 年《中共中央关于各地对社员宅基地问题作一些补充规定的通知》强调在宅基地集体所有的基础上,农户对农房可以出租、买卖,农房所有权转让后,其占用范围内宅基地的使用权也一并转移。1963 年《最高人民法院关于贯彻执行民事政策几个问题的意见》重申宅基地使用权一律不准出租和买卖,宅基地上的房屋等永远归农户所有,农户有买卖或租赁房屋的权利。1982 年《村镇建房用地管理条例》严禁买卖、出租建房用地,允许基于买卖房屋而转移宅基地使用权,但应办理批准手续。此外,本集体经济组织以外的符合规定人员可以申请获得宅基地。1984 年《最高人民法院关于贯彻执行民事政策法律若干问题的意见》仍然肯定农房的交易,当事人形成合意且受让方已经支付价款,一般应承认交易效力。1986 年《土地管理法》重申农户出卖、出租住房后再申请宅基地的,不予批准,并明确城镇非农业户口居民建住宅经批准可以依法使用集体所有的土地,宅基地使用主体较为宽泛。1989 年《国家土地管理局关于确定土地权属问题的若干意见》从登记的角度认可农房买卖的合法性。1991 年《中华人民共和国土地管理法实施条例》进一步强调城镇非农业户口居民可以依法获得宅基地,并对其申请宅基地的程序进行了较为详细的规定。

在这一阶段,宅基地使用权转让呈现出政策连续性。以 1962 年《农村人民公社工作条例修正草案》为标志,确定了宅基地所有权和使用权'两权分离'的权利

---

① 丁宇峰,付坚强.宅基地流转的规范逻辑[J].学海,2022(4):147-154,163.

架构,集体享有所有权,农户享有使用权。农户不能直接对宅基地进行交易,但农户可以依法转让农房。农户转让农房的,农房占用范围内的宅基地也一并转让。值得一提的是,1986年《土地管理法》虽然规定不论是国有土地,还是集体土地,均可以依法转让,并授权国务院制定转让办法。国务院于1990年制定了《城镇国有土地使用权出让和转让暂行条例》,但直至1998年《土地管理法》修改,国务院也没出台集体土地使用权转让的具体办法。这实际上意味着国家层面农户单纯宅基地使用权转让不存在政策空间和法律依据。但是,在这一阶段,农房的转让并没有禁止,仅仅规定农户转让农房后,不得再申请宅基地;对于农房转让的受让主体,不局限于集体经济组织内部成员,其他集体经济组织成员甚至城镇居民也可以购买农房,这与此阶段城镇户口居民也可以依法申请宅基地建房是一致的。

(二)宅基地使用权依托农房限制转让阶段(1999年至今)

1999年《土地管理法》明确禁止集体所有土地使用权的交易。1998年《国务院办公厅关于加强土地转让管理严禁炒卖土地的通知》进一步明确农民的住宅不得向城市居民出售。至此,在规范角度对农户转让农房的范围进行限制,城镇居民不得购买农房,包括宅基地使用权在内的集体土地使用权在流转层面受到严格限制,基本形成了国有土地使用权流转和集体土地使用权不可流转的城乡建设用地二元体制。但是,从政策文本和法律规范角度,并无法直接得出农户不得把农房转让给集体经济组织之外的其他农户的结论。2008年《房屋登记办法》规定,农房转让时如果受让人不属于房屋所在地农村集体经济组织成员的,房屋登记机构一般不予办理登记。2016年《不动产登记暂行条例实施细则》仍然重申了上述规定。这些规范从登记的角度排除了农户向集体经济组织外部转让农房后变更登记的可能性。

值得注意的是,这个阶段也是我国城镇房地产市场的形成和发展阶段。1998年《国务院关于进一步深化城镇住房制度改革加快住房建设的通知》明确停止住房实物分配,实行住房市场化,开启了房地产市场的元年。与之相配合,上述规范为我国城镇房地产开发提供了巨大的政策红利空间。政府作为房地产开发用地的唯一供给者,垄断房地产开发一级市场,集体土地不能入市交易,政府通过土地征收方式把集体土地转变为国有土地后,由政府统一进行出让。房地产开发商只有从政府手中受让国有土地使用权,才能合法进行开发,建造商品房。与此同时,禁止城镇居民到农村购买宅基地、购买农房,并形成了农房只能在集体经济组织内部转让的运行规范。从商品房的供给角度而言,政府和房地产开发商是供给主体,禁止城镇居民到农村购买宅基地、购买农房又形成了巨大的商品房购买需求。供给与需求的结合,形成了不断繁荣的城市房地产市场,出让土地并获得出让金越来越成为地方政府增加财政收入的重要手段,政府的土地财政正是在房地产市场逐步成长的过程中形成的。当然,集体经营性建设用地入市,其用地范围是受到限定的,不能用于开发商品房,可以作为一般工商业用地。一般工商业用地对于政府而言,涉及招商引资。在传统的国有土地供给中,一般工商业用地的土地出让金并不构成政府土地出让金的主要组成部分,据测算,"2008—2017 年间中国35 个大中城市居住用地和商服用地的土地出让金收入占土地出让总收入的90%以上"①。允许集体经营性建设用地入市,不仅弥补了国有土地供给不足的现实难题,而且对土地财政不会造成直接的冲击。

此外,农村宅基地的分配是农户基于成员资格无偿取得的,虽然在社会主义改造中农户以自己享有所有权的宅基地入社,宅基地变为集体所有,农户享有宅基地使用权。但从起点而言,户之宅基地入社面积是不等同的,存在多寡不均问题,无法以此证成农户的起初权利。宅基地所有权归属集体后,集体成员共享集体土地收益。宅基地使用权依托农房转让,鉴于宅基地使用权是无偿分配而获得的,必然会影响到集体成员利益的实现,影响农户宅基地公平保障。限制农户对农房的转让,一定程度上是考虑到农房传统属性在于作为农户的生活资料,是保障农户居有其屋的,这与福利无偿分配宅基地是一致的,如果农户不受限制转让农房,则突破了这一政策宗旨,需要重新平衡农户与其他集体成员的利益。

在此阶段后期,政策层面已经意识到宅基地使用权依托农房限制转让的负面影响,不仅不利于实现农户财产性收益的增加,而且导致大量宅基地闲置,造成稀缺宅基地资源的巨大浪费。拓展农房财产权能,推动宅基地权利从封闭走向开放,适度放活宅基地使用权被政策所关注。继中央 2018 年提出宅基地三权分置改革后,试点地区通过试点完善宅基地使用权权能,探索宅基地权益多种实现形式。根据已有试点地区的做法,均在尝试通过转让、赠与、互换、出租、入股、合作等多措并举方式盘活宅基地使用权,为乡村民宿、乡村旅游、农业体验等产业发展提供用地支撑,实现宅基地资源盘活与农村产业发展有机结合,壮大农村经济,助力农民增收。

宅基地使用权依托农房转让的制度沿革体现了政府政策的强制驱动和利益诱导的结合。中央通过自上而下的政策传导,落实宅基地管控,实行一户一宅、无偿使用。在此基础上,不断回应农户的现实诉求,允许试点地区在尊重农民意愿的基础上不断创新、大胆尝试,化解宅基地使用权依托农房限制转让的弊端,优化宅基地使用权权能,拓展农户对宅基地的收益空间。

---

① 曾国安,耿勇.政企合谋与房价:来自中国城市的证据[J].山西财经大学学报,2019(11):1-13.

二、宅基地使用权依托农房转让的司法裁判

制度层面的沿革,具有引导和推动作用,体现了国家意志植入农村宅基地权利建构的运行轨迹,旨在构建符合政策预期的宅基地使用权依托农房转让规则;但司法裁判具有明显的被动性,当事人因农房转让产生纠纷,到法院提起诉讼,法院才会行使审判权,对纠纷进行裁判。截至2023年9月30日,笔者在中国裁判文书网以"农村房屋买卖合同纠纷"为案由进行检索,共检索到11219篇判决书。通过对典型判决书进行研究发现,农房转让纠纷一般发生在经济相对发达的农村地区,农户在转让农房时秉持自愿,产生纠纷多因农房增值,农户感觉吃亏,以农房不得转让为由向法院提起诉讼,而受让人购买农房大多以自住为购买动机。

(一)宅基地使用权依托农房转让的典型案例

浙江省嵊泗县人民法院(2022)浙0922民初141号民事判决书指出:即使被告陈某定能继受取得案涉房屋,但原告并非与两被告同属案涉房屋所在地同一集体经济组织成员,而原告与两被告签订的房屋买卖合同涉及农村房屋及宅基地的流转,该房屋买卖行为因违反土地管理法的效力性强制性规定而无效。"国家政策对宅基地使用权转让的身份性限制意旨明确,其对法院裁判立场的影响最大"①,此项判决理由构成了宅基地使用权依托农房转让下合同无效的核心表述,贯彻了国家层面对农房交易的意蕴。但在农房连环买卖当中,如果最终受让人符合同一集体经济组织成员身份,也会认定合同有效。山东省泰安市中级人民法院(2022)鲁09民终2294号民事判决书指出:一审法院认为宅基地使用权是农民集体经济组织成员享有的权利,本案被告姜某不是粥店社区村民,其购买、出售粥店社区的住宅无效;二审法院虽然认为国家法律和政策不允许向非集体经济组织成员转让,上诉人姜某虽非房产所在地集体经济组织成员,但买受人孙某系房产所在地集体经济组织成员,双方之间的房屋买卖合同有效。实践中,有买受人明知自己不具备购买农房的条件,而采取借名买房的形式购买农房,仍会被认定为转让合同无效。在辽宁省辽阳县人民法院(2021)辽1021民再21号民事判决书中,法院认为,原审原告与原审被告之间达成的房屋买卖协议,实质是为规避农村住宅只能由该集体经济组织成员购买法律强制性规定的借名买房协议。因该借名房屋买卖协议,以合法形式掩盖非法目的,规避了相关法律的强制性规定,应属无效。

在特殊情形下,基于诚信原则及利益平衡的考虑,法院也会认可交易行为。例如黑龙江省逊克县人民法院(2022)黑1123民初814号民事判决书较为典型,体现

---

① 江晓华.宅基地使用权转让的司法裁判立场研究[J].法律科学(西北政法大学学报),2017(1):191-200.

为买受人购买农房后反悔,以自己不符合购买条件(非本集体经济组织成员)为由请求解除合同。法院认为,原、被告双方签订的合同是双方真实意思的表示,具有法律效力,双反应按照协议约定的内容履行各自的职责。原告的购房行为应为单纯追求利益的投资行为。民事主体从事民事活动,应当遵循诚信原则,秉持诚实,恪守承诺。原告的行为有违诚实信用原则,遂判决驳回原告诉讼请求。当然,还有法院对集体经济组织内部农房转让进行了扩大解释,尽量使交易有效。如山东省威海市中级人民法院(2022)鲁10民终1296号民事判决书认为,一户一宅是指农村居民一户只能申请一处宅基地,即一户一宅是农村集体土地方面的管理性规定,并非规范农村房屋买卖合同的效力性规定,宅基地项下的房屋在同一集体经济组织成员之间的买卖不受一户一宅法律规定的约束。

当然,基于制度供给层面,我国于1999年才开始严格限制农房转让,因此1999年之前的农房转让应适用当时的法律,不应直接宣告转让合同无效。在重庆市第二中级人民法院(2018)渝02民终142号民事判决书中,法院认为当事人于1992年转让农房,虽受让方不是集体经济组织成员,但当时的《土地管理法》和相关政策并没有禁止农房转让,转让行为有效,双方应当遵守诚实信用原则,维护交易安全和稳定,遵守法律法规并尊重历史,履行合同义务。

(二)宅基地使用权依托农房转让的司法政策

早在2006年,《北京市人民法院民事审判实务疑难问题研讨会会议纪要》就认为,基于农村土地属于集体所有,在制度供给层面不允许非集体经济组织成员获得宅基地使用权。对于1999年之前农房转让的,如符合当时的规定,可以依法认定有效。此项司法政策出台的背景是北京宋庄房讼案,该案是因外地画家到北京通州区宋庄购买农房,在交易完成后由于当地地价上升出卖人反悔引起纠纷而产生的案件。围绕非集体经济组织成员能否购买农房成为法院审判的焦点,北京市法院系统通过纪要方式统一了此类案件的裁判标准。依据该司法政策,鉴于当事人在1999年之后购买农房,遂认定农房买卖合同无效。相对于北京法院,上海法院的处理较为灵活。根据2004年《上海市高级人民法院民一庭关于审理农村宅基地房屋买卖纠纷案件的原则意见》规定,农村集体经济组织内部及乡镇范围内农房转让,一般认定为有效。跨越乡镇范围的农房转让,经过批准,可以认定为有效;没有经过批准,但农房转让合同已经履行且受让人已经对农房占有、使用,则不审查合同效力,但保护受让人对农房的占有、使用。

2011年最高人民法院《全国民事审判工作会议纪要》指出,农房转让,涉及宅基地使用权的转让,除非转让行为发生在集体经济组织内部并符合法定条件,否则,不认可农房转让合同的效力。2015年最高人民法院《第八次全国法院民事商事审判工作会议(民事部分)纪要》区分宅基地试点内与试点外两种情形。宅基地试点内的转让纠纷,允许依据国家政策及相关指导意见处理宅基地使用权因转让而产生的纠纷;宅基地试点外仍应秉持农房转让仅限于集体经济组织内部。

由上可知,在司法政策层面,1999 年后法院对农房的转让限制十分明显,避免集体经济组织之间土地利用关系的混乱。农户在集体经济组织外部转让农房时,法院一般会认定该转让合同无效,理由是现行政策法律虽然没有限制农户外部转让农房,但农房转让后,导致所占用范围内的宅基地使用权也一并转让,而宅基地使用权不得外部转让,不能由非本集体成员取得。但最高人民法院的司法政策又为宅基地改革预留了政策空间,体现了原则性与灵活性的统一。

三、宅基地使用权依托农房转让的多元实践

(一)试点地区宅基地使用权依托农房转让下的受让人范围拓展

现行宅基地使用权依托农房转让制度,受让人范围仅限于集体经济组织内部,这严重削弱了宅基地使用权及农房所有权的财产功能。在试点地区,尝试扩大受让人范围,拓展宅基地使用权的转让空间,突破了宅基地使用权只能在本集体内部流转的限制。浙江义乌市最先探讨受让人范围扩大问题,2016 年《义乌市农村宅基地使用权转让细则(试行)》明确符合条件的农户所有权人可以跨集体经济组织转让农房,受让人在同一行政村内转让取得的宅基地面积不得超标;转让应经过集体议决,并报基层政府审核。转让方为集体经济组织成员的,必须有居住保障,转让后宅基地使用权最高为 70 年。转让程序分为自行协商转让程序和交易平台挂牌转让程序。跨集体经济组织转让的,受让方应与集体经济组织签订宅基地有偿使用合同,并向集体经济组织支付一定比例的有偿使用费。2021 年《义乌市农村宅基地使用权转让办法》基本上延续上述规定,但对受让人的要求发生变化,受让人在义乌市行政区域范围内只允许在一村取得的宅基地并且面积不得超标,同时强调转让后取得的宅基地使用权自取得不动产权证书后 5 年内不得再次转让。

2021 年,《江山市农村宅基地使用权流转指导意见》明确受让人为市域内未实现资格权的农村村民。转让人必须具有合法住所、能保证其基本居住需求,转让后不得再申请宅基地;转让行为应当经过集体同意(当地称之为宅基地民主管理领导小组),转让合同应当经过鉴证或公证。2022 年,《凤凰县农村宅基地三权分置改革实施办法》明确宅基地转让是农户以地上建筑物及构筑物流转,且宅基地使用权随之流转,无建筑物及构筑物的宅基地,个人无权流转。农户符合条件并经基层政府审批,可转让给县域内非本集体经济组织符合宅基地申请条件的成员,农户应向集体经济组织缴纳集体土地基准地价 50% 土地收益。但是,本集体经济组织成员属于一户一宅但有转让意愿的,只能实行有偿退出,无法转让。

依托宅基地三权分置改革,试点地区尝试扩大宅基地使用权依托农房转让的受让范围,允许一定行政区域内符合宅基地分配条件的农户受让宅基地使用权。虽然各试点地区具体流程不尽相同,但谨慎放开是理性之道,均强调转让方应保障

其户有所居,否则无法进行转让;转让过程也要经过政府的严格监管和审批。这种实践充分印证试点地区对农户丧失基本居住保障的担忧,也体现了试点地区对农村社会稳定的重视。这与学界一些学者主张农民权利农民做主,"赋予宅基地使用权以转让权能"①、赋予宅基地使用权人收益权及一定的处分权等应该放开农房交易的观点形成了一定的反差。此外,跨集体经济组织转让宅基地使用权,基于地随房走的房地一体原则,宅基地集体所有权主要体现为农民集体对宅基地流转收益的分享,故集体经济组织往往要提取一定比例的土地收益,以期平衡转让农户和集体经济组织其他成员的利益关系。

(二)宅基地使用权依托农房转让与集体经营性建设用地入市的衔接

集体经营性建设用地是国家推行农村建设用地改革的重要组成部分,在前期改革试点中,明确试点地区集体经营性建设用地参照国有建设用地入市交易,为集体土地所有者未来继续实现社会公共利益和集体共同利益提供支撑。2019年修改的《土地管理法》把试点成果吸收进来,形成法律语言表述。根据《土地管理法》的有关规定,集体经营性建设用地入市的法律规则如下:第一,集体经营性建设用地应依法登记,在土地利用总体规划、城乡规划中确定为工业、商业等经营性用途。第二,应经过集体议决。集体经营性建设用地在一级市场出让、出租的,应当充分尊重集体经济组织成员的参与权和决定权,只有经过法定程序表决通过,才可能入市。第三,集体经营性建设用地入市合同(含出让、出租)应纳入规划条件、产业准入和生态环境保护的相关条款。第四,出让主体为集体土地所有权人,其他任何个人和单位均没有出让主体资格。第五,集体经营性建设用地在二级市场可以采取转让、互换、出资、赠与或者抵押等方式进行交易。由此,宅基地使用权依托农房转让是不能直接参照集体经营性建设用地入市规则的,根本原因在于集体经营性建设用地的出让主体必须是土地所有权人,农户的闲置农房、闲置宅基地通过退出、收回等手段收归集体后,才能以土地所有权人的身份进行入市。打通宅基地和集体经营性建设用地的边界,需要实现存量宅基地通过规划调整变成集体经营性建设用地。在这个过程当中,要以农民的意愿为前提。此时,农户已经丧失了农房所有权和农房所占用范围内的宅基地使用权,并且这种丧失不是通过农户正常转让农房实现的,是宅基地退出或收回的结果。故直接从集体经营性建设用地入市角度探讨农房转让的可能性,无法形成制度性供给。

贵州湄潭县出台的《综合类集体建设用地分割登记入市工作方案》创立了综合类建设用地分割登记模式。根据宅基地农房的用途把综合类集体建设用地分为保障农户居有其屋的宅基地和进行经营活动的经营性建设用地。农户转让经营性农房及其占用范围内的经营性用地,需要本人承诺不再申请宅基地建房,经过集体

---

① 高圣平.宅基地制度改革政策的演进与走向[J].中国人民大学学报,2019(1):23-33.

议决程序并经相关部门审核,缴纳土地评估总价款一定比例的土地收益金和相关税费。此种情形依托农房转让展开,秉持将宅基地中超过农民居住需求的部分调整为经营性建设用地并进入土地市场,对农户多余农房依托集体经营性建设用地进行出让,是宅基地和集体经营性用地挂钩的积极探索。

在该模式中,强调农户居有其屋的保障,如果农户本身住房紧张,就无法启动该模式。另外,借鉴了建筑物区分所有权制度,允许对农房分割登记,在保障自住情形下,其他房屋可以转让。当然,由于同一宗土地上的同一栋建筑物的分割,因此对宅基地和集体经营性建设用地的划分,仅仅是观念上的区分,只能依照房屋面积计算出对应分担的土地面积,无法形成可直接识别的宅基地和集体经营性建设用地的区分。就如同城镇开发商品房,一层二层是商铺,三层及三层以上是住宅,虽然地基相同,但一层、二层对应的属于经营性建设用地使用权,而三层及以上对应的属于住宅建设用地使用权。另外,集体经营性建设用地转让需要兼顾农户、集体经济组织和政府的利益,因此,集体经济组织需要提取土地评估总价款一定比例的土地收益金,政府要收取契税、印花税、城市维护建设税、个人所得税、增值税以及地方教育附加和教育费附加等。该模式可以实现宅基地的节约利用,盘活宅基地资源,使宅基地的潜在价值得到充分发挥,也有利于把宅基地改革与乡村民宿、农家乐、休闲农业等经营活动有机结合,促进乡村产业振兴。唯需指出,"地性转换不是也无法通过简单的逻辑推演和理论演绎即可"①,需要不断进行实践探索和规范完善。在《土地管理法》中,土地所有权人为集体经营性建设用地出让人,在此模式中,为与法律契合,需要进一步明确集体经营性建设用地的出让人,可采取如下技术处理方式:农户分割出经营性农房后,如能确定受让人,则农户和集体经济组织签订经营性农房及对应用地退出合同,集体经济组织对农户进行补偿,补偿标准为集体经济组织与受让方签订农房及对应集体经营性用地合同中确定的扣除土地收益金及相关税费后的价款。

(三)宅基地使用权依托农房转让与宅基地资格权退出耦合

宅基地使用权依托农房转让下,如何处理与资格权的关系,需要审慎对待。依据现有法律,农户转让农房致使宅基地使用权转让的,不得再行申请宅基地。这意味着宅基地使用权一旦转让,农户也就丧失了再次申请宅基地的资格。宅基地资格权是宅基地"三权分置"的权利之一,与所有权、使用权并列,需要不断"完善宅基地'资格权'权能"②。对于资格权的理解,还应从政策意蕴角度出发认定。基于政策考量,资格权为申请、保有宅基地使用权的资格。所谓申请资格,强调资格权人申请获得宅基地使用权的资格;所有保有资格,强调资格权人在资格权存续期间

---

① 耿卓.集体建设用地向宅基地的地性转换[J].法学研究,2022(1):52-69.
② 苑鹏.宅基地"资格权"制度的历史演化与改革深化[J].改革,2022(4):21-32.

可以无偿依法使用宅基地。资格权决定了资格权人对宅基地的福利属性,践行宅基地居有其屋的保障作用。从与宅基地关系的角度,资格权人存在两种类型:第一,资格权人尚未获得宅基地,其居有其屋的诉求尚未得到满足。落实其资格权的方式包括依法分配宅基地,在人地矛盾紧张、可供分配宅基地不足的地区,可以采取"户有所居"的方式予以落实资格权,如通过分配宅基地之外的其他方式实现宅基地资格权的多种路径;第二,资格权人已经获得宅基地,则资格权与宅基地使用权并行存在,资格权保障农户对符合法律规定的宅基地使用权无偿使用,体现宅基地使用权的福利属性。

资格权的提出是对农户集体成员资格的回应,是农户作为集体经济组织成员在宅基地问题上应得或已得利益的映射。虽然资格权是农户分配宅基地使用权的前提和基础,但在农户取得宅基地使用权之后,资格权并不应取消。如宅基地因自然灾害等原因灭失的,对相应居有资格权的农户应当依法重新分配宅基地。农户退出宅基地使用权的,如其退出时还有资格权,则应对资格权进行补偿。2021年《覃塘区农村宅基地有偿使用、流转和退出的暂行办法》明确已进城落户的村民无偿退出宅基地使用权,保留宅基地资格权。2022年凤阳县《中都街道农村宅基地自愿有偿退出实施办法(试行)》明确宅基地使用权退出分为暂时退出和永久退出。暂时退出情形下农户退出不低于20年宅基地使用权,保留资格权;永久退出情形下退出宅基地使用权和资格权。永久退出的农户还会获得基于资格权退出的特殊奖励,"以确保'有损必有增'"①。

宅基地资格权与宅基地使用权转让直接相关。宅基地使用权基于资格权而取得,农户转让宅基地使用权,受让主体须具有宅基地资格权,方能获得宅基地受让。在宅基地三权分置改革试点中基本还是从此角度出发进行界定,即使宅基地使用权依托农房转让的受让方扩大为一定区域内的农户,该农户也必须具有相应的资格权才能获得购买资格。

(四)宅基地使用权依托农房转让与宅基地入股、合作的打通

宅基地使用权入股、合作的利用方式是政策中明确列举的。宅基地使用权入股、合作均涉及宅基地使用权上的农房产权问题,可以看作农房的特殊转让。

1. 宅基地使用权依托农房转让与宅基地入股

入股在现代经济中具有重要的地位,无论是市场主体的设立还是增资,均是通过入股实现的。入股的财产可以是货币,也可以是非货币财产。非货币财产入股时,该财产应具有可评估性和可转让性。一般而言,入股市场主体后,入股财产就变成了市场主体的责任财产,担保市场主体债务的清偿。宅基地使用权入股可以

① 陈小君.民法典时代土地管理法制改革契机与优化路径论纲[J].学术月刊,2022(3):124-141.

理解为农户将宅基地使用权按一定期限通过入股的方式进行流转,基于入股后权属主体发生了变更,也可以把宅基地入股看作宅基地使用权依托农房转让的特殊情形。

宅基地使用权入股尚不符合非货币财产入股的要求,虽然政策上没有明确宅基地使用权入股的范围,也有地方规定可以入股企业。如2020年《兰西县农村宅基地使用和管理暂行办法》规定,宅基地入股企业的,入股期间,宅基地连带房屋可以转移到入股企业,入股期满,入股宅基地不得转移。我们认为,基于宅基地使用权入股尚不符合非货币财产入股的要求,在试点时一般应入股集体经济组织。入股前,要考察宅基地使用权入股是否影响到农户的居住需求,往往要求入股农户拥有其他住房或能够提供居住证明的住所。只有在不影响的前提下,才允许宅基地使用权入股。入股要经过集体经济组织和基层政府的审核,入股合同也要到基层政府备案。入股时要对宅基地使用权及农房进行价值评估,折合成股份。入股成功后,宅基地使用权及农房所有权的主体变更为集体经济组织,农户虽然丧失了宅基地使用权及农房所有权,但取得了股权。

2. 宅基地使用权依托农房转让与宅基地合作

宅基地使用权合作一般可以理解为农户作为一方,与他方采取新建、改建、扩建或者装修等方式优化宅基地的地上定着物(主要为房屋),农户提供土地,他方提供资金、技术等。合作完成的地上定着物由合作各方依据合作协议约定共享收益。"合作建房的基本前提是不改变农村集体土地所有权、农户宅基地资格权。"①2016年中央政策即明确允许返乡下乡人员和当地农民合作改建自住房,2017年河北省鼓励农村居民与城镇居民合作建房,成为第一个鼓励农村居民与城镇居民合作建房的省份。2019年《张家界市城乡居民合作建房管理办法》的界定较为详细。合作建房要秉持多规合一、规划先行的要求,只有完成了村庄规划,才能开展合作建房。合作建房要经过集体经济组织的同意,并获得基层政府的审批。利用宅基地合作建房的,宅基地使用权和房屋所有权则根据合作建房协议约定予以登记。合作建房完成权属登记后,宅基地使用权和房屋所有权可以采取转让、抵押、入股等方式流转给其他组织和个人。在合作建房协议中,合作期限最高期限不超过40年,合作期间届满,房屋所有权归属按照合作建房协议处理。当然,在合作建房的权属登记上,一些地方也作出了不同规定,2020年《象山县农村集体土地合作建房管理办法(试行)》规定利用宅基地合作建房,房屋所有权登记为农户,宅基地资格权在附记栏中标注,宅基地使用权和房屋使用权则根据合作建房协议约定的年限,登记为返乡下乡创业创新人员。对于合作建房后,非农户的合作方到底取

---

① 惠建利. 乡村振兴背景下农村闲置宅基地和闲置住宅盘活利用的实践考察及立法回应[J]. 北京联合大学学报(人文社会科学版),2022(2):109–116.

得什么样的权利,有学者认为基于宅基地使用权不能外部转让,应为非农户合作方设立宅基地租赁权,基于土地权利和房地权利各自独立原则,非农户的合作方根据合作建房协议的约定可以取得房屋所有权,由此形成"社会主体取得房屋所有权与宅基地租赁权,并办理不动产登记"①。本书认为,采取传统路径分析试点做法,无疑限制了试点地区的创新思路,等同于自缚手脚。宅基地使用权在集体经济组织内部转让的模式,需要在试点中不断积累经验,大胆创新。把基地租赁权作为学术观点提出,无可厚非,但并不能否定宅基地使用权探索的创新。

合作建房虽然形式上没有签订农房转让合同,但通过合作各方签订的合作协议,明晰了合作各方对宅基地使用权和房屋所有权的权属分割,实质上也实现了宅基地使用权依托农房的转让。合作建房的目的是拓展宅基地使用权的权能,盘活宅基地资源,通过合作建房满足居住或者发展休闲农业、康体养老、旅游开发、民宿客栈、创新创业、"互联网+"等产业的需求,故合作建房严格禁止借机修建小产权房,进行房地产开发项目建设。

宅基地使用权权能受限的克服,国家并没有直接废除宅基地使用权依托农房限制转让的既有路径,径行允许转让,而是秉持审慎原则,独辟蹊径。从农户而言,允许农户创新闲置农房的利用方式,可以出租、入股、合作等方式盘活闲置农房资源;对于集体经济组织而言,提倡集体经济组织在尊重农户意愿的基础上,实现闲置宅基地有序退出、统一盘活宅基地资源,创新户有所居的实现形式,依法依规把闲置宅基地转为集体经营性建设用地,入市交易。此种政策导向一方面为农户径行外部转让农房划定了红线,使集体经济组织外部成员在符合条件情形下通过农户转让方式获得农房的所有权以及其占用范围内的宅基地使用权成为可能;另一方面提供了盘活闲置农房、闲置宅基地的新路径。

---

① 吴昭军.多元主体利用宅基地合作建房的权利配置:以"三权分置"为实现路径[J].贵州社会科学,2022(4):154-161.

第五章

承包地制度

　　发端于安徽凤阳小岗生产队的土地承包机制,不但克服了合作经济中长期存在的平均主义弊端,而且纠正了以往存在的管理过分集中、经营方式过于单一的缺点。承包地三权分置即农村土地集体所有权、土地承包权和土地经营权分置,要在落实农村土地集体所有权的基础上,稳定农户承包权,放活土地经营权,着力解决以农户为代表的承载社会保障的土地资源占有与土地资源市场化合理配置之间的矛盾。实施承包地三权分置,需要加强顶层设计,深化三权的实践调查和理论研究,切实保障农户对农业经营的决定权,促进承包地资源的市场化配置。

第一节　农村集体土地经营政策沿革

一、土地私有的小农经营

　　1946年5月,中共中央发出《关于清算减租及土地问题的指示》("五四指示")。该文件推动了解放区的土地改革,为实现耕者有其田的土地改革指明了方向。1947年9月,中共中央通过了《中国土地法大纲》。该文件在肯定前述政策的基础上,进一步指出要废除封建性及半封建性剥削的土地制度,实行耕者有其田的土地制度。"《中国土地法大纲》的出台不仅顺应了民意,而且奠定了我国日后土地制度变迁的基调,尤其是'均分化土地'的政策理念一直延续至今。"[①]1950年

---

　　① 黄建荣,韦彩玲.保障农民权益:农村土地政策演进特征与启示[J].学术论坛,2015
(5):123-126.

6月,《土地改革法》颁布实施。《土地改革法》明确规定土地改革完成后,由人民政府发给土地所有证,并承认一切土地所有者自由经营、买卖及出租其土地的权利。通过上述一系列改革手段,无地或少地的贫下中农获得了土地,"耕有其地"的千年梦想变成了现实。在此基础上,1954年《宪法》强调,国家依照法律保护农民的土地所有权和其他生产资料所有权。由此,农民对土地有完全法理意义上的支配权。

在该阶段,土地私有显然兑现了新民主主义革命时期对于广大农民的承诺。新中国成立后,我们推行的农民土地所有制,其政治意义远远大于其他一切。土地改革的目标是实现"耕者有其田",确认农民拥有土地所有权。但是,在全国土改后的几年间,许多农村出现了两极分化现象。新富农到处出现,富裕中农也想方设法使自己成为富农,而许多贫农仍然处于贫困地位。土地私有并不符合新民主主义革命胜利后向社会主义过渡的要求。对土地私有进行社会主义改造,顺应了历史发展的潮流。

二、公有公营

1951年9月,中共中央召开全国第一次农业互助合作会议,通过了中共中央《关于农业生产互助合作的决议(草案)》。该文件提出了发展农业生产互助合作的基本方针、政策和指导原则。根据文件内容,农业生产互助组有三种形式:临时互助组、常年互助组和农业生产合作社(由土地入股组成)。此外,文件指出条件许可的地方可试办社会主义性质的集体农庄(也就是以后的高级农业生产合作社)。到1952年底,已经组织起来的农户占全国总农户的40%左右,比1950年增加了三倍。互助组发展到802.6万个,其中常年互助组175.6万个,参加的农户1144.8万户;初级农业生产合作社3644个,参加的农户5.9万户,平均每个社16.2户。此外,全国组织具有示范作用的高级农业生产合作社10个[①]。1953年12月,中共中央通过了《关于发展农业生产合作社的决议》。该文件确立了从互助组到初级社再到高级社的农村土地的社会主义改造路径,总结了实践中的办社经验,强调发展农业合作化必须坚持农民自愿的根本原则。1955年10月,中共中央作出《关于农业合作化问题的决议》。该文件一方面着重批判了党内在发展农业合作化问题上的"右倾"错误,另一方面强调了在农业合作化中要尊重农民意愿。

1956年6月,第一届全国人民代表大会通过了《高级农业生产合作社示范章程》。根据该章程,农业生产合作社是指高级农业生产合作社,以区别于过去在社

---

① 　中共中央党史研究室.中国共产党历史[M].2卷(上册).北京:中共党史出版社,2011:134.

会主义改造过程中作为过渡措施而产生的其他合作社。农业生产合作社是劳动农民在共产党和人民政府的领导和帮助下,在自愿和互利的基础上组织起来的社会主义的集体经济组织。该章程总结了农业合作化运动由初级阶段向高级阶段发展的经验,指明了合作化运动的发展方向,各地也掀起了大办高级社运动的高潮。1958 年 8 月,中央政治局通过了《关于在农村建立人民公社的决议》。该文件明确了农村土地经营实行政社合一,所有制形式为集体所有制,并指出以后可以变为全民所有制,并为向共产主义过渡做准备。在人民公社这种土地等资产公有化程度更高、组织规模更大的产权组织形式下,土地农民私有的痕迹被彻底抹除,入社农民所保留的退社退地自由所暗含的土地处置权也不复存在,被代之以高度集权的公有产权,彻底实现了土地所有权、使用权、收益权和处置权四权统一于一体的结构性转变。据统计,从 1958 年 8 月到 10 月,全国 74 万个农业生产合作社合并成26000 多个人民公社,全国农村基本上实现了人民公社化。

1960 年 11 月,中共中央发布了《关于农村人民公社当前政策问题的紧急指示信》。该文件纠正了人民公社化运动不切实际、急功冒进的问题,特别强调所有制是生产关系的决定环节,明确了人民公社实行"三级所有,队为基础",指出以生产队为基础的公社三极所有制,是有利于发展生产力的。在此基础上,彻底纠正"一平二调"①的错误,允许社员经营少量的自留地和家庭副业。1962 年 9 月,中共中央通过了《农村人民公社工作条例修正案》。该文件进一步明确生产队范围内的土地,都归生产队所有;生产队所有的土地,包括社员的自留地、自留山、宅基地等等,一律不准出租和买卖。同时规定人民公社的基本核算单位是生产队,实行独立核算,自负盈亏,直接组织生产,组织收益的分配。这意味着生产队对农村集体土地资源统一支配、统一经营。至此,农村土地公有公营的模式正式被确立下来。但是,"在这种体制下,完全忽视了农民的个体利益,忽视了农民的'经济人'的特点,特别是演变为最后的平均主义吃大锅饭的问题极大地挫伤了农民的生产积极性,使中国农业的生产长期徘徊不前"②。

农地公有公营下的农地所有权归属集体所有,体现了农地权属的社会主义属性,克服了传统土地私有下的土地兼并弊端,影响深远。在农地公有公营模式下,由集体组织基于所有权主体身份统一组织农地经营活动,旨在克服小农经营的弊端。这一时期中国土地制度创新的焦点在于克服小农经济的分散性和局限性。不可否认,农地公有公营模式有利于集中力量进行农田水利等基础设施建设,有利于防止农村两极分化,具有一定积极意义。但是,农地公有公营模式中农地所有权和农地经营权合二为一,采取计划方式运行。农民作为集体组织成员完全依照集

① 一平二调:"一平"是指人民公社初期实行的平均主义;"二调"是指县委和公社两级政府。

② 陶林.改革开放 30 年的农村土地制度变迁[J].生产力研究,2009(12):1-4.

体统一组织和安排从事农业生产经营活动,对农地经营没有自主权。这在一定程度上不利于因地制宜、充分调动农民生产积极性,农业生产效率难以再有大的提升,结果是农民总体上仍相对比较贫穷。

三、农村土地承包的小岗破冰与政策推进

中国共产党十一届三中全会提出解放思想、实事求是的理念创新,对于破除当时思想僵化、迷信盛行的现状,无异于空中惊雷。不仅唤醒了人们内心深处对真理的孜孜追求,也搅动了人们对贫困的反思和对传统社会主义经济运行模式的质疑。严格按照人民公社体制运行的农村土地统一经营模式是仍然继续维持还是另寻他路,牵动着每一个中国人的心。教条主义掩盖下的平静无法禁锢人们不断探索的内心,改革暗流涌动;看似固若金汤的人民公社体制下的农村土地统一经营模式,已经在悄然发生改变。

(一)农村土地承包的小岗破冰

1978 年年末,深受饥饿煎熬的安徽省凤阳县梨园公社小岗生产队 18 名社员冒着极大政治风险聚集在严立华草房里开会,这些社员颇有壮士断腕、拼死一试的豪壮,签下了一份契约,并按下血手印。契约写道:"我们分田到户,每户户主签字盖章。如此后能干,每户保证完成每户全年上交的公粮,不在(再)向国家伸手要钱要粮;如不成,我们干部作(坐)牢杀头也干(甘)心。大家社员也保证把我们的小孩养活到 18 岁。"①小岗生产队社员的举动,掀开了农村土地承包的序幕。当时社会环境中,在意识形态上甚至认为公有公营是社会主义的本质所在,"狠斗私字一闪念""宁要社会主义的草、不要资本主义的苗"等教条主义、本本主义观念仍然占据支配地位。

在当时的政策环境之中,小岗生产队的包产到户意义非凡。但是,小岗生产队农民在实施如此行为的时候,没有人能够预测到结果。小岗生产队农民的行为随后被外界获知,引起了官方和学界的巨大争论。可以这样设想,如果不是在这样一个特定的时代背景下,这些农民的创举不仅会被全盘否定,而且参与人会被扣上走资本主义道路的帽子身陷囹圄,甚至可能会付出生命的代价。但改革开放的实践成就了这些农民的创举,实践走在了政策的前面,政策为了给实践让路,作出了巨大的调整。

(二)农村土地承包的政策推进

"基于生存本能,农民从使用'弱者的武器'到主动自救、自发行动;国家对包

---

① 吴志菲."红手印"推动"大包干":小岗村包产到户改革纪事[N].中国档案报,2018-5-18(1).

产到户从压制到认同,经历了否定→逐渐肯定→完全肯定→全面推广的过程。"①1979年仍然不许分田单干,但针对"某些副业生产的特殊需要和边远山区、交通不便的单家独户"为包产到户留有余地;延续了人民公社农村土地经营的体制机制,但又强调实践的作用及实践对政策的校验。看似保守当中彰显智慧,看似矛盾当中留下火种。1980年发端于安徽凤阳小岗生产队的土地承包机制,一定程度上解决了当时干部群众中对于包产到户或包干到户的争议及困惑。1982年中央一号文件②正式肯定了农村承包责任制,并把其作为社会主义农业经济的组成部分,意义重大。1983年中央一号文件③明确了农村承包责任制是在党的领导下我国农民的伟大创造,是马克思主义农业合作化理论在我国实践中的新发展。这标志着农村土地承包责任制已经完全上升为政治正确,农村土地承包已经扎根。该土地承包政策不但克服了合作经济中长期存在的平均主义弊端,有利于贯彻按劳分配原则,而且纠正了以往存在的管理过分集中、经营方式过于单一的缺点。与此同时,土地承包所释放出的压抑很久的农民积极性得到了充分的释放,极大地促进了农民经济的发展。"1978~1984年,中国农业产出年均保持了7.7%的增长速度,农业总产值以不变价计算增加了42.23%,其中约有一半来自家庭联产承包责任制改革带来的生产率的提高。"④

1. 第一轮承包期15年

由于各期开始实施土地承包的时间不尽相同,第一轮承包开始的时间大致可界定为1982年前后。到了1983年底,"实行包干到户的基本核算单位占到了全国基本核算单位的97.8%,实行包干到户的农户占到了全国农户总数的94.45%"⑤。由此,农地承包到户取得了决定性的胜利,家庭承包责任制基本实施完成。1984年1月,中共中央发布《关于一九八四年农村工作的通知》(1984年中央一号文件),该通知明确了土地承包期一般应在十五年以上。1982年到1986年连续五个一号文件,从理论上说明了包产到户和包干到户都是社会主义生产责任制,从而确立了土地家庭承包经济的基本框架。与此同时,政策中还强调在延长承包期以前,群众有调整土地要求的,可以本着"大稳定、小调整"的原则,经过充分商量,由集体统一调整。可见,在该轮承包期内,"大稳定、小调整"是政策的倡导。

---

① 陈世伟,尤琳.国家与农民的关系:基于执政党土地政策变迁的历史考察[J].社会主义研究,2012(4):77-82.

② 1982年1月1日,中共中央批转《全国农村工作会议纪要》,即1982年中央一号文件,也是改革开放后的第一个中央一号文件,正式承认包产到户合法性。

③ 1983年1月2日,中共中央印发《当前农村经济政策的若干问题》,即1983年中央一号文件,促进了农业从自给半自给经济向较大规模的商品生产转化,从传统农业向现代化农业转化。

④ 林毅夫.制度、技术与中国农业发展[M].北京:上海三联书店,1992:93.

⑤ 张红宇.新型城镇化与农地制度改革[M].北京:中国工人出版社,2014:24.

但在具体的实践中,仍然存在土地频繁调整现象。例如河南省内黄县由于人口的变化,为了平衡土地承包面积,大多数行政村实行三到五年调整一次土地的办法①。

2. 第二轮承包期30年

如前所述,第一轮承包期的开始起点全国各地存在很大的差异性,第一轮承包期届满的期限也不会相同,基本可以界定为1997年左右。早在1993年11月,中共中央、国务院就发布《关于当前农业和农村经济发展的若干政策措施》,该措施规定了在原定的耕地承包期到期之后,再延长30年不变。提倡在承包期内实行"增人不增地、减人不减地"的办法。"增人不增地、减人不减地"发端于贵州湄潭②,不久后在贵州全省推广,中央肯定后该措施推向全国。

1994年12月,国务院批转的《农业部关于稳定和完善土地承包关系意见的通知》③和1997年8月中共中央办公厅、国务院办公厅发布的《关于进一步稳定和完善农村土地承包关系的通知》均再次肯定了"增人不增地、减人不减地"。所谓固定化,是实行"增人不增地、减人不减地"的政策,对土地不再做行政性调整,把土地承包权最终完全固定在具体的地块上。土地承包关系长久不变,坚决禁止农村土地打乱重新分包的行为。自从农村土地承包第二轮起,该政策没有发生变动。只要农户存在,农户中家庭成员的变动并不影响土地承包关系的稳定,即"增人不增地、减人不减地"。对于实行"增人不增地、减人不减地"和"大稳定、小调整"政策的缘由,有学者进行了阐述:"频繁调整承包土地直接影响到政策的稳定和农民对土地投入的积极性,容易引发农业用地经营中的短期经营行为"④。

1998年10月,中共中央通过的《关于农业和农村工作若干重大问题的决定》强调了稳定完善双层经营体制,关键是稳定完善土地承包关系,赋予农民长期而有保障的土地使用权。该规定意义重大。第一,深化了第一轮承包期限届满后不再打乱重分,自动延长30年。第二,对小调整进行了限定,仅限于个别农户之间,并严禁突破,更不能对所有农户进行普遍调整。之所以这样界定,原因在于对农民土

---

① 内黄县史志办编.内黄县志1985—2000[M].郑州:中州古籍出版社,2007:128.

② 1987年9月,经国务院批准,湄潭成为全国首批9个试验区之一,也成为贵州省第一个国家级农村改革试验区。湄潭试验区首创"增人不增地、减人不减地"政策。

③ 1994年12月,国务院批转的《农业部关于稳定和完善土地承包关系意见的通知》规定:发包方与农户签订的合同,到期一批,续订一批,把土地承包期再延长30年。因人口增减、耕地被占用等原因造成承包土地严重不均、群众意见较大的,应经民主议定,作适当调整后再延长承包期。提倡在承包期内实行"增人不增地、减人不减地"。对于确因人口增加较多,集体和家庭均无力解决就业问题而生活困难的农户,尽量通过"动帐不动地"的办法解决,也可以按照"大稳定、小调整"的原则,经该集体经济组织内部大多数农民同意,适当调整土地。

④ 王利明.农村土地承包经营权的若干问题探讨[J].中国人民大学学报,2001(6):78-86.

地承包经营权构成侵害的重要形式之一——土地分配和调整具有很大的随意性，以乡村干部为主体的领导阶层为谋取小团体和私人利益而侵害农民利益的现象时有发生。

但需要注意的是，"增人不增地、减人不减地"的政策路径，必然会产生一定数量的无地农民，虽然这些农民依托户之名义而客观上有可耕土地，但户之间的人均土地面积将越来越分化。这是否会引起新的不公平，有学者指出："强化对农户的土地财产权保护是必要的，但一定要以保证无地、少地农民的生存保障权为前提，这是农地制度改革的底线。在确权过程中，应充分尊重群众意愿，在落实'长久不变'之前，对土地承包关系进行一次调整。"①甚至有学者提出"增人不增地、减人不减地"会产生代际不公平现象："单户人均土地承包面积过大、承包期过长致使新增人口无法享受到因成员权所应获得的承包权，产生代际不公平。"②

国家之所以稳定承包关系，不充分打乱，主要基于以下几点理由：第一，承包土地是以户为单位进行的，户之成员不断发生变动，任何一个节点的重新分配在人口变动的背景下经过一段时间仍然会形成新的不公平；第二，调整土地事关农村的稳定和农民利益的保障。不同农户对土地经营之投入会形成差异，由此导致土地肥力的多元化。打乱重分无疑会抑制农户对土地投入的积极性，不利于稳定粮食生产和保障国家的粮食安全；第三，以户为单位的土地承包是基于当初承包土地人口的数量进行展开的，以后由于户之间人口的变动形成户所承包土地与户之人口的不协调，但不会导致户之人口没有可耕土地；再加上农民的非农收入（例如外出务工）在农户收入中占有一定的比例和农地收益的有限性，并不会引起严重的社会不公。基于此，中国共产党十九大报告明确指出，保持土地承包关系稳定并长久不变，第二轮土地承包到期后再延长30年。对于"增人不增地、减人不减地"的政策所造成的人地矛盾，解决问题之关键还在于配套措施改革之跟进。例如要深化以成员权为基础的改革、促进农民在城镇落户、建立无地人口社会安全网等。

由政策的演进轨迹可知，从第二轮承包开始，对土地大范围的调整已经不被政策所容忍，故实现了土地承包关系的稳定化。这正像有学者指出："我国农村土地政策演进过程中呈现出不断强化农民土地权益的趋势，政策层面上逐渐凸显农民权益保障。农业是我国的基础产业，农民群体是我国农业发展的主力军，通过土地政策赋予农民更充分、更完整的权益，最大限度地激发农民的积极性和创造性，能

---

① 郎秀云.确权确地之下的新人地矛盾：兼与于建嵘、贺雪峰教授商榷[J].探索与争鸣,2015(9):44-48.

② 余静."二轮"承包中土地承包经营的实践困境与解决进路[J].江西社会科学,2017(11):179-186.

极大促进农业经济发展,从而有利于提高生产力发展水平。"[1]基于此,有学者指出:"该种模式的承包期已经接近永佃制,是在集体所有制下最具有个人化特征的农地制度"。[2] 但是,承包关系的稳定及以户之人口作为土地承包权取得之界定标准,虽然从一定程度上实现了平均主义,但又产生了新的问题,平均分配的土地使用权提供社会保障的事实使农民在使用土地时趋于回避风险,应用新技术的积极性不高,在小规模经营的条件下放弃专业化生产而实行多元化经营;已经可以在非农产业获得稳定收入的农民,即使抛荒土地,也不愿意放弃土地使用权,妨碍了土地经营规模的扩大。如何探索农用地的流转,已经成为当务之急。

值得注意的是,这一时期土地承包政策是在稳步推进下展开的,这就使得各项政策在实施中尽可能地避免了以往土地改革中因急功近利导致的各种矛盾和震荡,逐步完善和协调土地关系,继而使得土地政策在实施过程中得到不断调整和优化,充分发挥政策绩效。

四、承包地流转的政策沿革

从 1978 年小岗生产队承包到户的实践到 1983 年承包责任制完全上升为政治正确,是承包到户的黄金发展期。但这一时期的政策在肯定承包到户责任制的同时是严格禁止土地流转的。例如 1982 年中央一号文件《全国农村工作会议纪要》明确规定:"社员承包的土地,不准买卖,不准出租,不准转让,不准荒废,否则,集体有权收回;社员无力经营或转营他业时应退还集体。"1982 年《宪法》也规定:"任何组织或者个人不得侵占、买卖、出租或者以其他形式非法转让土地。"但是,随着农村经济的发展,农户分散经营状况与现代农业发展的不适应性越来越明显。探讨农村土地的流转被提到日程。农村土地流转政策分为以下几个阶段。

(一)1984—1991 年:萌芽阶段

该阶段典型特征是有限度的认可农村土地流转,但承包人流转的形式单一即流转形式就是转包,且要经过发包人同意。与此同时,还对承包人无力耕种、从事非农职业时把所承包的土地交回发包方进行规定。值得注意的是,该阶段实践已经走在了政策的前面,实践中出现了多种形式的流转机制。"'集体—承包户—公司型'、'集体—承包户—联营体型'和'集体—农户—使用户型'等,原先承包的土地不断发生调整和转让,部分'两权分离'的农村土地事实上演变为'三权分离',即土地所有权归农民集体,土地承包经营权归农户,土地的经营权则由实际

① 唐欣瑜,梁亚荣.土地政策与法律治理:我国农村依法治地路径模式博弈[J].广西社会科学,2017(9):116-120.

② 姚洋.中国农地制度:一个分析框架[J].中国社会科学,2000(2):54-65,206.

耕作者享有"。①

(二)1993—2001年:规模经营探索阶段

该阶段允许经发包方同意下土地使用权依法有偿流转,流转形式不仅有转包,还包括转让、入股等多种形式;允许对承包土地形式进行适当调整,可采取不确地的直接入股形式,以适应规模经营需要。但土地的流转特别强调承包户的自愿,遵循量力而行,禁止行政强制。在此阶段,南海地区的试点值得关注。南海地区实行股份试点时,把分包到户的土地等资源统一收回,农户取得相应的股权参与分工,土地等资源由新成立的公司进行规模化经营。但这种股份制改造适应外资大举进入、工业化发展迅速地区的农村城市化发展的需要,所以很快就能显现出很好的效果,但并非适用于所有地区的农村。

(三)2002—2007年:规范整改阶段

2001年底出台的《关于做好农户承包地使用权流转工作的通知》是中央第一个专门针对农村土地流转工作的文件。该文件主要回应实践中发生了违背农民意愿流转土地问题。在利益驱使下,许多地方基层组织仍越俎代庖,操控土地流转,少数地方甚至动用了警力,逼着农民就范。该阶段土地流转政策的核心是土地流转必须在落实农户的承包经营权的前提下并且要遵循农户自愿,特别强调禁止任何组织和个人以规模经营为由强迫农户流转土地。为了进一步形成有序的农用地流转市场,该阶段肯定了土地承包经营权流转市场对农用地流转的重要意义。

(四)2008—2012年:配套措施构建阶段

该阶段主要围绕土地承包经营权流转的配套措施展开,这些配套措施主要包括:第一,土地承包经营权登记颁证。强调要不断推进土地承包经营权登记试点工作,确保农村土地承包经营权证到户。第二,强化农户的承包经营权权能。在尊重农户自愿的基础上,赋予农民对承包地占有、使用、收益、流转及承包经营权抵押、担保权能,允许农民以承包经营权入股发展农业产业化经营。第三,培育新型农业经营主体。鼓励和支持承包土地向专业大户、家庭农场、农民合作社流转。扶持联户经营、专业大户、家庭农场,大力培育新型农民和农村实用人才,着力加强农业职业教育和职业培训。鼓励农民兴办专业合作和股份合作等多元化、多类型合作社。第四,建立健全农地流转综合服务体系。例如构建土地流转合同登记、备案等制度;为流转双方提供信息沟通、法规咨询、价格评估、合同签订、纠纷调处等服务。

这个时期农村土地流转政策的落脚点都是围绕土地承包经营权的流转,其价值取向是如何实现农地的最大化利用的效率。农村土地继续沿农民承包经营的方向发展,促进承包经营权流转,城市进一步完善土地市场。那么,农户流转土地承包经营权后其自身的风险系数是降低还是提高,不得不引起政策制定者的思考。

---

① 冯玉华,张文方.论农村土地的"三权分离"[J].经济纵横,1992(9):5-9.

也许正是由于对此问题的焦虑以及平衡公平与效率的关系,新型的土地承包经营关系路径在此后的承包地"三权分置"政策中被提了出来,也使我们在新的视野下重新审视土地承包经营中公平与效率的安排。

五、承包地三权分置政策中的承包经营关系

(一)承包地三权分置政策的问题导向

承包地三权分置政策从2013年提出到2019年的不断完善,可以看出承包地三权分置政策逐步成熟的过程,彰显了我党对承包地三权分置政策的认识逐步深入。

改革开放以来的土地发包到户,解决的是农户对土地承包经营的问题,着重实现农户的土地承包的落实和稳定并长期不变,这主要是针对人民公社时期的"大包干"而采取的措施,在短期内调动农民农业生产的积极性具有重要意义。20世纪90年代开始探索的农村土地流转并实现适度的规模经营,着重解决的是农村土地经营的效率问题。但对农村土地流转的探索,针对的是土地承包经营权,如果土地承包经营权流转出去,也许会达到实现农地规模经营的目标,但农户丧失土地承包经营权后是否会对农户的生存保障造成威胁。这一问题在承包地三权分置政策出台之前并没有很好地解决,承包地三权分置政策则在尝试解决此类问题。

承包地三权分置即农村土地集体所有权、土地承包权和土地经营权分置,要在落实农村土地集体所有权的基础上,稳定农户承包权,放活土地经营权。农村土地集体所有权是土地承包权的前提,农户享有的承包经营权是集体所有权的实现形式,在土地流转中,农户承包经营权派生出土地经营权。稳定土地承包权、放活土地经营权构成了新型土地承包流转关系的灵魂。这样,在土地承包经营关系的政策体系中,形成了土地承包权的稳定与土地经营权的放活之二元体系。这正是践行农村土地公平与效率的伟大尝试,着力解决以农户为代表的承载社会保障的土地资源占有与土地资源市场化合理配置之间的矛盾。承包地三权分置政策以稳定农户承包权、放活土地经营权为基点。从农村集体土地所有权、承包权和经营权分离上看,经营权分离出来主要是用于支撑土地流转,满足市场机制优化配置土地资源的作用。在这个思路的设计下,农户成为真正的经济"理性人",凭借自己的判断或者自行经营或者流转出土地经营权给经营主体。即便农户把土地经营权流转出去,农户也仅仅失去的是一定期限的土地经营权,并不会丧失对土地的承包权。这很好地实现了公平与效率的结合。

(二)承包地三权分置政策中土地承包经营关系的具体界定

1. 土地承包权的具体界定

土地承包权可以从两个角度进行阐述。从作为土地承包经营权的产生权源来

讲,土地承包权是指农村集体经济组织成员享有的依法承包由本集体经济组织发包的农村土地的权利,这是一种资格。从作为土地承包经营权的内容来讲,土地承包权是指农村集体经济组织成员依法承包农村土地后对所承包的农村土地所享有的占有、使用和收益的权利。在承包地三权分置政策背景下,有学者认为三权分置中的土地承包权为承包土地的资格,"土地承包权虽名曰权利,实则是一种承包土地的资格。"①,这种观点值得商榷,虽然农户的特定成员资格是取得土地承包经营权的前提,但具有特定的成员资格并不一定能取得土地承包经营权。政策上重申要坚持集体土地所有权和家庭经营的基础性地位,稳定土地承包关系,这就意味着农村土地承包关系的大稳定格局在承包地三权分置中被固定下来。政策中明确严格保护农户承包权,其中特别强调,土地承包权人对承包土地依法享有占有、使用和收益的权利。农村集体土地由作为本集体经济组织成员的农民家庭承包,不论经营权如何流转,集体土地承包权都属于农民家庭。任何组织和个人都不能取代农民家庭的土地承包地位,都不能非法剥夺和限制农户的土地承包权。把承包地三权分置政策中的土地承包权理解为土地承包经营权的产生权源,是对政策中土地承包权的误解。如果将农户承包权设计为承包资格性质的土地承包权,那就意味着农户在农地流转期间享有的是一种要求集体发包或分配土地的请求权,而非实际拥有承包土地权利的物权,可能造成经营权架空承包权的权利配置风险,会使农户承包权进一步虚化而非稳定,不但不符合政策意图,反而可能会引起农村基层社会的认知混乱。2018 年底修正的《农村土地承包法》第 9 条规定:"承包方承包土地后,享有土地承包经营权,可以自己经营,也可以保留土地承包权,流转其承包地的土地经营权,由他人经营。"这也意味着不是先有土地承包权,再有土地承包经营权;而是在土地承包经营权由农户取得之后,农户依据自愿原则流转出土地经营权时对土地承包经营权的另外一种称谓,以区别于流转土地经营权之前的土地承包经营权。由此,承包地三权分置政策中的土地承包权绝不能理解为取得土地承包经营权的一种资格,而为土地承包经营权人在流转土地经营权后对土地承包经营权的特殊表达,其本质上仍应指土地承包经营权。在这种意义上,我们可以把土地承包权等同于土地承包经营权。

2. 土地承包权是农户的基本权利,限制流转

承包地三权分置政策强调要通过稳定农地承包关系,完善农村基本经营制度。承包权主体范围受限,它与集体经济组织成员资格挂钩。对于农地承包关系,无论户之成员如何变动,只要户尚存,其均有对应的承包地,区别在于承包地的面积多寡。此种现象就给户之成员提供了最低限度的保障。这种保障源于农民社会保障

① 朱广新.土地承包权与经营权分离的政策意蕴与法制完善[J].法学,2015(11):88–100.

的不发达甚至缺位,从传统农民心理来讲,也使农民心理获得了一种无形的宽慰。土地承包权虽然与农民的身份密不可分,但土地承包权的核心要义是农民对承包的土地进行占有、使用、收益、流转等权益。只有把土地承包权理解为对承包土地依法占有、使用和收益等权能,才能发挥该权利的社会保障功能。土地承包权基于农民特定身份而产生,对土地承包权不存在鼓励流转问题而是限制流转,这加强了对农民财产权的保护。在这个过程中,开展了农户土地承包经营权的确权。通过确权,实现农村土地承包权的稳定和农民土地财产利益的落实。2018 年 12 月修正的《农村土地承包法》不仅在立法目的中强调"保持农村土地承包关系稳定并长久不变",而且规定"耕地承包期届满后再延长三十年"。在立法的体系结构上,2018 年《农村土地承包法》第二章第四节的名称由过去的"土地承包经营权的保护"修改为"土地承包经营权的保护和互换、转让";第二章第五节的名称由过去的"土地承包经营权的流转"修改为"土地经营权"。土地承包经营权的主体变更仅仅限于个别调整、农户互换、农户内部转让和农户自愿交回,土地承包经营权的流转已经变成历史。法律的这种修改回应了承包地三权分置政策中稳定土地承包权的政策意蕴。从宏观上讲,这种稳定土地承包权的思路为我国的政治安全奠定了坚实的基础,也为我国的政权合法性进行了充分的背书。

3. 土地经营权的放活

放活土地经营权是为了促进农村土地的流转,解决我国农村土地经营所面临的瓶颈性问题。我国农村土地经营权流转已经进入瓶颈,只有创设和完善土地流转法律制度,才能打破瓶颈走出困境。从价值取向上讲,承包地三权分置政策对土地承包经营关系的界定是着手解决农村社会保障和农村土地经营的矛盾。在放活土地经营权的过程中,要尊重农民的意愿,保障基本农田和粮食安全,最终实现农民收入的增加。此外,承包地三权分置政策并没有对土地经营权进行法律上的定性,但从该政策的出台背景和价值追求来讲,应赋予土地经营权一种强效力的财产权,从应尽可能地优化权利人的法律地位、使土地经营权成为更为有效的融资手段等方面出发,将土地经营权设计为用益物权确有必要。2018 年 12 月修正的《农村土地承包法》虽然把土地经营权作为独立一节,但仍然没有对土地经营权的法律性质进行定性。从立法规划上,立法机关可能考虑到《农村土地承包法》要受到《物权法》的统领,在《民法典》物权编制定的大背景下,把这个问题交给《物权法》来解决,以避免法律冲突的结果。为提高农地的利用效率,未来政府将不断强化耕地实际经营者的地权,即强化农地的经营权。基于此,笔者认为,在将来制定的《民法典》物权编中把土地经营权界定为用益物权符合承包地三权分置政策中"放活经营权"之要旨。

六、农村集体土地经营政策演进启示

（一）公平与效率的协调伴随着政策演进的整个过程

农村土地经营政策，从个人所有分散经营到公有公营到家庭联产承包再到承包地三权分置，公平与效率的协调伴随着政策演进的整个过程。

保障农民实现"耕者有其田"不能动摇，为了实现这个目标，"稳定承包关系、保持承包关系长久不变"这是政策一直坚持和强化的。农民外出打工所占家庭收入来源的比重越来越高，农民收入来源的多元化一定程度上使农民对土地的依赖程度越来越低。但外出务工的农民教育程度普遍较低，往往也没有接受必要的技能培训，这导致其外出务工的工作具有不稳定性及收入具有很高的风险性，同时，农民社会保障并不健全。因此，土地资源仍然是农民生存和发展的重要保障，甚可以称作心理安全的防线，这增加了农民对土地保障的渴望程度。农民社会保障不健全加上农民非农收入的不确定性和高风险性，必然使农民担心一旦土地流转后自己丧失了对土地的权利后自己的生存保障问题。农村土地承包经营权不过是身披私权外衣的社会保障之替代品。此外，土地承包关系的稳定，也涉及农民长期利益的维护和国家的政治安全。由此，中国农村以身份为界定的土地要素担负着农村社会保障作用的功能，堪称中国农村社会的安全阀和稳定器。

对农村土地流转的探索，也在政策中不断地演化。径行放开土地流转，是否会形成无固定工作、又无土地保障的失地农民群体，将是政策中必须正视和思考的问题。20世纪90年代和21世纪初的政策一直在探索农村土地的流转，"引导土地承包经营权流转，发展多种形式的适度规模经营"一直被政策所强调。从历史角度考察，一方面，"随着土地兼并的日益加剧，形成'富者有连阡之田，贫者无立锥之地'的局面，社会矛盾必然会尖锐对立起来，从而严重威胁统治者的统治地位和利益。"[①]另一个方面，"土地私有制的自由买卖会导致土地兼并，使大批自耕农失去土地从而破坏'耕者有其田'基本原则，这是古代农业社会无法解决的痼疾。自此以后，中国农民持续不断地为获得并长久保有土地而抗争，几乎所有声势浩大的农民起义也都高举'均田'的口号。"[②]新中国成立后曾经把土地所有权确权给农民个人所有，但土改后期因土地买卖而重新出现了两极分化的现象，这不得不引起政策制定者的重新审视。

随着农村温饱问题的解决及改革开放工业浪潮的冲击，农地的碎片化及农业经营的分散化导致农业生产成本过高而农业产出有限的问题越来越严重。集体经

---

① 钱忠好.中国农村土地制度历史变迁的经济学分析[J].江苏社会科学,2000(3):74-85.
② 郭雪剑.中国古代土地制度演变的特点和规律[J].学习与探索,2016(1):117-120.

济组织在发包时必须公平分配土地,由各户均田承包,加之需要远近照顾、肥瘦搭配,导致土地分散、细碎经营。这对于适度规模经营、发展现代农业显然是不利的,制约了生产力水平的进一步提高。农村土地流转已经迫在眉睫,客观情况倒逼必须进行土地流转。国家政策范围内促进农地流转,但由于流转权属界定的模糊及流转后新的土地使用权人的权利保护不足,已经严重制约了土地流转向纵深方向发展。而效率与公平之间的固有矛盾,也就称为土地制度并不能总是朝着效率方向演进的社会需求方面的原因。应该如何处理这个矛盾,实现公平与效率的统一? 直到中央提出三权分置政策,公平与效率的矛盾才得到一定程度的协调。

(二)充分发挥实践作用,试点先行,及时校正实践中的偏差,原则中体现灵活,规范中蕴含创新

从安徽小岗"承包到户"到贵州湄潭实行"增人不增地、减人不减地",从土地经营以农户为单位到"公司+农户"模式的股份化改造,无不彰显农民实践的作用。这种实践是农民利益驱动下对土地承包经营关系的探索,这种探索无疑极大地丰富了土地承包经营关系内涵,为政策的制定提供了极大的素材。在土地制度变革中保障农民的政策参与权利,对有效维护农民的土地权益、维持整个社会的稳定至关重要。但是,实践首创与政策规范的目标不尽一致。农民的实践首创最根本的利益诉求是为了实现利益的最大化,政策规范不仅要保护农民的利益诉求,还要协调农民近期利益与远期利益的关系,协调国家利益与个人利益的关系。由此,在实践中的创新可能会与政策规范的目标发生冲突。此种情形下,政策必须予以强制纠正,防止目标的偏差引起利益失衡的结果。例如土地承包流转关系中的转让土地承包经营权、反包倒租等均被及时叫停。

农村土地承包经营的萌芽、扎根到向深入发展,政策并不搞一刀切,在有利于农村经济发展和农民权益保障的原则下,充分尊重农民的实践探索和创新。虽然大部分农村都实行了承包到户,但仍然存在集体统一经营的土地经营模式;虽然大部分农村都在稳定承包关系的前提下以户为单位实行经营权的自愿流转,但仍存在直接把承包关系份额化为有集体经济组织统一流转的模式。原则性是家庭承包双层经营体制作为一项基本土地制度长期坚持稳定不变,农民的土地承包期长久不变。灵活性是指要不断探索农村土地经营新形式,发展多种形式的土地规模化经营。

(三)循序渐进,注意政策的历史延续性,以政策引导法律,法律确定政策实施中行之有效的成果

农村土地承包经营的政策演进,立足于发展农村经济、盘活农村土地资源、增加农民财产性收入、真正让广大农民分享改革成果。但农村土地承包经营改革涉及面广、历史跨度长,各地情况复杂,不可能一蹴而就。土地制度变革应在保持大局稳定的前提下,依据现实条件有序推进,切不可无视现实情况而急躁冒进。路径

依赖理论也告诉我们：承认制度的惯性并把制度的惯性的必然性比喻为物体运动的惯性，一旦一项制度形成，制度中的人便会对该制度产生依赖。制度在时间的推移中通过运用不断地强化进而产生与该制度对应的意识体系及思想观念。但客观情况（经济发展及外部环境）变化会与制度的固化形成矛盾，此时，制度对经济发展的负面效应会递增，但制度之上的变迁显得较为不易和缓慢。改革开放以来的土地承包经营关系政策采取了渐进式方略，表现为明显的自行演进和政策规范相结合的路径。在传统农业地区，当地农民自己种粮的积极性还很高，土地经营权流转速度慢一点，甚至不流转，也都是没有任何问题的。要充分认识农村土地制度改革的长期性和复杂性，保持足够的历史耐心，审慎稳妥推进改革，由点及面开展，不操之过急，逐步将实践经验上升为制度安排。在这个过程中，秉持风险可控和不断完善的思路，使社会有充分的时间去适应，也使农民有直观的实惠去接受。作为理性的农民在实惠之下无疑会变成政策推行的动力源泉，最终有助于政策目标之实现。

此外，农村土地承包经营政策是在改革开放的特定历史背景下登上历史舞台的。对于农村土地承包经营关系究竟如何界定，理论界和实务界都存在很大的争议。没有现成的经验可以借鉴，只有"摸着石头过河"。这样情形之下，在农村土地承包经营关系的改革中，必然要充分发挥政策的引领规范作用，而法律由于其本身的稳定性，则需一定程度上让位于政策。这种状况的产生有其历史必然性，但存在的问题我们也无法回避。土地政策的重要性一直被强调，社会已习惯农村土地的政策调整手段而暂时阻化了改革中的法治思维，政策对社会现实的价值判断影响到法律的逻辑论证并使之失去其本身固有的体系化特点。在推进社会主义法治国家建设背景之下，有必要及时把土地政策上升为法律规范。具体政策进入法律体系必须经过法律之网的充分过滤，尤其是具体政策是否足够的抽象化而获致法律规范的性格。虽然 2018 年 12 月修正的《农村土地承包法》对承包地三权分置政策进行了立法回应，但诸如土地经营权的性质界定等问题仍需要进一步研究。

在对农村土地经营改革的实践中，首先考虑的是公有公营。改革开放后，承包到户，落实责任制，改变吃大锅饭的劳动效率低下状况。农村土地承包政策实现了由提倡"大稳定、小调整"到严格落实"增人不增地、减人不减地"的路径变革。"增人不增地、减人不减地"不是对"大稳定、小调整"的废弃，而是进一步限制了"大稳定、小调整"中"小调整"的适用范围。农村土地流转政策从禁止到允许，再到鼓励，并由浅入深的探索路径，彰显了我党对土地细碎化经营不符合农业规模经营而导致的农业生产效率低下、竞争力薄弱的探索。但对农村土地流转的探索，针对的是土地承包经营权，无法有效地解决农用地资源公平与效率的问题。

承包地三权分置政策坚持问题导向，着力解决以农户为代表的承载社会保障的土地资源占有与土地资源市场化合理配置之间的矛盾，从公平与效率之协调的角度出发，明确提出要稳定农户承包权、放活土地经营权，进而形成土地承包权的稳定与土地经营权的放活之二元体系。我们要把政策中的土地承包权理解为法律文本中的土地承包经营权,把土地经营权定位为物权性质的权利,这样才符合三权分置政策"稳定"和"放活"之旨趣。经过70年的农村土地经营的政策探索与完善,已经形成了切实可行的农村土地承包经营关系承包地三权分置政策思路。这一思路来之不易,不仅凝结了中央对农村土地承包经营关系深入思考的智慧,也针对性地回答了在新的时代背景下农户利益保障和农业规模经营之间的关系。

第二节 基于公平与效率的承包地改革

一、承包地流转下公平与效率协调的悖论

承包地承包经营的政策,首先确立了农户和土地的一一对应关系,短期内调动了农民的生产积极性,但长期来看,却不利于农业规模经营的实现。集体经济组织在发包时必须公平分配土地,由各户均田承包,加之需要远近照顾、肥瘦搭配,导致土地分散、细碎经营。这对于适度规模经营、发展现代农业显然是不利的,制约了生产力水平的进一步提高。随着农村温饱问题的解决及改革开放工业浪潮的冲击,承包地的碎片化及农业经营的分散化导致农业生产成本过高而农业产出有限的问题越来越严重。从保障农民财产权益来看,只有减少对农民土地承包地流转的限制,才能真正发挥土地承包经营权的交换价值功能,保障农民财产权益不受侵害。承包地流转已经迫在眉睫,客观情况倒逼必须进行政策调整。从1986年中央一号文件①开始,中央就着手探讨农村承包地流转的问题。该文件强调鉴于农民已经向非农产业转移,开始鼓励耕地向种田能手转移,发展适度规模的种植专业户。从20世纪90年代后期开始直到承包地三权分置提出前,承包地流转已经在政策上形成规范化和体系化了。在中央和政府的诸多文件法规中,农村土地流转的政策目标一直围绕着两个关键词而展开,一个关键词是农民,另一个关键词是土地。

通过分析我们发现,承包地三权分置前的承包地流转均围绕承包经营权的流转展开,强调承包地流转必须在落实农户的承包经营权的前提下展开,并且要遵循农户自愿;同时也强调对承包经营权流转的配套措施的构建。例如推进土地承包经营权登记颁证,确保农村承包经营权颁证到户;强化农户的承包经营权权能;建立健全农地流转综合服务体系。

---

① 1986年1月1日,中共中央、国务院发布《关于1986年农村工作的部署》,即1986年中央一号文件,文件进一步摆正了农业在国民经济中的地位。

这个时期承包地流转政策落脚点的价值取向是围绕承包经营权的流转以实现农地的最大化利用的效率,保障农民实现"耕者有其田"不能动摇。虽然农民外出打工所占家庭收入来源的比重越来越高,农民收入来源的多元化一定程度上使农民对土地的依赖程度越来越低,但外出务工的农民教育程度普遍较低,往往也没有接受必要的技能培训,这导致其外出务工的工作具有不稳定性。村庄中保留田地,也为年轻人返乡留了退路,年轻人可能在自己这辈多次反复进城—返乡,也可能最终返乡务农为自己下一辈进城积蓄资本。同时,农民社会保障也并不健全。因此,承包地资源仍然是农民生存和发展的重要保障,甚至可以称作心理安全的防线。这种心理上的安全感客观上增加了农民对土地保障的渴望程度。农民社会保障不健全加上农民非农收入的不确定性和高风险性,必然使农民担心一旦承包地流转下丧失了对土地的权利后自己的生存保障问题。农村土地承包经营权不过是身披私权外衣的社会保障之替代品。中国农村的土地资源担负着农村社会保障作用的功能,堪称中国农村社会的安全阀和稳定器。由此,径行放开承包地流转,是否会形成既无固定工作、又无土地保障的失地农民群体,将是政策中必须正视和思考的问题。效率与公平之间的固有矛盾,也就成为土地制度并不能总是朝着效率方向演进的社会需求方面的原因。那么,农户流转承包经营权后其自身的风险系数是降低还是提高,不得不引起政策制定者的思考。这实际上产生了承包地流转探索的悖论:承包地越流转,农民的保障越弱化。在以承包经营权为流转对象的政策设计体系中,由于过分强调效率优先,市场原则被绝对化也被泛化,再加上制度不健全、管理不到位等问题,使得权力寻租经常出现。

这种流转对象的定位错误已经严重制约了承包地流转向纵深方向发展,应如何进行政策上的修正以实现公平与效率的统一已经成为承包地经营政策调整必须面临和解决的问题。虽然其初衷是通过土地的流转破解农村发展困境,盘活农村经济,从长远看,是一种生产力提高、农村发展进步的必然趋势。然而现在的农村土地流转却是以牺牲公平来提高效率,牺牲一部分人的利益来提高整体的农业生产率,增加社会总财富,偏离了帕累托改进的目标,必然导致公平的丧失。正是由于对此问题的回应,承包地新的承包经营关系路径在此后的承包地三权分置中被提了出来,也使我们在新的视野下重新审视承包地承包经营中公平与效率的安排。

二、承包地三权分置中公平与效率协调解读

承包地三权分置从 2013 年提出到 2019 年的不断完善彰显了我党对承包地三权分置的认识逐步深入。承包地三权分置即农地集体所有权、农户承包权和土地经营权分置,在落实农地集体所有权的基础上,稳定农户承包权,放活土地经营权。稳定农户承包权、放活土地经营权构成了新型土地承包流转关系的灵魂。这样,在

土地承包经营关系的政策体系中就形成了农户承包权的稳定与土地经营权的放活之二元体系。

承包地三权分置的实施对于协调公平与效率的矛盾,意义重大。从公平的角度来讲,承包地三权分置稳定农户承包权,保障农民对于土地的利益,体现了农民的社会保障;从效率的角度来讲,承包地三权分置解决承包地的流转问题,有利于承包地向新型农业经营主体进行流转,进而实现农业适度规模经营。农民将自己的承包地转让给他人经营,其土地承包权保持不变,此即农村土地经营权流转,简称农地流转。在这个基础之上,可以推进农业经营的升级改造,方便引入绿色农业、科技农业,提高我国农产品的竞争力。这正是践行农地公平与效率的伟大尝试,着力解决以农户为代表的承载社会保障的土地资源占有与土地资源市场化合理配置之间的矛盾。承包地三权分置以稳定农户承包权、放活土地经营权为基点,使得农户成为真正的"理性人",凭借自己的判断,或自行经营或流转土地经营权给新型经营主体。无论哪种经营方式,均不会彻底剥离农户和土地的关系,即使农户把土地经营权流转给其他经营主体,农户失去的也仅仅是一定期限的土地经营权,并不会丧失对土地的承包权。这很好地实现了公平与效率的结合。

三、承包地三权分置中公平与效率协调的关键点

(一)农户主体地位之坚持

既然承包地的农户承包权依据农户进行界定,那么在土地资源市场化配置的过程中必须充分尊重农户的主体地位,如若忽视农户的主体地位,无疑会使农户的利益受损。要尊重农民的地方性认知,把国家法的实施融合在地方性共识中,如此,土地改革方能走得更加顺畅和长远。

1. 农户土地流转的自愿

农户承包权的充分尊重与保护是农户承包地自愿流转的前提,这种自愿也是与农户财产利益的实现结合在一起的。社会主义市场经济的大潮下,农户已经不再是传统农民的集合体,新生代农民有了更多的新观念和新期许,一定程度上,新生代农民的土地依恋情结已经十分薄弱,甚至一些新生代农民由于常年在外务工,对于农事已经无能为力,而上了年纪的农民虽然带着强烈的土地依恋情结,但往往由于年事已高而对土地的经营显得力不从心。土地依恋情结不论出于何种原因的弱化,均告诉我们一个现实:理性的农户只要流转后的利益大于自身经营的利益,便会主动地流转承包地。利益才是决定农户流转承包地的根本。应制定相对应的土地流转和市民化优惠政策,形成土地流转和退地进城落户的激励机制,这对于农村土地流转、规模经营及城镇化具有十分重要的意义。如果农户不愿意流转承包地,往往是在利益判断上出现了问题,这就需要重新审视承包地的流转机制政

策而不是强迫农户流转承包地。有学者在农户土地流转的自愿问题上分别选择安徽省凤阳县小岗村和东陵村进行实地调研,在调研数据的基础上,发现"诱致性的土地流转方式比强制性的土地流转方式更有利于实现公平与效率的统一"①。

2. 农户流转自愿下的责任自负

理性农户流转承包地,体现了农户的主体地位。承包地自愿流转后,农户保留依据法律和合同对于土地使用权人的监督权和收益权,这一关系的稳定是承包地三权分置实施成效的重要保障。但市场的风险会带来土地租金的波动,除非土地流转合同约定的是动态的地租形成机制,否则,一旦在合同签订并依法成立生效后,农户不得依据租金的市场价格上涨而随意撕毁合同。租金的波动是市场机制形成的,属于市场风险的范畴之内,也自无情势变更适用之余地。

(二)土地资源市场化配置中市场的主导地位

忽视了市场的力量,承包地三权分置政策也是孤掌难鸣,土地经营权人介入土地资源本身就是市场化的力量。近年来,农地流转规模持续快速增加,由工商企业以企业或个人等形式转入的土地面积规模尤为引人注目,工商资本数量大大增加,并不断从流通领域扩展到农作物生产和加工领域。那么,在整个土地经营权人土地经营权行使期间,也必须利用市场这只无形的手,充分发挥市场对土地资源配置的基础决定作用。

1. 土地经营权人的土地经营权

土地经营权人通过流转合同取得土地经营权,但在政策和法律层面一定要对该土地经营权的权能予以充分的保障。基于承包地的这种土地经营权,除了依据土地用途管制等公法的限制和合同义务的约束外,土地经营权人土地经营权的担保融资功能、再流转功能等要予以充分的保障。以经营权抵押为例,目前,土地经营权的流转是一个不完全竞争市场。此外,土地用途管制下农用地和建设用地泾渭分明,该种管制对于维护我国农业生产安全提供了强大的制度支撑;土地规划管制有利于地权秩序的科学合理,也是国际通行的惯例。值得商榷的是,管制要避免随意性,管制规范的制定和执行要秉持公共利益原则并奉行正当程序,这样才能维护土地经营权人的土地经营权,防止公权力的不当滥用影响市场土地资源配置的基础决定作用。

2. 土地经营权人土地经营权保障下的风险自担

市场的优胜劣汰机制造就了资源最有效率的运用,但这种最有效率的运用是以风险之伴随为代价的。土地经营权人作为市场经营主体,风险自担是应有之义。

---

① 许建明,邓衡山.公平与效率:诱致性与强制性的农地流转方式:基于凤阳县小岗村与东陵村的调研分析[J].学习与探索,2016(1):111-116..

这种风险应自担而不应转嫁到农户身上。换句话说,如果土地经营权人在对土地资源经营过程中出现了亏损并短期内无法弥补亏损,也不能以此作为拒绝向农户履行支付土地租金等义务,更不能基于亏损之现实解除与农户签订的土地流转合同。在我国,市场经营主体有法人形态和非法人形态。法人形态的市场经营主体资不抵债,可以通过破产程序解决债权债务纠纷;非法人形态的市场经营主体资不抵债,除了合伙企业可以进行破产清算外,其他非法人形态的市场经营主体是与破产机制无缘的。但不论哪种情形,一旦土地经营权人资不抵债,必然使农户的债权(例如支付租金请求权)限于无法实现或无法完全实现的境地。无视这种现实,必将与国家推行承包地三权分置的功能之一即保障农户财产权益相背离。笔者建议,可考虑设立土地资源流转租金的风险基金,由政府采取财政补贴等形式充实基金,也可依据农户所收取租金的一定比例进行提取。这样,就解决了土地经营权人土地经营权保障下的风险自担问题对农户财产利益实现所带来的冲击。

有学者指出:"因为在理论上,由于中央政府与地方政府间的信息不对称,以及中央政府对地方政府行为的监督面临有限能力的约束,当中央政策可能对地方政府的部门利益产生负向冲击的时候,选择敷衍而不是执行这些政策便是地方政府的一种理性选择。事实上,中共中央政策在基层得不到有效的贯彻实施绝非个别现象。"[①]承包地三权分置在实施中一定要本着承包地三权分置之主旨和目的来推进,要避免地方政府基于自身利益选择性实施的倾向。

四、完善承包地三权分置实施的对策建议

(一)加强顶层设计,正确处理政策与法律的关系

承包地三权分置中政策先行于法律,政策的导向指引作用为法律的修改完善奠定了基础。习近平总书记在《中央全面深化改革领导小组第二次会议上的讲话》中明确指出,凡属重大改革都要于法有据。在整个改革过程中,都要高度重视运用法治思维和法治方式,发挥法治的引领和推动作用,加强对相关立法工作的协调,确保在法治轨道上推进改革。承包地三权分置改革当属农地领域的重大改革,承包地三权分置所提出的坚持集体所有权、稳定农户承包权和放活土地经营权的改革思路要及时上升到法律的层面。2018年12月修正的《农村土地承包法》回应了承包地三权分置的政策意蕴,使承包地三权分置实现了政策层面到法律层面的转化。在进一步完善承包地三权分置的进程中,一定要秉持法治精神,加强顶层设计,及时把政策语言转化为法律语言,使承包地三权分置改革的成果以法律上权

---

① 陈刚.土地承包经营权流转与农民财产性收入增长:来自《农村土地承包法》的冲击实验[J].社会科学辑刊,2014(2):103-110.

利义务关系的模式体现出来,运用法律语言和法律保障机制切实实现承包地三权分置下公平与效率的有机融合。

(二)切实保障农户对农业经营的决定权

既然农户承包权是依据农户进行界定,那么在土地资源市场化配置的过程中就必须充分尊重农户的主体地位,切实保障农户对农业经营的决定权。农村经济发展程度和农民富裕程度与农民的理性意识、参与意识和自主意识是成正相关联的。如若忽视农户的主体地位,无疑会使农户的利益受损进而影响到承包地三权分置的实施成效和乡村振兴战略的实现。当然,农户利益的保障也是践行社会公平正义之内在要求,事关整个社会的稳定。

在承包地三权分置实施中,切实保障农户对农业经营的决定权是首要环节。从历史上讲,农民可以作为一种职业,也可以作为一种身份。根据我国目前广大农村农地经营运行实践,农户仍在农地经营当中居于重要地位。因此,此处所讲的切实保障农户对农业经营的决定权,要立足于身份来探讨农户利益保护。作为农户成员的农民,不是指职业农民,而是以居住地作为标志、以历史上的身份作为手段进行界定的,具有地缘化色彩。这部分群体在中国城镇化进程中的弱势地位基本是没有争议的。切实保障农户对农业经营的决定权,把决定权交给农户,就要确保农户在农地经营中的知情权、参与权、表达权和监督权。申言之,就是农户有权自主决定如何对农地进行经营,这当然包括农户有权自主决定是否流转土地经营权。

在社会主义市场经济的大潮下,农户已经不再是传统农民的集合体,新生代农民有了更多的新观念和新期许。一定程度上,新生代农民的土地依恋情结已经十分薄弱,甚至一些新生代农民由于常年在外务工,对于农事已经无能为力。而上了年纪的农民虽然带着强烈的土地依恋情结,但往往由于年事已高而对土地的经营显得力不从心。由此,新生代农民对农事经营的无能为力以及上了年纪的农民对农事经营的力不从心均显示出传统家庭经营的困境。在这种家庭经营的困境之下,理性农户只要土地流转后的利益大于自身经营的利益,便会主动流转承包地。应制定相对应的土地流转和市民化优惠政策,形成土地流转和退地进城落户的激励机制,这对于农村土地流转、规模经营及城镇化具有十分重要的意义。在具体农地流转实践中,如果农户不选择流转土地经营权,往往是在利益判断上出现了问题,这就需要重新审视农地流转机制,而不是强迫农户流转土地经营权。有学者在农户农地流转的自愿问题上分别选择安徽省凤阳县小岗村和东陵村进行实地调研,调研发现诱致性的土地流转方式比强制性的土地流转方式更有利于实现公平与效率的统一。

(三)促进承包地资源的市场化配置

在农地资源的市场化配置中,必须充分重视市场的力量。忽视了市场的力量,农地"三权分置"的实施会陷入困境。承包地三权分置中,农户承包权基于承载社会保障功能,是不可能进行市场化流转的。故农地资源的市场化配置所针对的农地流转,实为承包地三权分置中土地经营权的流转。农户基于其成员的农民身份承包土地后,是否流转土地经营权取决于农户的意愿,这个问题前面已经进行了充分的论述。此处主要解决的是第三方从农户手中取得土地经营权后,如何使其更有效地对农地资源进行市场化利用问题。

第三方作为土地经营权人介入农地资源本身就是市场化的力量,那就必须有效地利用市场这只无形的手,在科学有效界定产权权能的前提下充分发挥市场对农地资源配置的决定作用。在土地经营权的权能界定上,主要存在两个方面的问题。一个是土地经营权的担保融资问题,另一个是土地经营权的再流转问题。

土地经营权的融资担保问题,涉及政策与法律的协调。从政策的角度来讲,国家鼓励并创造条件实现土地经营权的担保融资功能。但从法律的角度来讲,囿于物权法定原则的法律规范限制,现阶段第三方的土地经营权是不能作为物权来对待的。2018年《农村土地承包法》第47条第1款规定:"受让方通过流转取得的土地经营权,经承包方书面同意并向发包方备案,可以向金融机构融资担保。"此处的担保并没有指明是抵押权担保或是质权担保。依据法理,一般不能在作为债权的第三方的土地经营权上设定抵押权,但质权的客体可以是债权。固可以通过法律解释的方式在第三方的土地经营权所依托的债权上设定质权,这也不与物权法定原则相冲突。土地经营权的再流转问题,从法律的角度来讲,涉及农户和第三方之间债权债务的概括转移。2018年《农村土地承包法》第46条规定:"经承包方书面同意,并向本集体经济组织备案,受让方可以再流转土地经营权。"根据此项规定,合同一方当事人转移合同中的债权债务的,须征得合同另一方当事人的同意。但是,如果农户和第三方之间所签订的合同中有自由转移条款的约定,基于意思自治的主旨,应承认产生相应的法律效力。故此,建议在制定土地流转示范文本时,应纳入关于自由转移条款,在符合法律规定之下就实现了土地经营权再流转的自由。

此外,在农地资源市场化配置中,也需在政策和法律层面对土地经营权权能予以充分保障基础上,完善相关配套措施。降低产权的实施成本,依赖于与经营权盘活相关联的生产组织和交易组织的选择与匹配。要加大土地经营权交易平台建设力度,积极培育从事土地经营权流转服务的中介组织,从土地经营权交易信息的提供、土地流转合同的签订、土地经营权的登记等方面提供高效服务。此外,鉴于土地经营权人经营过程中,需要系统的经营服务体系的支撑以提高土地经营效率,构建完善的主体多元、方式多样、市场运营的经营服务体系并实现诸如金融信贷、农地耕作、良种选择、品牌推广、农产品销售等环节的专业化运营已经成为必然选择。

（四）巩固承包地三权分置下土地承包经营权的确权成果并及时解决历史遗留问题

在承包地三权分置下，土地承包经营权有"确权确股不确地"的确权模式和"确权确地"的确权模式。"确股"就是以股份化形式确立承包农户的权属内容，"确地"就是把土地承包经营权对应的土地"四至"确定下来并反映到土地登记文书中。"确权确股不确地"和"确权确地"并不是并列关系，而是主次关系，以"确权确地"为主、"确权确股不确地"为辅，并要严格限制"确权确股不确地"的范围。笔者认为，此种土地承包经营权的确权思路值得肯定，应在后续确权实践中继续坚持。一方面在于虽然"确权确股不确地"下会形成农地的统一经营，一定程度上可以实现农地经营规模化，但集体经济组织是否有相应的经营能力？村民委员会等群众自治性组织是否有完善的治理结构和监管能力？这都值得我们深思。有学者指出："所有权的行使主体由'农民集体'异化为集体经济组织或者村民委员会等，在有的地方甚至异化为乡、村干部，成为其利用土地牟取私利、欺压农民的工具。"①在媒体报道的有些村干部贪污扶贫专项款项的背景下，把集体土地"确权确股不确地"交给集体经济组织等统一经营，值得我们审慎。另一方面，农业经营风险高、收益不确定性大。"确权确股不确地"之下，农民只有观念上的股权，并没有具体到相应的地块，农民支持该确权模式的最大动力就是能够按时分红。如果统一经营者经营不善、无法分红，势必影响农民权利的实现和该制度运行的实效，也很难实现公平与效率的有机结合。

土地承包经营权确权涉及的权属关系复杂，存在以下突出问题。第一，"证地"不符。例如一些农户私自在地边开垦，实际占有的土地面积和农户土地承包经营权证书上的地块面积不一致，这一定程度上影响了确权成果。第二，确权遗留问题凸显。为了顺利推进确权工作，一些地方把无法标定土地权属界址点、线和较难解决的土地权属争议问题进行了搁置。这都需要进一步探索解决问题的路径。应本着尊重历史、衡平利益的原则，从历史上土地使用关系的沿革脉络理清问题之所在，对于违法占地、侵害其他村民利益的行为，应坚决制止并予以纠正。

（五）牢固树立风险意识并采取有效措施化解风险

市场的优胜劣汰机制促进了资源有效运用，但这也同时伴随着风险，应帮助农民对流转收益、风险作出正确的判断，以减少因盲目流转而受到的损失。土地经营权人作为市场经营主体，风险自担是应有之义。如果土地经营权人在农地经营过程中出现了亏损并短期内无法弥补亏损，也不能以此作为拒绝向农户履行支付农地租金等义务的抗辩事由，更不能因此解除与农户签订的农地流转合同。对于农

---

① 陈小君.田野、实证与法理：中国农村土地制度体系构建[M].北京：北京大学出版社,2012:10—11.

户来讲,农户流转土地经营权后,可依据流转合同享有租金支付请求权。但市场风险会带来农地租金的波动,除非农地流转合同约定的是动态租金形成机制,否则,一旦在农地流转合同签订并依法成立生效后,农户不得依据租金的市场价格上涨而随意撕毁合同。租金的波动是市场机制形成的,属于市场风险范畴之内,也自无情势变更适用之余地。

在我国,市场经营主体有法人形态和非法人形态等。法人形态的市场经营主体资不抵债,可以通过破产程序解决债权债务纠纷;非法人形态的市场经营主体资不抵债,除了合伙企业可以进行破产清算外,其他非法人形态的市场经营主体是与破产机制无缘的。但不论哪种情形,一旦市场经营主体资不抵债,必然会使农户的债权(例如支付租金请求权)陷于无法实现或无法完全实现的境地。无视这种现实,将与国家推行承包地三权分置的功能之一,即保障农户财产权益相背离。笔者建议,可考虑设立土地经营权流转风险基金。该风险保障基金应尽量覆盖土地经营权流转的情形,由政府采取财政补贴、有关企业缴纳等形式充实基金,也可依据农户所收取租金的一定比例进行提取。这样,就一定程度上化解了土地经营风险对农户财产利益实现所带来的冲击。

(六)加强乡村治理,科学规范基层政府和村民委员会等基层组织的行为

基层政府和村民委员会在实施承包地三权分置时,要秉持其核心要义,规范运作。承包地三权分置重申要坚持集体土地所有权和家庭经营的基础性地位,稳定土地承包关系。这就意味着农村土地承包的大稳定格局在承包地三权分置中被固定下来。任何组织和个人都不能取代农户的农地承包地位,都不能非法剥夺和限制农户承包权。

基层政府是承包地三权分置实施的监督者。鉴于农地流转应是市场行为而非政府行为,有自身经济运行规律,基层政府不应主动介入到农地流转当中,要避免打着乡村振兴、承包地适度规模经营的名义,为了完成所谓的承包地流转任务而下达农地流转指标、分配承包地流转任务,甚至剥夺农户的意愿、强制农户流转土地经营权。有学者指出:"由于中央政府与地方政府间的信息不对称,以及中央政府对地方政府行为的监督面临有限能力的约束,当中央政策可能对地方政府的部门利益产生负向冲击的时候,选择敷衍而不是执行这些政策便是地方政府的一种理性选择。"[①]上述论断值得我们在承包地三权分置实施中引以为戒。承包地三权分置在实施中一定要本着承包地三权分置之主旨和目的来推进,要避免地方政府根据自身利益偏好而产生选择性实施的倾向。从公法管制角度看,土地用途管制下

---

①　陈刚.土地承包经营权流转与农民财产性收入增长:来自《农村土地承包法》的冲击实验[J].社会科学辑刊,2014(2):103-110.

农用地和建设用地泾渭分明,该种管制对于维护我国农业生产安全提供了强大制度支撑;土地规划管制有利于地权秩序科学合理,也是国际通行的惯例。但需要强调的是,管制要避免随意性,管制规范的制定和执行要奉行公权力的谦抑性,秉持法无授权即禁止的公权力行使规则,依法纠正承包地三权分置实施中的各种违法行为,让违规农地使用权人付出代价。

村民委员会属于管理村集体一般性事务的基层群众自治组织,本无经营之职权,但囿于一些地方农村集体经济组织缺位,村民委员会代行了有关农地经营的职权。这一现象短期内很难改变。在承包地三权分置之下,农地经营权人可能是已成立的农村集体经济组织,也有可能是非农村集体经济组织乃至个人。从长远来讲,对于农地经营,要避免村民委员会作为经营主体的情形。要么成立农村集体经济组织经营农地,要么由其他非农村集体经济组织或者个人经营农地。村民委员会作为村民自治组织或集体土地所有权的代表,对农地经营依据法律法规和合同进行监督。否则,可能会出现村民委员会既是运动员又是裁判员的状况,不利于村民委员会职权的正确行使。此外,市场主体的地位应该是平等的,不应受到歧视性对待。在农村集体经济组织、非农村集体经济组织或者个人对农地经营的过程中,村民委员会一定要一视同仁,不能有歧视性的村规民约或所谓的"土政策"。

第三节　承包地三权分置下《农村土地承包法》修正

《中华人民共和国农村土地承包法修正案(草案)》(以下简称《草案》)经过三次审议,已被表决通过。回顾修法的过程,两次公布修正意见稿向全民征求意见,充分体现了开放立法、民主立法。其间,也有学者撰写学术文章,提出自己的学术观点。有学者从《草案》权利类型不明、概念混乱不清、权利内容错位、权利设置重叠、用语不尽严谨、立法思想表达不明深存歧义等方面指出该草案存在的问题。指出这些问题之后,该学者还提出:土地权利作为基本的民事权利,《民法典》制定背景下也正在着手对《物权法》进行修改,一定要注意《农村土地承包法》的修改和《物权法》修改之间的协调,否则,无论是涉及"三农"的《农村土地承包法》还是作为民事基本法的《民法典》,今后都必然会出现司法裁判解释力不足和基层利益主体相生矛盾的困境。[①] 也有学者从法律概念混乱、法律逻辑错误、立法思想倒退等

---

① 陈小君.《农村土地承包法修正案(草案)》要义评析[J].中国土地科学,2018(5):1-6.

方面指出该《草案》存在的问题。① 学者们基于自己专业特长各抒己见,无疑对《草案》的进一步完善,意义重大。2018 年 12 月修正的《中华人民共和国农村土地承包法》(以下简称 2018 年《农村土地承包法》,修改前的简称旧《农村土地承包法》)的修改,增加了 9 个条文,删除了 4 个条文及 1 个条文项下的一款,修改了 32 个条文,把 4 个条文合并成 2 个条文,更改了两节的名称,总条文从 65 条变为 70 条。除了一些文字修改,实质性的内容主要围绕承包地三权分置政策入法展开。纵观 2018 年《农村土地承包法》的有关内容,虽然有很大的进步,但仍然留有遗憾。

一、法律框架的调整

2018 年《农村土地承包法》调整了第二章第四节和第五节的名称,立足于承包地三权分置政策,把土地经营权独立出来。在第四节着重规定土地承包经营权即稳定土地承包关系,以及规范土地承包经营权人对土地承包经营权的互换和转让。在第五节主要规定土地经营权的设立和土地经营权的行使和保护。

2018 年《农村土地承包法》根据承包地三权分置政策的意蕴把土地经营权从土地承包经营权中独立出来,实现了承包地三权分置政策的法律化,也为学界的争论在立法层面上画上了句号。

二、总则中的调整

相对于旧《农村土地承包法》,2018 年《农村土地承包法》总则中的变化主要体现在以下几个方面②:第一,规定土地承包经营权人行使土地承包经营权的方式,既可以自己进行经营,也可以为他人设定土地经营权,自己保留土地承包权。这回应了承包地三权分置政策,实现了政策的法律化表达。第二,强调对土地经营权的保护。土地经营权源于土地承包经营权,其权利内涵是对承包地的占有、使用、收益。把土地经营权打造成市场化的权利,进行市场化配置,既有利于培育和发展家庭农场、合作组织和农业企业等新型农业经营主体,也有利于培育新型职业农民。

---

① 高飞.土地承包权与土地经营权分设的法律反思及立法回应:兼评《农村土地承包法修正案(草案)》[J].法商研究,2018(3):3-14.

② 2018 年《农村土地承包法》总则中共 12 条,相比旧《农村土地承包法》增加了 1 条,新增加的 1 条为 2018 年《农村土地承包法》中的第 9 条:承包方承包土地后,享有土地承包经营权,可以自己经营,也可以保留土地承包权,流转其承包地的土地经营权,由他人经营。2018 年《农村土地承包法》中还对旧《农村土地承包法》第 10 条进行了修改,2018 年《农村土地承包法》中第 10 条规定:国家保护承包方依法、自愿、有偿流转土地经营权,保护土地经营权人的合法权益,任何组织和个人不得侵犯。除此之外,2018 年《农村土地承包法》中还对个别条文进行了调整。

(一)土地承包经营权与土地承包权关系

在 2017 年 10 月公布的《农村土地承包法修正案(草案)》(以下简称《一审稿》)中直接规定了土地承包权和土地经营权,并分别对土地承包权和土地经营权进行界定①。笔者认为,如果从作为土地承包经营权的产生权源来讲,土地承包权也可看作取得土地承包经营权的一种资格。但在承包地三权分置背景下把土地承包权仅仅解释为一种资格,值得商榷。中央发布的《关于完善农村土地所有权承包权经营权分置办法的意见》明确规定,农村集体土地由作为本集体经济组织成员的农民家庭承包,不论经营权如何流转,集体土地承包权都属于农民家庭。如若把土地承包权作为承包土地的资格,一旦农户取得土地承包经营权后,这种资格即已经实现,就不会存在不论经营权如何流转,集体土地承包权都属于农民家庭的问题。从另一个角度来讲,一轮承包到二轮承包再到二轮承包到期后自动顺延 30 年的规定以及"大稳定、小调整"到"生不增、死不减"的趋势,已经意味着土地承包资格的稳定,如把承包地三权分置政策中的土地承包权界定为土地承包经营权的源权利,稳定土地承包权究竟有多大的意义,也值得反思。也许正是基于此种考虑,从 2018 年 10 月《农村土地承包法修正案(草案)》(以下简称《二审稿》)第二次审议开始,上述界定即删除了。

(二)"可以保留土地承包权,流转其承包地的土地经营权"的检讨

2018 年《农村土地承包法》第 9 条中规定,承包方"可以保留土地承包权,流转其承包地的土地经营权"。这是否意味着土地承包经营权人把土地经营权流转之后,自己就不再享有土地承包经营权而享有土地承包权呢? 根据民法理论,在某一种民事权利上设定一种权利,并不意味着该民事权利人丧失了该权利,只是该权利的权能或曰效力范围受到了限制,一旦所设定权利消灭后,该民事权利即恢复到圆满支配状态。例如,所有权的权能包括占有、使用、处分和收益,如果该标的物上设定了他物权,我们不能因此推出所有权人的部分权能灭失,只是所有权的部分权能受到了限制;一旦他物权消灭,所有权即回复到圆满支配状态。具体到集体土地所有权来讲,我们不会认为在集体土地所有权上设定了土地承包经营权,集体土地所有权的称谓就要发生改变。由此,我们也不能认为土地承包经营权人流转了土地经营权后就丧失了土地经营权。从逻辑演绎上讲,土地承包经营权人流转土地经营权后只会导致土地承包经营权人的经营权能受到了限制,一旦流转对象丧失了土地经营权,则土地承包经营权人的土地承包经营权即恢复到圆满支配状态。故在解释有关条文的时候,我们不如把土地承包经营权人流转土地后所享有权利仍

---

① 《一审稿》第 6 条规定:以家庭承包方式取得的土地承包经营权在流转中分为土地承包权和土地经营权。土地承包权是指农村集体经济组织成员依法享有的承包土地的权利。土地经营权是指一定期限内占用承包地、自主组织生产耕作和处置产品,取得相应收益的权利。

然界定为土地承包经营权,而应认为该土地承包经营权的经营权能受到限制。而2018年《农村土地承包法》中的上述规定在解释角度似乎产生争议,值得反思。如果把2018年《农村土地承包法》第9条表述为"承包方承包土地后,享有土地承包经营权,可以自己经营,也可以通过流转由他人经营",则更为科学。

三、土地承包经营权的调整

第二章第四节新调整的内容共4条①。相对于旧《农村土地承包法》,2018年《农村土地承包法》中对于土地承包经营权的新规定,主要体现在以下几个方面:第一,尊重初始取得的土地承包经营权。即使承包期内全家落户城镇并取得了稳定的城市保障,也不再规定"应当将承包的耕地和草地交回发包方",而是采取支持引导的方式,这可以界定为从强制转向自愿。第二,规定自愿交回承包地可以获得合理补偿。这不仅体现了公平原则,而且有利于增强土地承包经营权人交回承包地的动力。第三,对于承包地的互换也可以看作土地承包经营权的互换,除了个别用语上的差别,新旧规定基本一致。第四,对于承包地(土地承包经营权)在本集体经济组织内部农户之间的转让,2018年《农村土地承包法》废除了"承包方有稳定的非农职业或者有稳定的收入来源的"的规定,较之旧《农村土地承包法》,内部转让变得宽松。

（一）土地承包经营权主体变更的进一步限制

2018年《农村土地承包法》中对土地承包经营权的主体变更仅限为四种情形,分别为个别调整、农户互换、农户内部转让和农户自愿交回。此外,旧《农村土地承包法》中的通过家庭承包取得的土地承包经营权可以依法转让被2018年《农村土地承包法》废除②。笔者认为,严格压缩土地承包经营权的主体变更空间,是承包地三权分置中稳定土地承包权精神的具体体现。很明显,国家采取此种举措,绝不能理解为把农民绑到土地上,而应理解为对农民的社会保障,同时也彰显了我国政策及法律制定者的智慧和魄力。

（二）土地经营权设定的立法体系应予检讨

与此同时,2018年《农村土地承包法》中第四节关于土地承包经营权人对土地进行经营及流转土地经营权问题没有规定,而是规定在第五节。但是,土地经营权是径行从土地承包经营权中分离的吗?回答当然是否定的。土地承包经营权主体

---

① 新调整的内容涉及2018年《农村土地承包法》第27条第2款和第3款、33条、34条和35条。

② 旧《农村土地承包法》第32条规定:通过家庭承包取得的土地承包经营权可以依法采取转包、出租、互换、转让或者其他方式流转。

不变更下土地经营模式应该多元化,即包括农户的自身经营,也包括农户流转给第三人经营。笔者认为,土地承包经营权在流转中分为土地承包权和土地经营权不够科学,我们不如把土地承包经营权人流转土地后其所享有权利仍然界定为土地承包经营权,只是该土地承包经营权的经营权能受到限制,流转对象取得土地经营权。基于此,笔者认为把土地承包经营权人对承包地的自我经营及其为他人设定土地经营权均规定于第四节较为科学合理。在第四节中,明确土地承包经营权人流转土地经营权的原则、流转土地经营权的方式及土地经营权流转后土地承包经营权人的土地承包经营权不变,并指出土地承包经营权人可以将土地经营权入股及用土地经营权向金融机构融资担保。这样一来,第二章第四节保持了一个完整的体系,即围绕承包方的土地承包经营权而展开规定,即稳定了土地承包经营权,又保障了土地承包经营权人对承包地的多元经营利用。但遗憾的是,立法机关并没有采纳这一思路。

(三)人地矛盾问题回避的立法遗憾

2018 年《农村土地承包法》并没有对人地矛盾突出的问题进行回应。人地矛盾自从国家实行"生不增、死不减"政策后就一直存在。"户这一整体性组织的存在意味着应以稳定性为主,并不具有成员个人具备的可流动性和可调整性,而实行这一政策,显然是对新增人口土地分配权的公然忽视,同时也有悖于公平原则。"①《一审稿》第 27 条规定,因特殊情形矛盾突出,需要对个别农户之间承包的耕地和草地适当调整的,除非承包合同约定不得调整,否则,履行相应的程序可以进行调整。具体由省(自治区、直辖市)制定地方性法规规定。但在之后的《二审稿》中,上述有关规定被删除了。在 2018 年 12 月全国人民代表大会宪法和法律委员会关于《中华人民共和国农村土地承包法修正案(草案)》审议结果的报告中指出,承包地调整问题政策性很强,多年来,中央在承包地调整问题上的政策没有变化,不久前印发的中央文件对有关精神再次作了强调。因此,建议本次修法对现行法律有关调整承包地的规定不作修改,维持现有规定不变。可见,立法机关的态度仍然是维护政策和法律的延续性。

国家之所以稳定承包关系,不充分打乱,笔者认为,主要基于以下几点理由:第一,承包土地是以户为单位进行的,户之成员不断发生变动。任何一个节点的重新分配在人口变动的背景下经过一段时间仍然会形成新的不公平;第二,调整土地事关农村的稳定和农民利益的保障。不同之农户对土地经营之投入会形成差异,由此导致土地肥力的多元化。打乱重分无疑会抑制农户对土地投入的积极性,不利于稳定粮食生产和保障国家的粮食安全;第三,以户为单位的土地承包是基于当初

---

① 温世扬,梅维佳.土地承包经营权主体制度的困境与出路[J].江西社会科学,2018(7):163-171,255-256.

承包土地人口的数量进行展开的,以后由于户之间人口的变动形成户所承包土地与户之人口的不协调,但不会导致户之人口没有可耕土地。再加上农民的非农收入(例如外出务工)在农户收入的主导性和农地收益的有限性,并不会引起严重的社会不公。但是,在一些地方,人地矛盾确实比较突出。对人地矛盾突出的地区,针对根据户之人口核算超面积占有承包地的农户,能否实行动账不动地①,对超出部分实行有偿使用承包地,值得考虑。有学者指出:"可在部分地区推行'承包地有偿使用制度',并以收取的承包费补偿未分配或者失去承包地的集体成员。这是实现土地承包经营权'长久不变'的现实方法,也是实现集体成员之间公平的可选路径。"②

四、土地经营权的立法塑造

土地经营权作为第五节内容,旧《农村土地承包法》条文基本全部进行了调整,只是修改幅度有大有小,又增加了 6 个条文③。相对于旧《农村土地承包法》,2018 年《农村土地承包法》中的变化主要体现在以下几个方面:第一,规定土地承包经营权人对土地经营权可以流转的方式,不仅有出租(转包),还有入股等新的流转方式。第二,明确承包方也就是土地承包经营权人有权依法自主决定土地经营权是否流转和流转的方式。第三,强调土地经营权的流转并不改变承包方与发包方的承包关系,土地承包经营权人仍然有土地承包经营权。第四,对入股经营作出了重大调整。旧《农村土地承包法》仅规定承包方之间联合入股的方式④,2018 年《农村土地承包法》中明确土地经营权入股,并不强调承包方之间⑤,这为工商资本介入农业合作生产和农业产业化经营奠定了基础。第五,明确了土地经营权人的保护。土地承包经营权人不得随意解除土地经营权流转合同;土地经营权人可以依法再流转土地经营权和以土地经营权进行融资担保。

---

① "动帐不动地"也可称为"调钱不调地"。主要是在人地矛盾的背景下以田租平衡人口增减利益。人口减少的农户,每年拿出当地平均水平的田租补偿给增加人口的农户,而不调整承包地。

② 陆剑.农村土地承包法修改中农民朴素公平观及其制度回应[J].西北农林科技大学学报(社会科学版),2016(5):68-76.

③ 2018 年《农村土地承包法》中增加的 6 个条文分别为 41 条、42 条、43 条、45 条、46 和 47 条。

④ 旧《农村土地承包法》第 42 条规定:承包方之间为发展农业经济,可以自愿联合将土地承包经营权入股,从事农业合作生产。

⑤ 2018 年《农村土地承包法》第 36 条规定:承包方可以自主决定依法采取出租(转包)、入股或者其他方式向他人流转土地经营权,并向发包方备案。

(一) 土地经营权再转让和融资担保需征得同意的检讨

忽视了市场的力量,承包地三权分置的实施也是孤掌难鸣的。土地使用权人介入土地资源本身就是市场化的力量。近年来,农地流转规模持续快速增加,由工商企业以企业或个人等形式转入的土地面积规模尤为引人注目,工商资本数量大大增加,并不断从流通领域扩展到农作物生产和加工领域。那么,在整个土地使用权人使用权行使期间,也必须充分利用市场这只无形的手,充分发挥市场的土地资源配置的基础决定作用。土地使用权人通过土地流转合同取得土地使用权,在法律层面一定要对该土地使用权的权能予以充分的保障,尤其是土地经营权人取得的土地经营权的担保融资功能和再流转功能。但遗憾的是,2018 年《农村土地承包法》第 46 条中增加了要经过土地承包经营权人的同意,这到底是放活土地经营权还是限制土地经营权,需要进一步反思。

(二) 土地经营权性质的困惑

土地经营权能否界定为用益物权,2018 年《农村土地承包法》中没有回答。有学者指出:"我国现行法律对租赁合同规定的十分周延,不存在法律适用的难题。也是与大陆民法权利义务的基本谱系分类所契合。'经营权'表达为民法上债权性质的承包地经营权,对于实现其自由流转的目的,于基本法理来讲并不违背。"[1]此即为学界主张的土地经营权债权说。也有学者指出:"以土地承包经营权的流转是否登记为标准确认其权利性质,如果土地承包经营权的流转已经登记则认定其为物权,如果土地承包经营权的流转未登记则仅仅具有债权性质。"[2]这种观点可以称之为土地经营权二元说。

债权作为一种对人权,不足以保护土地经营权人的利益,不符合放活经营权的目的。放活经营权,需要实现农用地的多元化经营,并不是承包方一厢情愿流转土地即可解决的事情,需要有一个健全的土地流转市场。而作为流转标的的土地经营权在法律上没有充分的权能保障,是否会打消经营主体权利预期不稳定的顾虑,是否有经营主体愿意接受这种权能不充分的权利,值得我们思考。土地经营权二元说的界定基于土地经营权设立的方式不同而分别进行界定,看似合理的外表实际上隐含着法律上难以协调的矛盾。上述两种主张均无法回应承包地三权分置政策中通过"放活经营权"而实现土地适度规模经营的政策诉求。

把土地经营权界定为物权更为妥当。我们把土地经营权界定为用益物权,并不等于土地承包经营权人在流转土地的时候必须为他人设定土地经营权这种用益物权,其也可以采取债权方式进行流转。这样,即符合交易习惯,也不会增加交易

---

① 杨志航.土地承包经营权的立法问题[J].广西社会科学,2017(7):103-107.

② 赖丽华.基于"三权分置"的农村土地经营权二元法律制度构造[J].西南民族大学学报(人文社科版),2016(11):112-118.

成本,只是给土地经营权人在流转土地的时候提供了更多的选择路径。对于土地经营权人来讲,其取得了可以通过流转取得用益物权的可能性。具体采取什么方式流转农用地,是双方衡量彼此利益和博弈的结果。法律上规定土地经营权为用益物权并不会伤害土地承包经营权人及土地经营权人的利益。从严谨的法律论证进程来讲,只有基于物权对承包地进行占有、使用和收益,才是真正意义上的土地经营权。基于债权对承包地进行占有、适用和收益,我们可以也把这种行为界定为土地经营权,但其法律关系及救济路径并不是依据土地经营权来展开的。从应尽可能地优化权利人的法律地位、使土地经营权成为更为有效的融资手段等方面出发,将土地经营权设计为用益物权确有必要。

具体政策进入法律体系必须经过法律之网的充分过滤,尤其是具体政策是否足够的抽象化而获致法律规范的性格。承包地三权分置政策的法律化也不例外,焦点也集中在如何把承包地三权分置政策经过法律之网的充分过滤而获致法律规范的性格。2018年《农村土地承包法》的通过,实现了承包地三权分置政策的法律化,但不足和遗憾仍有待学界和实务界继续努力。

第四节　承包地三权分置下承包经营关系法权构造

承包地三权分置从2013年提出,到2018年《农村土地承包法》修改,再到2020年《民法典》编纂,可以看出承包地三权分置由政策语言到法律语言的演变过程,彰显了我党对承包地三权分置认识的逐步深入。承包地三权分置即农村土地集体所有权、农村土地承包权和农村土地经营权分置,要在落实农村土地集体所有权的基础上,稳定农户承包权,放活土地经营权。学界对于承包地承包经营关系权利结构的研究,成果颇丰,但争议也较大。

一、承包地承包经营关系有无分置的必要

在承包地三权分置正式被提出之前,早在20世纪90年代就有学者对土地承包经营关系进行了相应的探讨。这些学者一方面认识到土地承包关系下土地对于农民最基本的保障作用,另一方面也关注土地承包关系下提高农地利用效率、促进农地流转和农业适度规模经营的重要意义,提出了承包地三权分置的主张。进入21世纪,一些地方甚至出台了承包地三权分置的指导性意见。在承包地三权分置被提出来之后,很多学者进一步指出了承包地三权分置的巨大意义。归纳起来,主要包括:第一,保障农民对于土地的利益,彰显了农民的社会保障;第二,解决承包地的流转问题,有利于承包地向种田大户、种田能手等新型农业经营主体流转,进

而实现农业适度规模经营;第三,推进农业经营升级改造,方便引入绿色农业、科技农业,提高我国农产品的竞争力。

对承包地三权分置有所保留的学者,在具体论述的过程中,也存在不同的思路和主张。第一类学者认为土地承包经营权虽然基于特定身份取得,但其终究还是私权,是农民的财产权。该类学者主张土地承包经营权承担社会保障功能是一个伪命题,不承认土地承包经营权的社会保障功能,认为土地承包经营权可直接入市交易,要取消现行法律中对该权利的交易限制。限制土地承包经营权的流转,"无异于将土地承包经营权人束缚于农地,变为'农奴'"①。该观点的核心是从土地承包经营权的权能改造出发,赋予农户完整意义上的土地承包经营权权能。此类观点主要集中在承包地三权分置提出前,针对的是学界提出的承包地三权分置主张。当然,在承包地三权分置入法背景下,仍有学者认为:"无论从切实稳定土地承包经营权人的权利预期,还是从促进集体土地依法自主流转来说,都应当将土地承包经营权界定为单纯具有财产权属性的用益物权"。② 第二类学者主要从实施承包地三权分置可能引起相应负面效应的角度出发,认为维持承包地两权分离更为妥当。具体论述依据包括新型经营主体是否有足够的利润空间,是否会产生"地租侵蚀利润"问题;如新型经营主体盈利困难,可能致使租金难以支付,进而加重土地经营权流转的现实成本;工商资本下乡,培育新型经营主体,在传统粮食作物利润有限而又要支付土地成本的前提之下,会增加"非粮化"的种植倾向,进而影响到我国的粮食安全。此外,从法律制度的构建来讲,承包地三权分置可能会造成对土地承包经营权属性的误读及土地承包经营权的混乱。对土地承包经营权进行拆分和再造,是经济学主导的农村土地承包经营关系变革,从法理上而言存在逻辑难以自洽,强行入法会导致法律关系混乱,现行立法技术难以容纳。③

综上,不同的解决思路,形成了不同的改革路径进程设计。支持承包地三权分置的学者肯定土地承包经营权的社会保障功能,主张以派生出的土地经营权实现土地资源的市场化和适度规模经营。对承包地三权分置有所保留的学者要么认为土地承包经营权具有社会保障功能本身就是一种误读,只有直接把土地承包经营权市场化,才能真正落实农民的财产权;要么认为承包地三权分置会引起很多负面效应,甚至会引起法律关系的混乱,得不偿失。在承包地三权分置强力推进并已经入法的前提之下,对承包地三权分置有所保留,学者主张的观点和思路更多具有的是学术意义,但其分析的承包地三权分置的可能引起的负面效应,则对于我们完善承包地三权分置具有重要的借鉴意义。

① 高圣平.土地承包经营权权能论纲:以处分权能为中心[J].社会科学,2012(7):95-101.
② 张宇.论土地经营权的生成进路和体系定位[J].西北农林科技大学学报(社会科学版),2022(6):68-74.
③ 申惠文.农地三权分置改革的法学反思与批判[J].河北法学,2015(4):2-11.

二、土地承包权与土地承包经营权的关系

(一)土地承包权是土地承包经营权的源权利

该观点认为土地承包权是土地承包经营权取得的前提,基于农民集体成员的身份取得,属于集体成员权的范畴。在《农村土地承包法》修改之后,仍有学者认为"无论如何界定承包权,其本质是一种取得或保有承包地的资格,而不包含实实在在的财产利益"[①]。该观点的论证思路是集体经济组织作为集体土地的发包人进行发包土地,农户基于作为集体所有土地的承包人对集体发包的土地进行承包。通过土地承包权的行使,农户取得土地承包经营权,土地承包权应当作为土地承包经营权产生的权源和基础。如果仅仅从作为土地承包经营权的产生权源来讲,土地承包权是指农村集体经济组织成员享有的依法承包由本集体经济组织发包的农村土地的权利,当然,这也可看作一种资格,是没有问题的,但问题远非如此简单。

有学者指出,土地承包权"是成员权,该权利在法律、中央文件中已得到体现和确认"[②]。我们认为,中央文件是确定了土地承包权,但作为成员权确定,在承包地三权分置背景下,把土地承包权解释为一种资格,根据中央文件,值得商榷。依据2015年中央发布的《深化农村改革综合性实施方案》和2016年中央发布的《关于完善农村土地所有权承包权经营权分置办法的意见》(以下简称《三权分置意见》)可知,农户的土地承包权是与所承包的土地紧密结合在一起的,是对所承包土地依法享有占有、使用、收益等权利。把承包地三权分置中的土地承包权理解为作为土地承包经营权的产生权源,也就是说作为土地承包的资格,归入到成员权的范畴,是对承包地三权分置中土地承包权的误解。此外,如果把土地承包权界定为取得土地承包经营权的源权利,是否与我国"大稳定、小调整"及"生不增、死不减"的既有承包机制相一致,殊值深思。我们知道,就承包现实来讲,农民个人是不与土地承包经营权一一对应的,土地承包经营权对应的是农户。根据政策及现行立法,我国也不把农户当中若干成员资格的丧失作为收回相应土地承包经营权的理由,除非农户这一主体消灭。在取得土地承包经营权期间,户之成员是否发生成员资格的变动,并不会影响到土地承包经营权的存续和行使。

当然,有学者把土地承包权界定为一种承包土地的资格,其也认识到由于我国土地承包政策是对土地不实行打乱重分而是到期顺延,该种资格在实践中存在实

① 刘锐.《民法典(草案)》的土地经营权规定应实质性修改[J].行政管理改革,2020(2):11-17.

② 张占斌,郑洪广."三权分置"背景下"三权"的权利属性及权能构造问题研究[J].西南大学学报(社会科学版),2017(1):29-37.

现的困难。其提出的解决办法是把土地承包份额化的"确权确股不确地",并进一步指出:"仅仅完善承包权,并不能使'三权分置'政策中的农户承包权得以稳定,由承包权出发加强农村集体经济组织成员权建构,才是'稳定农户承包权'的治本之策"①。这种主张把土地承包权看作集体土地所有权实现的形式,是农民基于成员资格而取得的对土地的承包资格,并不与具体地块相对应,但享有集体土地流转收益的分享权。这对农村土地资源的公平化配置意义重大,是对农村土地改革探索的积极尝试,可以看作是法学界学者对于土地承包经营权权能改造的具有积极意义的学术设计。由于无法进行实证法的论证和量化的分析,我们无法判定其实施实效,但其前提是把承包地三权分置中的土地承包权界定为土地承包经营权的源权利之资格权来对待的,能否为承包地三权分置所容纳,不得不引起思考。

从农村土地承包发展的历史来讲,土地承包是农民自发加上政策指引的结果。"生不增、死不减"政策已经落实到法律文本当中,农村土地打乱重分已被政策和法律明确禁止。如果把土地承包权界定为资格权说,无疑没有太大实际意义,反而引起新增人口或失地人口由于无法重新取得土地而依据该土地承包权提出救济,进而引起社会矛盾增多。此外,如果把土地承包权界定为资格权,如何解释土地承包权人对承包土地进行占有、使用和收益?如何解释农户承包经营权派生出土地经营权?由此,承包地三权分置中的土地承包权不应作为土地承包经营权的产生权源,更不应该被界定为资格权。

（二）土地承包权包含土地承包经营权

该观点认为土地承包权是基于农村集体组织成员的特定身份而取得的请求承包土地、对土地进行利用并收益的权利。其核心是把土地承包权人的承包土地、取得土地、流转土地等结合在一起。如有学者认为土地承包经营权的权能包含:承包土地请求权、承包土地收益权、承包土地回收权、承包土地占有和使用权、承包土地经营收益权、有限制的流转权,并主张前三项权能构成土地承包权。② 该观点的论证思路是农户作为集体经济的成员,其应当享有集体资源带来的红利,这种红利的体现之一即是农户对集体土地所拥有的权利。基于此,对农村土地进行承包及承包后的收益和救济是土地承包权的当然权利内容。该观点下的土地承包权内涵丰富,其论证的逻辑也很清晰,但把承包请求权作为土地承包权的内容之一是否与承包地三权分置中土地承包权有所出入值得反思。此外,对于如何处理土地承包权和现行法上的土地承包经营权之间的关系,该观点仍然语焉不详。

① 高飞.土地承包权与土地经营权分设的法律反思及立法回应:兼评《农村土地承包法修正案(草案)》[J].法商研究,2018(3):3-14。

② 马俊驹,丁晓强.农村集体土地所有权的分解与保留:论农地"三权分置"的法律构造[J].法律科学(西北政法大学学报),2017(3):141-150.

（三）土地承包权等同于土地承包经营权

该观点认为土地承包权实际为土地承包经营权,即权利人基于土地承包权可以对所承包土地进行占有、使用和收益。[①] 该观点的论证思路是农户通过承包集体土地的承包行为,取得土地承包经营权。农户作为土地承包经营权人,可以流转土地经营权。承包地三权分置中的土地承包权等同于法律文本中的流转土地经营权后的土地承包经营权,是对土地承包经营权在特定情形之下的一种特定称谓。简言之,可以认为土地承包权等同于土地承包经营权。

需要明确的是,土地承包经营权基于特定农户身份而取得,该权利的产生具有身份色彩。但该权利产生之后,其是一种财产权,法律上称之为用益物权。该种用益物权的市场化程度很弱,也就是国家政策法律仍然把土地承包经营权和农户绑定到一起。这种绑定不能证成该权利是集身份与财产为一体的综合性权利,而是为了保障农民长期利益之实现,防止该项权利转让之后使农民处于失地无依之状态,实际在为农民的社会保障背书。以土地承包权为土地承包经营权并稳定之,无疑实现了该项社会保障的功能。把该权利归结为具有身份属性的权利并以此为由论证该权利无法流转,是对该权利的错误解读;把该权利归结为具有社会保障属性的财产权,并以此为由说明该权利无法流转才符合承包地三权分置中土地承包权的要旨。

综上,把土地承包权界定为土地承包经营权源权利的资格权主张,以及把土地承包权的权利内容扩展为承包土地请求权、承包土地收益权、承包土地回收权的主张均已经超出了承包地三权分置中土地承包权的权利内涵。土地承包关系是改革开放后以安徽小岗首创并复制推广的家庭承包背景下的土地利用关系,是集体土地所有权和集体农户成员权实现的制度产物,故从政策意蕴和法律旨意出发分析土地承包权,应是必然选择。唯有把土地承包权界定为法律文本中的土地承包经营权,才符合承包地三权分置的政策旨趣。在2017年10月公布《中华人民共和国农村土地承包法修正案(草案)》(《一审稿》)中直接规定了土地承包权,认为土地承包权是指农村集体经济组织成员依法享有的承包土地的权利,但从《二审稿》开始,上述界定即删除了。《民法典》也沿袭这种做法。通过法律的体系解释,承包地三权分置政策中的土地承包权应为法律文本中的土地承包经营权。

三、土地经营权的法律定性

土地经营权源于土地承包经营权,其权利内涵是对承包地的占有、使用、收益。界定土地经营权,把土地经营权打造成市场化的权利,进行市场化配置,有利于新

---

① 管洪彦,孔祥智.“三权分置”中的承包权边界与立法表达[J].改革,2017(12):68-79.

型农业经营主体的形成和土地资源的适度规模经营。但对土地经营权法律定性,学界争论很大。

(一)土地经营权债权说

该观点认为土地经营权为债权。一方面我国法律对债权不存在法律适用的难题,另一方面可以实现承包地的自由流转。此外,只有把土地经营权界定为债权,才能符合物权逻辑。为了使该种权利得到进一步的保护,可以采取措施使其具有物权化的倾向。有学者分析《农村土地承包法》修改的内容,通过法律解释,从土地经营权的流转排除了转让与互换、土地经营权的再流转或融资担保需征得土地承包经营权人的同意等方面进行论证,认为2018年12月修正的《农村土地承包法》把土地经营权界定为债权。[①] 也有学者从对土地承包经营权的负面影响角度指出如果把土地经营权定性为物权,将冲击土地承包经营权。[②] 是否把土地经营权界定为债权才符合物权制度基本原理和物权逻辑,笔者后面有阐述。但把之界定债权便可以实现承包地的自由流转,笔者持怀疑态度。此外,是否与中央承包地三权分置的放活土地经营权相一致,也值得商榷。

从逻辑上讲,若土地经营权界定为债权,这种权利无非就是针对土地承包经营权人的权利,不具有如物权的对世性。即使进行了登记,其获得的也是一种消极保护的问题,即土地承包经营权人如再把该块承包地流转给其他人,则其他人不可能取得与前一土地经营权人相冲突的土地经营权,只能选择追究土地承包经营权人的违约责任。而对于土地经营权人的积极保护问题,例如不特定第三人干涉土地经营权人对承包地的正常使用,债权性质的土地经营权是无法解决的,土地经营权人只能基于占有制度进行解决。由此,该种权利之弱势地位可想而知。另外,土地经营权作为债权性质的权利,从法律的严谨性来讲是无法自圆其说的,甚至不能称得上权利,只能看作基于土地流转合同而使土地经营权人基于债权而对承包地进行经营。也就是说,基于土地承包经营权人和土地经营权人之间签订的土地流转合同,土地经营权人取得了债权,基于该债权土地经营权人可以对该块承包地进行占有、使用和收益,但该占有、使用和收益的权利来源是债权而非土地经营权。此时,土地经营权只不过是通俗化的一种表述而已,在法律的救济框架内是无法寻觅其踪迹的。如此弱化的效能和如此法律概念上的矛盾,如何能使土地经营权人有稳定的收益预期? 如何能促进承包地的自由流转? 如何能真正放活经营权? 不得不引起我们的深入反思。

---

① 高圣平.农地三权分置改革与民法典物权编编纂:兼评《民法典各分编(草案)》物权编》[J].华东政法大学学报,2019(2):14-24.

② 孟勤国.论新时代农村土地产权制度[J].甘肃政法学院学报,2018(1):11-21.

(二) 土地经营权二元说

该观点针对土地经营权的不同流转条件或是否登记,赋予其不同的权利属性。有学者认为,土地经营权在土地承包经营权转包、出租和入股方式流转条件下属于债权性质的权利;在其他流转条件下属于物权性质权利。① 也有学者指出,如土地承包经营权人在设定土地经营权的时候进行了登记,则该土地经营权为物权,否则,该土地经营权为债权。② 甚至有学者在论述土地经营权二元说的时候明确指出"土地经营权兼具物权性与债权性的二元法律属性亦将同时呈现"③。

土地经营权二元说的界定基于土地经营权设立的方式不同而分别进行界定,看似合理的外表实际上隐含着法律上难以协调的矛盾。就对他人之物的一般利用来讲,无非基于债权或物权。基于物权而利用让人之物,则应受制于物权法定原则;基于债权而利用他人之物,则秉持意思自治之原则。我们把土地经营权界定为用益物权,并不等于土地承包经营权人在流转土地的时候必须为他人设定土地经营权这种用益物权。土地承包经营权人基于理性的考量可以选择为他人设定土地经营权这种用益物权,也可以采取债权方式进行承包地流转。法律上把土地经营权界定为用益物权,只是为土地承包经营权人在流转土地的时候多提供一个选项而已。对他人之物进行占有、使用、收益的权利基础是多样的,不能因为基础的多样就把该权利进行割裂。谢在全从三个方面比较了债权形态和物权形态不动产利用权的差别,对两种不同形态下利用他人之物进行了区分:第一,物权形态要遵守物权法定,债权形态秉持契约自由;第二,物权形态为独立及纯粹财产权,债权形态以人之信用为基础;第三,物权形态为对物之权利,债权形态乃对人之请求权,并认为:"民法就他人不动产之用益权之取得,于制度设计上采借贷或租赁之债权形态与用益物权之物权形态之二元体系构成之。"④

从严谨的法律论证进程来讲,只有基于物权对承包地进行占有、使用和收益,才是真正意义上的土地经营权。基于债权对承包地进行占有、适用和收益,我们可以也把这种行为界定为土地经营权,但其法律关系及救济路径并不是依据土地经营权来展开的,具体分析如下。如果土地承包经营权人和土地经营权人产生纠纷,则依据二者之间签订的《土地流转合同》中界定的彼此之间的权利义务去解决;如果土地经营权人与不特定三人因不特定第三人对土地经营权人正常占有、使用和收益进行阻碍产生纠纷,则应依据《民法典》中的占有制度进行保护和救

① 孙中华.关于农村土地"三权分置"有关政策法律性问题的思考[J].农业部管理干部学院学报,2015(3):1-5.

② 赖丽华.基于"三权分置"的农村土地经营权二元法律制度构造[J].西南民族大学学报(人文社科版),2016(11):112-118.

③ 王辉.论土地经营权的二元法律属性及其实践价值[J].浙江学刊,2019(3):95-101.

④ 谢在全.民法物权论(中册)[M].北京:中国政法大学出版社,2011:426.

济,绝对是不能依据土地经营权受到侵犯而救济的。[1] 债权具有相对性,不可能依据土地承包权人和土地经营权之间的债权关系去追究不特定第三人的此种民事责任。因此,认为土地经营权为"二元说"的观点混淆了两种不同性质的法律关系,是不科学的。

(三)土地经营权用益物权说

该观点认为债权作为一种对人权,不足以保护土地经营权人的利益,不符合放活土地经营权的目的。放活土地经营权,需要实现农用地的多元化经营,并不是承包方一厢情愿流转土地即可解决的事情,需要有一个健全的土地流转市场。土地经营权在法律上界定为用益物权,可以打消经营主体权利预期不稳定的顾虑。此外,把土地经营权界定为用益物权并不存在法律上难以无法克服的理论障碍和立法技术。

就法律理论而言,依照权利分层理论,可以把土地经营权作为次级用益物权,其基于土地承包经营权产生,但一旦独立,土地经营权的效力即优先于土地承包经营权的效力。从比较法的视野和学术的角度,均可以发现支撑权利分层理论的实践和论证。德国联邦最高法院以判例的方式承认所有权人也可以为自己设定地上权,地上权人亦可以设定下级地上权,即在地上权上设定次级地上权。[2] 由此,用益物权人可以用益物权为客体为他人设定次级用益物权。依照权利分层理论,将土地经营权从土地承包经营权中分离,赋予其物权属性也应不存在障碍。

值得注意的是,土地经营权的物权定位,是在承包地三权分置的大背景下展开的,目的是达到"放活土地经营权"的目的。有学者提出土地经营权与土地承包经营权在法律性质上相同,可以通过改造现行法中的土地承包经营权实现土地经营权物权法的目标。[3] 这种认识实际上仅仅把土地承包权作为承包土地的资格而把土地经营权看作现行法律上的土地承包经营权。据前述,我们认为,承包地三权分置中的土地承包权即是现行法律中的土地承包经营权。那么,再把土地经营权作为土地承包经营权,似与承包地三权分置不甚一致,故该种观点值得怀疑。

---

① 这个问题涉及在法律权利体系当中不意味着使用他人之物就必须基于用益物权。基于物权法定原则,依托债权对他人之物的使用在实践中相当普遍。这就如同权利人有一处商品房,其可以选择租赁,此时,他人取得了对该房屋的占有、使用甚至收益的权利,但他人很明显是基于债权而非物权对该商品房进行使用。在此种情形下会形成两种不同的法律关系,基于债权在该房屋所有人和使用人之间的债权债务法律关系,典型的权利义务为房屋所有权人应在合同约定期限内保障使用人的使用,他人应及时支付租金;另一层法律关系是房屋使用权人对不特定第三人的关系,如果第三人干涉房屋的正常适用,则房屋使用权人可以基于《民法典》中的占有制度进行保护和救济。

② 鲍尔、施蒂尔纳.德国物权法(上册)[M].张双根,译.北京:法律出版社,2004:652.

③ 张学博.农村土地"三权分置"的法理逻辑:从政策和法律双重视角切入[J].新疆师范大学学报(哲学社会科学版),2017(6):103-111.

综上,土地经营权债权说弱化了土地经营权的财产权能,甚至在严谨的法律体系框架内,无法寻求其独立的救济路径和保障措施。土地经营权二元说混淆了两种不同性质的法律关系,隐含着法律上难以协调的矛盾。上述两种主张均无法回应承包地三权分置中通过"放活土地经营权"而实现土地适度规模经营的政策诉求。土地经营权用益物权说紧扣"放活土地经营权"这一政策导向,通过权利分层理论解决了土地经营权界定为物权属性的理论障碍,很好地实现了土地承包经营权人与土地经营权人的利益衡平。有学者也从实证调研的角度指出"以转让方式的物权性经营权流转将成为发展趋势"①。故此,把土地经营权界定为用益物权,既有现实必要性,又不存在法律解释上的技术障碍,应值得肯定。

四、《民法典》土地经营权性质的文本分析

在《民法典》编撰的过程中,《农村土地承包法》为了回应承包地三权分置,也着手进行修改。《农村土地承包法》回应承包地三权分置的修改,呈现出以下特点②。第一,明确了土地承包权并非土地承包经营权的源权利,而是在农户取得土地承包经营权,并设定土地经营权后,对土地承包经营权的一种特殊称谓。第二,土地承包经营权具有社会保障作用,严格限制流转,只有在农户互换、农户内部转让、农户自愿交回、个别调整下才会发生土地承包经营权主体的变更。第三,农户可以基于土地承包经营权为第三方通过出租(转包)、入股等方式设定土地经营权。土地经营权受到保护,五年以上的土地经营权登记之后可以对抗善意第三人。第四,以户为单位的家庭承包取得的权利,称为土地承包经营权,采取招标、拍卖、公开协商等方式取得的权利,不再称为土地承包经营权,而直接称为土地经营权。该土地经营权经依法登记取得权属证书的,可以进行市场化流转。《民法典物权编(草案)》一审稿形成时《农村土地承包法》还没有修改,其基本沿袭《物权法》的规定。《民法典物权编(草案)》二审稿形成时《农村土地承包法》的修正草案也已形成,故该稿基本上移植了《农村土地承包法》相应的修正草案内容,也没有太大的新意③。《民法典物权编(草案)》三审稿基于《民法典》合体之需要,对条文顺序进行了重新编排,相应内容变为《民法典(草案)》第339条、第340条、第341条和第342条,具体内容基本没有变化。由此可见,《农村土地承包法》的修改和《民法典》的编撰时间节点上发生了重合,《农村土地承包法》对承包地三权分置的立法

① 王铁雄.农村承包地三权分置制度入典研究[J].河北法学,2020(1):20-42.
② 分析依据为2018年修正后的《农村土地承包法》第9条、第28条、第33条、第34条、第36条、第41条、第49条和第53条。
③ 《民法典物权编(草案)》二审稿通过第134条之一、之二、之三和第135条对土地经营权进行法律规范的设计。

回应,奠定了承包地三权分置法律语言表达的基础。《民法典》沿袭《农村土地承包法》对承包地三权分置的表达方式,并没有形成法律规范的创新。[①] 前文已经论述把土地经营权界定为用益物权性质较为科学,符合承包地三权分置的政策意蕴。本处仅从文本解释角度进一步分析土地经营权的《民法典》定位。

(一)《民法典》文本中的不同学说

在《民法典》文本中,对于承包地三权分置法律制度的整体设计而言,《民法典》物权编从基本法律层面作出的寥寥几条规定,并不能直接得出土地经营权的权属性质,并且《民法典》物权编第十一章的章节名为"土地承包经营权",而非"土地承包经营权与土地经营权"。这种基础性法律概念的缺失会造成市场交易中的不确定性,也会冲击当前的法律体系,或过于创新以至于难以在法律系统中寻找到"连结点"。故土地经营权的性质在《民法典》文本中当属一大争论。目前学者已经提出权利属性模糊说、债权说、物权说、二元说等不同的主张。

权利属性模糊说强调法律规范本身回避了土地经营权的性质。土地经营权的首要问题并不是确认其物权或债权性质,而是如何通过法律构造将其有机地嵌入到'三权分置'架构中。此种认识对土地经营权的内容有所涉及,这造成了逻辑混乱和法律适用的困难。[②] 债权说强调土地经营权的债权属性,即使进行登记,也只是产生了债权物权化的保护。有学者从功能主义角度解释《民法典》文本中土地经营权的债权属性,并认为"土地经营权界定为债权,可以更好地完善农村土地'三权分置'的法律政策体系"[③]。也有学者指出:"土地经营权之债权定位更为契合当事人灵活自主的交易安排。"[④]此种观点较为武断在法律上把土地经营权界定为用益物权,只是为民事主体在流转承包地的时候提供了设定用益物权性质的土地经营权的机会和可能,绝不意味着民事主体在流转承包地的时候必须设定用益物权性质的土地经营权。二元说则分门别类,根据不同情况来界定土地经营权的性质。有学者批判了把土地经营权全部认定为债权的学说,主张土地经营权的双重性质,是物权性质权利抑或是债权性质权利,取决于土地承包经营权人。"有意愿设立土地经营权的农户,完全可以依据自己独立的意思设立物权性或者债权性的土地经营权。"[⑤]此种观点不严谨。还有学者从《民法典》的不同文本表述出发,认为土地承包经营权人对外出租下产生的为债权性质的土地经营权,土地承包

---

① 《民法典》第 339 条、第 340 条、第 341 和第 342 条对土地经营权进行了法律规范的设计,条文内容与《民法典物权编(草案)》三审稿保持一致。

② 陈小君.土地改革之"三权分置"入法及其实现障碍的解除[J].学术月刊,2019(1):87-95,104.

③ 肖鹏.民法典视野下土地经营权性质的再探讨[J].法治研究,2021(5):75-83.

④ 袁野.土地经营权债权属性之再证成[J].中国土地科学,2020(7):17-23.

⑤ 屈茂辉.民法典视野下土地经营权全部债权说驳议[J].现代法学,2020(6):47-57.

经营权人为自己设立的土地经营权以及采取入股等方式设立的土地经营权为物权性质的土地经营权,发包人发包"四荒"土地产生物权性质的土地经营权,《民法典》等"并非严格遵循物债区分理论的产物,而是包含租赁权在内的集合性概念"①。土地经营权从法律逻辑上来讲,债权性质的土地经营权只能是民间之表达,绝非法律术语的表达,就如通过租赁方式使用他人的电脑,能说承租人享有债权性质的所有权吗? 如此甚是荒谬。因此,在法律术语中是值得怀疑和反思的。当然,有学者在分析法律文本的时候,认为唯有"土地经营权法律性质应该采用物权和债权二元性界定,才能解构土地经营权法律性质问题"②,可根据土地经营权设立的方式、一级市场、二级市场等的不同,认定土地经营权的不同性质,即土地经营权是债权性质抑或物权性质。土地承包经营权上土地经营权宜以五年为界物债二分,以其他方式承包的土地经营权宜以登记为界物债二分。还有学者认为:"将通过出租形成的所谓土地经营权直接界定为债权性质的土地租赁权(虽然名称上也称之为土地经营权),而将入股等需要权利分置的土地经营权一律界定为物权性的土地经营权。"③这从实际操作角度并没有问题,但从法律概念的逻辑演绎而言,债权性质利用他人之物,完全归属债法调整,没有必要上升到权利讨论的角度,否则,将会引起法律体系和概念的混乱。物权说指出土地经营权应当被定义为以农业性经营为内容的用益物权。唯有如此,方能充分释放"三权分置"的政策红利,真正落实"放活经营权"的政策目标。

(二)《民法典》文中的规范分析

1.基于"五年期限界定"的分析

《民法典》把土地经营权分为短期和长期两种情形,以五年为界,在此基础上规定 5 年以上的土地经营权可以登记。此种登记主要解决的是土地经营权的对抗效力问题,立法目的应是保护作为第三方的土地经营权人的利益。流转期限为 5 年以上的土地经营权,自流转合同生效时设立,不登记也不影响该权利的设立。需要强调,对于 5 年以内的土地经营权,立法者并没有规定该权利何时设立、是否可以登记。有学者基于此指出:"应当将 5 年以上的土地经营权定性为用益物权,而5 年以下的土地经营权定性为债权。"④甚至有学者指出《民法典》明确了 5 年以上

---

①　陶密.论流转语境下土地经营权的性质及内涵:以物债区分为视角[J].中国土地科学,2020(11):19-24.

②　丁关良.土地经营权法律制度存在的疑难问题和解构设想[J].法治研究,2021(5):84-98.

③　郭志京.民法典土地经营权的规范构造[J].法学杂志,2021(6):73-86.

④　宋志红.再论土地经营权的性质:基于对《农村土地承包法》的目的解释[J].东方法学,2020(2):146-158.

土地经营权的"物权地位"。① 有学者进一步强调："若主张流转期间 5 年以上的'土地经营权'是物权，则流转期间 5 年以下的经营农用地的权利既属债权，就不能称之为'土地经营权'"。②甚至有学者从体系解释和文义解释两个角度展开，并得出"流转期限为五年以上的土地经营权属于物权"③的结论。有学者认为不应依据期限长短认定权利的性质，并提出"以五年为界'一刀切'的依据何在？ 为何不是四年，抑或六年？ 五年真是神奇的期限，且不说是主观的臆测"。④ 我们认为，民法理念强调"法不禁止即可为"，对于 5 年以内的土地经营权，自可参照适用土地经营权自流转合同生效时设立。也有学者通过分析《民法典》相关条文，认为土地经营权属于用益物权，并指出土地经营权期限的长短并不影响土地经营权用益物权的属性。唯有如此，才符合承包地"三权分置"的初衷。⑤ 对于登记问题，也可有当事人自行选择，《民法典》的配套法律也不应当禁止 5 年以内的土地经营权进行登记。由此，以 5 年期限作为土地经营权物权、债权性质的划分标准，显得过于牵强和绝对。有学者反对以期限作为界定土地经营权性质的依据，但其认为"以登记与期限的复合标准作为类型化的依据"⑥，土地经营权流转期限在 5 年以上并且进行登记，土地经营权为物权。有学者虽然反对以登记作为界定土地经营权性质的依据，但其指出登记"其并没有从根本上改变土地经营权的债权属性"。⑦ 正如前文论述，即使把土地经营权均界定为物权，也不意味着土地承包经营权人在流转农地的时候必须设定土地经营权，只是为土地经营权人提供了一个可选项而已。土地经营权必然来自农地流转，但农地流转不一定产生土地经营权，只有在权利分置型流转情形下才形成土地经营权。

但需要指出的是，没有采取登记方式进行权利公示，虽然导致土地经营权不能对抗善意第三人，但绝对得不出此种情形下该土地经营权就没有任何绝对性。土地经营权中具有占有权能，该绝对性还是有存在空间的。虽然没有登记，但基于占有权能仍然可以对恣意破坏土地正常使用的不特定人提出救济之诉求。不能对抗善意第三人仅指在交易中由于没有登记不能对善意第三人产生不利影响，也就是说不能阻止第三人通过善意取得制度取得上述权利。但是，我们如果把土地经营

① 李新光,焦灵玉,祝国平.农村土地经营权流转政策的历史变迁、演进特征与改革取向[J].经济问题,2022(1):78-84.

② 高圣平.土地经营权登记规则研究[J].比较法研究,2021(4):1-16.

③ 高飞."三权分置"下土地经营权的性质定位及其实现研究[J].法治现代化研究,2021,5(6):78-88.

④ 单平基.土地经营权债权定性之解释论[J].法学家,2022(4):146-160,195-196.

⑤ 杨立新.中华人民共和国民法典条文要义[M].北京:中国法制出版社,2020:252-253.

⑥ 高林娜,程雪阳.法解释视角下土地经营权的类型化[J].河南财经政法大学学报,2021(4):1-8.

⑦ 王小映.土地经营权的权利性质与登记保护[J].农村经济,2021(8):1-6.

权界定为债权,则无论该权利登记与否,如其占有状态被侵犯,其只能援引占有的保护进行救济,无法作为独立的权利类型进行救济,这种权能的弱化是十分不利于土地经营权人的保护的,与立法者的价值取向相背离。土地经营权制度的创设,旨在法律化表达承包地三权分置政策,目的在于通过土地经营权流转实现农地的适度规模化经营。故从此种角度,把土地经营权解释为用益物权较为妥当。

2. 基于"自流转合同生效时设立"的分析

解释法律规范,目的解释和体系解释应是重要的手段。在《民法典》文本中,既然强调"流转期限为五年以上的土地经营权,自流转合同生效时设立",我们能否从该内容出发找到能论证土地经营权属性的依据? 假设土地经营权属于债权,而又规定"流转期限为五年以上的土地经营权,自流转合同生效时设立"是否属于多此一举,颇值探讨。在流转合同当中,土地承包经营权人和土地经营权人会对彼此的权利义务关系进行相应的安排,一旦流转合同生效,土地经营权人自会根据合同的约定对承包地进行占有使用,这是债权性能的当然体现。既然合同目的已经实现,为何还要专门规定"土地经营权自合同生效时设立"? 如照此逻辑,是否在规定租赁合同的时候也作出"租赁权自租赁合同生效时设立"? 这一推理显然不能实现逻辑自洽。考察整个《民法典》物权编文本可知,不动产物权的设立主要采取登记生效主义和登记公示主义,对于土地承包经营权、地役权、动产抵押权均采取登记公示主义[1],并规定这些权利自合同生效时设立,而这些权利属于物权没有任何争议。在《民法典》体系中,物权的取得一般在法律条文中用"设立"来表述,而债权的取得一般在法律条文中合同生效、侵权责任成立等来表述。此种用语具有历史传统,"设立"一词在大陆法系一般专门用来表示法人之设立或者物权之设立。对于土地经营权而言,《民法典》既然规定"自流转合同生效时设立",不是把土地经营权看作债权来对待的。从权利保护的角度,不宜把经营权统一在法律上设置为债权。从另外角度讲,"如果仅仅理解为是分离派生一项债权意义的土地经营权,那么跟过去已经建立的合同流转意义的土地承包经营权流转制度比较,恐怕就只有流转方式的差异而已,进步空间极为有限。"[2]在《民法典》目的解释和体系解释的背景下,把土地经营权解释为用益物权或许更符合立法原意。

3. 基于"通过招标、拍卖、公开协商等方式取得土地经营权"的分析

《农村土地承包法》和《民法典》均明确了非采取家庭承包方式,而是通过招标、拍卖、公开协商等方式取得的权利,不应称为土地承包经营权而应称为土地经营权,这一点在学界应该没有争论。可在此种情形之下如果我们把土地经营权理

---

① 参见《民法典》第 333 条、第 374 条和第 403 条。

② 龙卫球.民法典物权编"三权分置"的体制抉择与物权协同架构模式:基于新型协同财产权理论的分析视角[J].东方法学,2020(4):90-106.

解为债权,这是否能实现逻辑自洽?有学者就认为,此种情形之下土地经营权应为债权,实质上是通过土地租赁等关系使他人取得土地使用权。[①] 任何一部法律的制定、修改、完善,均是在特殊社会需要的背景下展开的。在承包地三权分置的背景下,放活经营权、实现适度规模经营权是重要的价值导向,但招标、拍卖、公开协商等方式取得的权利本身就是市场化的权利,并不涉及对农户的社会保障问题。修改后的《农村土地承包法》和编纂后的《民法典》生效前,通过招标、拍卖、公开协商等方式取得的权利称之为土地承包经营权,这是一种用益物权;而修改后的《农村土地承包法》和编纂后的《民法典》生效后,通过招标、拍卖、公开协商等方式取得的权利称之为土地经营权,如果把该权利界定为债权,则意味着土地经营权人的权利无法实现物权的保护。其被塑造为物权,有利于防范土地所有权者的不当侵犯,维护承包关系长久稳定。有学者指出,农户通过家庭承包方式取得土地承包经营权后,进行流转而产生的土地经营权应为债权;但发包人直接采取招标、拍卖、公开协商等其他方式发包"四荒"土地(即荒山、荒沟、荒丘、荒滩),承包人"以其他承包方式取得的农地权利应为用益物权"[②]。此种解决方案虽然解决了通过其他方式承包土地获得权利的物权性质问题,避免新法通过后权利弱化的解释尴尬,但在一部法律当中,同一权利称谓,却得到权利性质截然不同的结论,难免令人迷惑甚至不知所措。

4. 三大权威《民法典》解释文本对土地经营权的文本分析

《民法典》通过后,学界一般认为,法律出版社《中华人民共和国民法典释义》(以下简称人大版《民法典》解释文本)、人民法院出版社《中华人民共和国民法典物权编理解与适用(下)》(以下简称最高法院版《民法典》解释文本)和中国法制出版社《民法典评注物权编》(以下简称社科院版《民法典》解释文本)对《民法典》解释较为权威。人大版《民法典》解释文本认为土地经营权的规定是承包地三权分置的必然要求,是继承包地两权分离后农村土地经营制度的重大创举,从法律上确立土地经营权的法律地位,助力实现农地适度规模经营,完善农村基本经营制度。土地经营权是一种新类型的权利,需要依据法律规定的程序和方式设立。[③] 但遗憾的是,人大版《民法典》解释文本并没有明确说明土地经营权的性质。最高法院版《民法典》解释文本认为对土地经营权性质,学术争论很大。鉴于土地经营权的内容已经纳入《民法典》用益物权部分当中,在法律框架下,土地经营权应具有物权性质,并认为土地经营权的物权化制度规定,落实了中央的政策要

---

① 吴昭军."四荒地"土地经营权流转规则的法教义学分析[J].安徽师范大学学报(人文社会科学版),2021(2):135-143.

② 滕佳一.承包地利用的守成与突破:以土地经营权法律定位的检讨为中心[J].交大法学,2021(1):141-154.

③ 黄薇.中华人民共和国民法典释义[M].北京:法律出版社,2020:663-667.

求,也为相关纠纷的解决,提供了法律依据。① 社科院版《民法典》解释文本认为土地经营权的权利构造是承包地三权分置的核心问题,"物权债权化"或"债权物权化"的现象虽然存在,但"物权债权化"或"债权物权化"只是债权或物权具有某些对方的元素,其本质的债权或物权属性并没有发生变化,债权与物权的二元结构仍是不可逾越的。《民法典》在用益物权中规定了土地经营权,是着眼于把土地经营权打造成物权性质的权利,实现土地经营权的物权法塑造。当然,土地经营权物权化塑造,绝不意味着当事人必须通过设定土地经营权这种用益物权进行土地流转。②

综上,虽然《民法典》对土地经营权的权属性质界定较为模糊,但通过"五年期限界定"的分析、"自流转合同生效时设立"的分析和"通过招标、拍卖、公开协商等方式取得土地经营权"的分析,以及对三大权威《民法典》解释文本的解读,应把土地经营权在《民法典》文本中解释为用益物权,通过强化权利效力为土地经营的市场运作奠定基础,因为只有构建市场化的生产经营体制才能进一步解放农村生产力。有学者通过文本分析,进一步指出《民法典》物权编第十一章规定了三种用益物权:土地承包经营权、土地承包经营权流转的土地经营权、其他方式承包的土地经营权。③ 有学者从农村土地私权体系、市场交易、融资担保、政策目标等方面指出《民法典》文本中的"农村土地经营权在权利内容设置和具体权能实现上都应当理解和明确为用益物权的法律属性"④。承包地三权分置的土地经营权属于政策语言而非法律语言,法律上物权性质的土地经营权属于法律术语,承包地三权分置的土地经营权对应法律语言应包括物权性质的土地经营权和基于债权而对承包地进行占有、使用、收益等权利。基于包容性权利和排他性权利的理论重构和制度架构,即使政策上甚至民间用语上把基于债权而对承包地进行占有、使用、收益等权利表述为土地经营权,但政策概念不能直接用于法权结构的推导。作为法律概念,应当赋予其法律上的单一性,因其入典后不再属于日常生活用语,不能再按照日常生活中普通人的理解的多样性来进行解释。法律文本研究中,在法律语言和政策语言之间穿梭的过程中,必须秉持严谨的法理论证和推理。这正像有学者指出的那样:"土地租赁权并非一种新型权利,不应当被涵盖在土地经营权这一新概

---

① 最高人民法院民法典贯彻实施工作领导小组.中华人民共和国民法典物权编理解与适用(下)[M].北京:人民法院出版社,2020:700-706.

② 孙宪忠,朱广新.民法典评注物权编[M].北京:中国法制出版社,2020:114-116.

③ 李国强.《民法典》中两种"土地经营权"的体系构造[J].浙江工商法学学报,2020(5):26-37.

④ 陈小君,肖楚钢.农村土地经营权的法律性质及其客体之辨:兼评《民法典》物权编的土地经营权规则[J].中州学刊,2020(12):48-55.

念之中,而应由《民法典》合同编的租赁合同来调整。"①唯有如此,才可最大限度契合承包地三权分置的政策意蕴,维系法律规范的结构完整和逻辑自洽,形成土地承包经营关系的科学法律语言表达。

承包地三权分置基于农户的社会保障确立稳定土地承包权,基于土地资源的效率利用确立放活土地经营权,其问题导向就是着力解决以农户为代表的承载社会保障的土地资源占有与土地资源市场化合理配置之间的矛盾。土地承包权有两个角度的不同阐述。从作为土地承包经营权的产生权源来讲,土地承包权是指农村集体经济组织成员享有的依法承包由本集体经济组织发包的农村土地的权利,这是一种资格。从承包地三权分置的角度,土地承包权是指农村集体经济组织成员依法承包农村土地后对所承包的农村土地所享有的占有、使用和收益等权利。承包地三权分置中的土地承包权绝对不是离开土地的单纯的资格权或成员权,而是农户对承包土地的占有、使用、收益等权利,是指现行法律中的土地承包经营权。土地承包权的稳定思路,不仅要保持土地承包关系长久不变,还要严格控制土地承包权的流转。这种界定不仅发挥了土地资源的社会保障功能,也为我国的政治安全奠定了坚实的基础,为我国的政权合法性进行了充分的背书。

放活土地经营权是为了促进农村土地的流转,解决我国农村土地经营所面临的瓶颈性问题。承包地三权分置政策并没有对土地经营权进行定性,但从该政策的出台背景和价值追求来讲,应赋予土地经营权一种强效力的财产权,把土地经营权界定为用益物权应符合政策之要旨。此外,虽然学界有土地经营权债权说、物权说、二元说等主张,但把土地经营权定性为物权并不存在难以克服的理论瓶颈和立法技术障碍。在《民法典》文本中,土地承包经营权与土地经营权关系的界定较为模糊,法律上明确了土地承包经营权是用益物权,但土地经营权是否用益物权,则语焉不详、争论颇大,这令人遗憾。但通过对《民法典》文本的解释,把土地经营权作为用益物权应是理性选择。这种法律解释在秉持意思自治的民法规范体系中,使土地经营权的权利模型建构回归法律语言。与此同时,也为民事主体流转承包地提供了更多的选择路径和流转模式。民事主体对承包地的流转即可以选择设定土地经营权这种用益物权的方式进行,也可以依托债权方式进行,区别在于流转承包地后土地承包经营关系的权利体现和救济方式有所不同。

任何一部法律的出台,其在纷繁复杂的社会关系中都可能会出现不同的解读,这为学者的研究提供了素材和平台。就土地经营权的性质争议,应该会持续下去并可能呈现白热化之趋势。但是,只要紧扣承包地三权分置的政策意蕴,不同的学说和主张只会使该问题越辩越明,进而使土地承包经营关系的权属表达更加合理,也为以后的法律适用和法律修改奠定基础。

---

①　于飞.从农村土地承包法到民法典物权编:"三权分置"法律表达的完善[J].法学杂志,2020(2):69-77.

第五节　承包地三权分置下的到期延包

一、问题导入

源于安徽凤阳小岗的家庭承包责任制,确立了农户与农村集体经济组织的土地承包关系。在该制度伊始,出于短期的公平考虑,土地承包关系调整频繁。20世纪90年代初,贵州湄潭探索出"增人不增地、减人不减地"的土地承包关系。"增人不增地、减人不减地"得到中央政策层面的认可。现今,承包地第二轮承包也即将到期,中央明确到期后再延长30年。

承包地第二轮到期延包的现有研究中,集中体现为如何认定延包中的承包地调整问题。崔红志等指出承包地无需调整、径行延包即可,需从观念上实现由公平到效率的转变;[1]刘守英认为应增强农户预期,稳定土地承包关系,不能随意调整,否则会破坏农户投资预期,影响适度规模经营[2];肖鹏认为延包时必须稳定土地承包权,对承包地块不进行调整[3];刘润秋等提出稳定地权不仅可以提高土地资源配置效率,而且衔接承包地"三权分置"的适度放活经营权,少地农户可通过流入土地经营权或完善社会制度进行保障[4];贺雪峰则指出不调整只会进一步助长不公平,也无法解决土地细碎化的现状[5];刘灵辉等认为地权固化会使少地农户更加弱势,影响社会稳定,阻碍乡村振兴[6];张浩认为第二轮延包时必须倾听农民呼声,回应农民诉求,通过创新实践,化解地权固化的负面效应;[7]杨宗耀等从自发进行土地调整角度创新土地分配新规则,消减土地细碎化而产生的弊端,提高土地利

① 崔红志,刘亚辉.我国小农户与现代农业发展有机衔接的相关政策、存在问题及对策[J].中国社会科学院研究生院学报,2018(5):34-41,145.
② 刘守英,王佳宁.长久不变、制度创新与农地"三权分置"[J].改革,2017(12):5-14.
③ 肖鹏."三权分置"下的农村土地承包关系长久不变研究[J].华中农业大学学报(社会科学版),2018(1):113-120,162.
④ 刘润秋,姜力月.农村土地承包关系长久不变:历史进程、理论维度与实践逻辑[J].福建论坛(人文社会科学版),2021(1):37-46.
⑤ 贺雪峰.农地承包经营权确权的由来、逻辑与出路[J].思想战线,2015(5):75-80.
⑥ 刘灵辉,向雨瑄.第二轮土地延包中无地少地农户的权益保障策略研究[J].贵州师范大学学报(社会科学版),2022(2):90-98.
⑦ 张浩.农地再延包三十年:政策衔接是关键[J].江苏社会科学,2021(5):47-54.

用效率。①

这些研究为本文研究的开展提供了丰富的素材,也涉及承包地第二轮到期延包的核心问题,但彼此争论甚大,无法形成共识。需要深入思考的是:第一,承包地第二轮到期延包的政策维度如何理解?第二,承包地第二轮到期延包的法权映射如何界定?第三,稳定承包关系与无地人口的冲突如何处理?等等。这些问题之解决事关承包地第二轮到期延包的顺利推行,涉及广大农户的切身利益,甚至影响到农村的稳定,是亟待解决的。

二、承包地承包期的政策演进

(一) 承包地承包期的确立

1984 年中央一号文件不仅明确了承包期原则上 15 年以上,而且确立了"大稳定、小调整"的原则,在集体充分协商的前提下,可以由集体统一调整承包地。但是"大稳定"并没有具体体现,反倒是土地调整频繁。农户刚从人民公社体制解放出来,土地分包到户带来了立竿见影的效果,农村"吃不饱饭"问题基本得以解决,故其对于频繁调整土地倒没有什么怨言,但随之带来土地经营效率的瓶颈制约等一系列问题。例如频繁调整承包地使农户无心在地力上进行充分的投入,也使土地流转无法顺利开展。在贵州湄潭首创"增人不增地、减人不减地"的基础上,1994 年国务院批转农业部《关于稳定和完善土地承包关系意见的通知》提倡在承包期内实行"增人不增地、减人不减地"。1995 年国务院批转农业部《关于稳定和完善土地承包关系意见的通知》则指出承包地严重不均、群众意见较大的村组,经民主议定,作适当调整后再延长承包期。这实际上蕴含着打乱重分,实践中也有在该期间打乱重分的现象。据学者调研,"在样本组发生的 96 次土地大调整中,有 60 次发生在第一轮土地承包期内"②。1997 年中共中央办公厅、国务院办公厅发布的《关于进一步稳定和完善农村土地承包关系的通知》强调在第一轮土地承包到期后,土地承包期再延长 30 年,不能将原来的承包地打乱重新发包。至此,在中央政策层面实现了农户和承包地之间的相对固化,频繁大范围调整承包地不再被中央政策所允许。

(二) 承包地承包关系长久不变的确立

2008 年中共中央《关于推进农村改革发展若干重大问题决定》首次提出现有土地承包关系要保持稳定并长久不变,长久不变则是在"增人不增地、减人不减

① 杨宗耀,方晨亮,纪月清. 经营碎片化、确权与农业结构调整:基于地片层面的分析[J].南京农业大学学报(社会科学版),2021,21(5):127-137.

② 廖洪乐.农村承包地调整[J].中国农村观察,2003(1):46-54,81.

地"基础上的递进。2017 年党的十九大报告在强调保持土地承包关系稳定并长久不变的基础上,指出第二轮土地承包到期后再延长 30 年。2019 年中共中央国务院《关于保持土地承包关系稳定并长久不变的意见》指出应坚持延包原则,不得将承包地打乱重分。长久不变是土地承包关系稳定的深化,也是承包地"三权分置"改革稳定土地承包权、放活土地经营权的当然要求。在中央提出第二轮土地承包到期后再延长 30 年的背景下,土地承包关系稳定并长久不变无疑让广大农户吃上了"定心丸"。2020 年国务院办公厅《关于同意建立第二轮土地承包到期后再延长 30 年试点部际联席会议制度的函》确立了由农业农村部、中央农办牵头的承包地第二轮到期后再延长三十年试点部际联席会议制度,2021 年中央一号文件提出有序开展承包地第二轮到期后再延长 30 年试点。这意味着承包地第二轮到期延包的具体实施已经提到日程。

在承包地承包期的政策演进中,承包地调整先后经历了"大稳定、小调整""增人不增地、减人不减地"和"严格限制调整"三个阶段,抑制承包地的频繁调整、稳定土地承包关系是主线。通过"大稳定"的政策底线,排斥了土地承包关系的大范围调整;通过提倡"增人不增地、减人不减地",并在集体议决和政府审批双重制约下,为在承包地因自然灾害毁损等特殊情形且群众普遍要求调整承包地留有余地,形成了"小调整"的严格规制。土地承包关系稳定并长久不变为"大稳定、小调整"赋予了新的内涵,构成了土地承包关系的基础。

三、承包地第二轮到期延包的政策内涵维度

承包地第二轮到期延包的政策内涵,可以分为两个层面:土地承包关系的稳定与土地承包关系的长久不变。土地承包关系的稳定基于状态视角,强调土地承包关系一旦确定下来,就不得随意变更或调整。土地承包关系长久不变基于时间视角,强调土地承包关系绝非权宜之计,要长期实行。

(一)承包地承包关系的稳定

承包地承包关系的稳定,相对于土地承包关系的易变。家庭承包制之初,土地承包关系是易变的,几乎"三年一小调、五年一大调",但囿于解决温饱问题的现实渴求和朴素正义理念的简单追求,此种现象确实具有一定合理性,但在温饱问题解决后,如果实现土地经营的效率,则不得不被提到日程,稳定土地承包关系则变成了首选。土地承包关系的稳定有以下几层意蕴。

1. 在某一起点依据人口分配承包地后,不得再行打乱重分

随着生育、外嫁、死亡等原因发生,户之人口是不断变化的。此种变化是客观形成的,无法避免也无法克服,在任何一个起点依据当时户之人口分配承包地后,随着时间的推移,均会出现"有人无地"或"有地无人"现象。此外,彻底打乱后

重新分配将不可避免地引发不少矛盾,甚至造成一些地方农村的不稳定,也是不得不考虑的问题。故在技术处理上,承包地的分配以户为单位,起点分配时依据当时户之人口。虽然户之人口不断发生变动,但只有户仍然存在,则土地承包关系就不会变动,即使户之成员变动,也不能打乱重分,这就形成了国家提倡的"增人不增地、减人不减地"土地承包关系运行样态。从纵向考察,某一起点一般为源于1984年左右开始的以15年为期限的第一轮土地承包后期。第一轮承包关系濒临到期时,国家已经明确自动续期30年并不打乱重分的原则。

2. 个别农户之间可以进行局部调整

在不打乱重分下,个别农户之间的调整是稳定的应有之意。这种调整,主要表现为承包地的互换。实践中,农户的承包地可能在不同的位置,这不利于集中耕作,农户之间可以协商调整地块。此外,如果个别农户户之人口相差甚大,能否进行个别农户之间的调整,则问题甚大。基于彼此经济利益之考量,由个别农户单独协商,通过转让部分地块的土地承包权,是可行选择。但在该情形下,需要个别农户之间的意思自治,则能否协商一致也是一个大问题。如果无法协商一致,通过集体决议,径行在个别农户之间进行调整,是实践难题,后文再论。

(二)承包地承包关系的长久不变

承包地承包关系的稳定与土地承包关系的长久不变是有递进关系的。只有承包地承包关系的稳定,才谈得上承包地承包关系的长久不变;而承包地承包关系的长久不变,则又为承包地承包关系的稳定增加了黏合剂,进一步深化承包地承包关系的稳定。承包地承包关系长久不变的意蕴包括以下几个方面。

1. 长久不变是一种政策宣示

承包地承包关系长久不变的政策宣示,依托中央权威,是国家向农户作出的庄严承诺,使农户确信承包地承包关系的稳定是长期的,绝不会轻易改变。农民土地产权的明晰必须建立在农民土地产权保护的,承包地承包关系长久不变强化了承包地承包关系下农户与承包地的固化关系,加强对农户土地产权的保护,使农户吃下"定心丸"。当然,承包地承包关系长久不变也暗含承包地承包关系的财产权打造,使农户基于承包地承包关系而产生的财产权得以进一步彰显,淡化某一起点依据人口分配承包地的土地承包权取得的身份属性。这样一来,农户承包地承包关系稳定预期会极大增强,这对于巩固现有承包地承包关系的法权结构、实现土地承包权稳定下的土地经营权的流转具有重大意义。承包地承包关系长久不变的政策宣示,是承包地三权分置改革政策体系的一部分,不仅明晰了集体所有制的长期坚持,而且意味着稳定土地承包权、放活土地经营权的长期坚持,为承包地三权分置在入法后的深入实践提供了权威依托和必要的政策话语体系。

2. 长久不变契合了多轮承包,为不同轮次承包提供了政策支撑

源于 1984 年前后的以 15 年为期限的第一轮承包期限届满后,以 1997 年左右为界,开展了为期 30 年的第二轮承包,2027 年左右,第二轮承包到期,国家现在已经开展第三轮承包试点。不同轮次的承包,呈现分散状,容易使人认为权宜性强,每次临近到期,才宣布顺延期间,这或许会影响农户对土地承包关系的心理预期,助长不确定因素。通过承包地承包关系长久不变的引领,使农户认识到承包地承包关系是国家推行的农村土地基本利用关系,具有长期性,抵消了不同轮次承包的分散状,实现了政策上的衔接。

总之,承包地承包关系的稳定,是承包地承包关系长久不变的基础;而承包地承包关系的长久不变,则是承包地承包关系稳定的深化。在承包地第二轮到期延包的背景下,承包地承包关系的稳定并长期不变的政策内涵必然意味着第二轮到期延包务必结合承包地三权分置改革成果,依托政策的稳定和持续性,妥善处理延包政策与承包地三权分置政策的关系。

四、承包地第二轮到期延包的政策价值维度

承包地承包关系的稳定与长久不变,构成了承包地第二轮到期延包的政策内涵维度。但政策内涵的形成,不仅是不同利益平衡安排的结果,更是价值导向的结果。承包地第二轮到期延包的政策内涵体现了以下价值导向。

(一)稳定农户预期

农户作为家庭承包的主体,其最关注的无非是自己承包的农地能够耕作多长时间。如果朝令夕改,农户是没有长期投入打算的,会增加农户的投机主义倾向,助长其短期掠夺式经营行为。此种现象无法实现农业经营的可持续性,更谈不上农户增加地力投入的主观积极性。农户甚至存在"击鼓传花"式的心态,反正承包地承包关系是否持续不确定,倒不如转嫁风险,把承包地流转出去,而作为流转的受让方,要么其不了解政策,接受了流转,可承包地承包关系一旦调整,必然会引起其和转让方甚至和农村集体经济组织之间的矛盾;要么其了解政策,而不接受流转。在承包地承包关系中,必须"强化土地排他性,稳定农户预期,诱导农民的长期投资与生产行为,并优化资源配置"[1]。由此,稳定农户预期,是承包地有序经营的前提;没有了这个前提,承包地适度规模经营,甚至农户个体积极经营都会变得奢侈。

---

[1]　耿鹏鹏,罗必良."约束"与"补偿"的平衡:农地调整如何影响确权的效率决定[J].中国农村观察,2021(2):61-80.

(二)落实土地承包权

承包地三权分置改革下,农户的土地承包权是一种用益物权,体现了农户对承包地的占有、使用、收益以及对土地经营权的处分。但土地承包权的权源是农户对集体所有土地的承包,一旦承包地承包关系不稳定,由此带来一系列连锁反应,作为土地承包权法权体现形式的土地承包经营权的确权首先受到波及。而作为承包地三权分置改革的重要价值追求的适度规模经营也根本无法实现。保持农村土地承包关系长久不变,应更好地落实土地承包权。承包地承包关系不稳定,则土地承包权不稳定,这种连锁反应不但影响到了农户的权利,背离了"有恒产者有恒心",还冲击了承包地三权分置改革,甚至会导致承包地三权分置改革所取得的成果化为乌有。

(三)实现适度规模经营

农户的经营主体地位是长期形成的,短期内无法改变也没有必要改变,但农户经营主体地位的体现形式是多样的,既包括农户自己经营,也包括农户流转承包地由他人经营。在农户自己经营下,对劳动力成本、时间成本等要求是很高的,加上承包地产出的有限性,农户自己经营会显得越来越力不从心。尤其是农村青少年有着明确的非农化预期和职业意识,他们中的大多数希望参与现代化的职业分工体系中去,由此导致农村务农后备力量匮乏。客观形势倒逼农户流转承包地,由新型农业经营主体进行专业化经营。此种情形下,农户基于土地承包权享有土地收益,新型农业经营主体基于具体农业经营行为也享有土地收益,双方实现了利益共享,在利益共享之下承包地适度规模经营则水到渠成。但无论是农户还是新型农业经营主体,在没有稳定的权利保障下,共赢格局是很难实现的。农户的土地承包权和新型农业经营主体的土地经营权需形成科学权利构架,而这种架构的基础就是承包地承包关系的稳定,离开了这个基础,无异于缘木求鱼、刻舟求剑,适度规模经营更是难以实现。

综上,承包地第二轮到期延包的政策价值中,稳定农户预期是基础,落实土地承包权是手段,实现适度规模经营是目标,三者实现了公平与效率的结合。从公平角度而言,农户预期得以稳定,农户土地承包权得以确立和保障;从效率角度而言,适度规模经营得以实现。当然,从宏观角度而言,承包地第二轮到期延包的政策价值也是实现农村产业兴旺、保持农村社会稳定以及助力全面乡村振兴的必然要求。

五、承包地第二轮到期延包的法权映射

承包地第二轮到期延包的法权映射,意指承包地第二轮到期延包的政策内涵和政策价值在法律规范层面的具体体现。这种体现不仅实现了政策语言到法律语言的转化,而且可以通过法律层面的权利—义务规范模型落实政策诉求,为承包地

第二轮到期延包提供了明确的制度供给和法治保障。承包地第二轮到期延包的法权映射体现在以下几个方面。

(一)直接映射下的土地承包经营权

承包地三权分置中的土地承包权,即为法律层面的土地承包经营权。土地承包经营权为用益物权,体现为农户对承包地的支配关系。这种支配关系,不仅体现为对承包地的自我经营,还包括处分土地经营权由他人经营。土地承包经营权"只有具备'集体经济组织成员资格'方能享有"[①],仍具有浓厚的社会保障色彩,体现为其不能直接入市交易,在土地承包经营权处分层面,其只能在集体经济组织内部进行互换和转让,该种转让和互换属于集体内部自主调整土地承包关系的行为,其相对于集体组织主导的调整行为,更加符合相关农户的自身意愿。土地承包经营权作为用益物权一旦设立,其自可对抗集体土地所有权,申言之,在土地承包经营权存续期间,土地承包经营权优先于集体土地所有权,集体土地所有权人自不能基于所有权身份随意收回土地承包经营权,这为土地承包关系稳定并长久不变奠定了法权基础。此外,在法权关系中,土地承包经营权有存续期间,该种存续期间是量化的具体数字,在政策层面的长久不变下,该法权关系的政策解释自应为到期自动顺延。

(二)延伸映射下的土地经营权

土地经营权为承包地三权分置改革的成果,虽然学界对土地经营权的性质存在争论,但土地经营权作为土地经营权人对承包地占有、使用等权能的界定是没有争论的。在法权关系中,土地经营权有两种类型,其一为农村集体经济组织作为发包方为土地经营权人设立的土地经营权,主要针对荒山等"四荒"土地,此类土地经营权是农村土地市场化的结果;其二为农户流转承包地而为土地经营权人设立的土地经营权,家庭承包的土地经营权已经在法律上界定为一种纯财产性质权利,对"受让方"无身份性限制,此种土地经营权也完全可以市场化。由此,土地经营权要么直接依托集体土地所有权而产生,要么直接依托农户土地承包经营权而产生,但均不影响其市场化属性。唯土地承包关系稳定并长久不变的法权关系,针对的是农户流转承包地而为土地经营权人设立土地经营权的情形,这是需要明确的。原因在于土地承包关系稳定并长久不变本身就是在农户与农村集体经济组织的语境下展开的。申言之,在农户与农村集体经济组织的关系中,农村集体经济组织作为发包方,一旦把集体土地发包给农户,就不得随意调整承包地,农户基于集体成员身份具有承包人地位,依法承包的集体土地受到严格保护。而农村集体经济组织作为发包人通过招标、拍卖等市场化手段发包"四荒"土地,直接通过双方

---

① 林煜.二轮延包中土地承包经营权主体资格的认定:以"整户消亡"为视角[J].西北民族大学学报(哲学社会科学版),2021(6):133-140.

之间的承包合同确立彼此的权利义务,在发包层面就实现了市场化运作,这与土地承包关系稳定并长久不变没有交集和关联。

(三)补充映射下的土地承包关系调整机制

依据《农村土地承包法》之规定,在承包期内,对承包地的调整分为实体要件和程序要件。实体要件包括以下几个方面。第一,承包期内出现了特殊情形。例如因自然灾害严重毁损承包地。法律规范中采取不完全列举特殊情形的方式进行设计,除了因自然灾害严重毁损承包地外,还包括哪些特殊情形,需要实践中不断探索。这也体现了原则性和灵活性相结合的立法技术。当然,《农村土地承包法修正案(草案)(二次审议稿)》中曾指出"因特殊情形矛盾突出"作为条件,但该条件过于宽泛,怕引起土地承包关系不稳定,在最终审议的时候进行了调整。第二,针对个别农户之间承包的耕地和草地。个别农户的界定排除了大范围调整,另考虑到林木成才周期较长,仅限于耕地和草地。第三,承包合同中没有约定不得调整。如果农户和农村集体经济组织签订承包合同时约定了不得调整的,则即使符合上述条件,也不得进行调整。

程序要件包括以下几个方面。第一,要经过农村集体经济组织成员议决。只有经过农村集体经济组织成员的村民会议三分之二以上成员或者三分之二以上村民代表的同意,方能进行个别农户之间的调整。第二,政府审批。集体议决通过后的调整方案,要报乡(镇)人民政府和县级人民政府农业农村、林业和草原等主管部门批准,才能进入实施阶段。

由此,承包地第二轮到期延包的法权映射可以表述为农村集体经济组织为农户发包承包地而形成的土地承包经营权,该权利仍然具有浓厚的身份色彩,无法直接进行交易。农户流转承包地而为土地经营权人设立的土地经营权属于承包地第二轮到期延包法权映射的延伸,是土地承包关系稳定并长久不变法权关系的重要正当性基础,也是土地承包关系稳定并长久不变政策价值实现的核心保障。而土地承包关系调整机制则属于承包地第二轮到期延包法权映射的补充,实现了稳定性和灵活性的结合,也为承包地第二轮到期延包下的多元创新提供了法律依据。

六、承包地第二轮到期延包的少地农户利益回应

土地承包关系稳定并长久不变下,必然会存在无地农民、少地农户,也相应存在多地农户。虽然国家从宏观上进行布局、着眼于全面乡村振兴视角下稳定土地承包权的意义重大,但对这些无地农民、少地农户,大道理难掩其内心的不平衡,让其抛弃个人利益诉求,从国家大局出发考量土地承包关系稳定并长久不变政策,难免强人所难。

笔者调查,2022年底在某省一集体经济组织内部,由于户之人口变动,存在着在起点分配土地时,该户有8人具有分配土地资格,由于死亡、外嫁因素,该户现仅

有2人具有分配土地资格,但户之土地面积并没有变动;起点分配土地时,该户有2人具有分配土地资格,由于出生、入嫁因素,该户现有6人具有分配土地资格,但户之土地面积也没有变动。该集体经济组织有120户,这两户比较突出,但仍有近30户存在少地或多地之情形。扩大调查范围,笔者选择在该省其他地市农村集体经济组织调查,也出现了类似的情况。笔者在调查时,也特别询问了相关农户对这种现象的看法,他们虽有不满,但在地力产出有限、能够外出打工的背景下,也并非无法忍受。此外,他们也提出,如果将来涉及土地征收补偿等,他们亏大了。另外,笔者调查得知,这些集体经济组织也没有其他收入,对少地农户也不存在集体收益的倾斜性分配。这些现象之存在,笔者不敢断言是普遍现象,毕竟调查区域、选择样本有限,但这些现象是客观存在的。

对于少地农户而言,其利益缺失是必须承认和重视的。但利益缺失的弥补,则是要通过实践探索不断予以解决的。对于通过打乱重分解决少地农户利益诉求的方法,不仅为政策所不容,而且无法实现法律支撑,是无法行得通的。通过村民集体议决下的个别农户之间局部调整进行解决,虽然有政策和法律上的通道,但是否理性选择,实施效果能否为农户普遍接受,并实现农村社会稳定,仍是有待观察的。在集体承包地资源有限的情形下,紧盯承包地资源之分配,除了徒增内耗成本,并无法实现财富的有效增加。"平均主义的土地观成为当前国家所进行的土地流转和规模化经营所要去翻转或化解的一种农民心态。"①对于少地农户利益之保护,是需要深入调研、认真对待的问题。

七、承包地第二轮到期延包的对策建议

承包地第二轮到期延包,国家层面已经进行了顶层设计,并通过试点的方式积累经验、稳步推进。在承包地第二轮到期延包中,务必处理好政策底线与实践创新、长久不变与局部微调、多地农户与少地农户之间的关系,确保承包地第二轮到期延包的顺利推行。

(一)严守不打乱重分的政策底线

党在扩权赋能的基础上,进一步稳固产权。第二轮承包期限到期延包,必须贯彻党的农村土地改革政策,明确自动顺延、不打乱重分是政策底线,也可以说是政策红线,是突破不得的。在第三轮土地承包方案设计中,务必严守该政策底线。需要谨防的是,切不可打着群众意愿的旗号行"打乱重分"之实。在农村各项改革中,中央一再提出要把农民利益维护好,但这绝不等同于简单的村民集体议决。土

---

① 黄家亮,郑绍杰.新制度与旧格局:农村地权制度的实践逻辑:关于农村人地矛盾的一个解释框架[J].学术研究,2018(4):52-58.

地承包关系牵一发而动全身,涉及广大农户的切身利益。从长远而言,广大农户财产权的尊重和保护是其核心利益。从少地农户和多地农户的视角出发,村民集体议决而打乱重分,不仅会激发少地农户和多地农户的矛盾,人为造成内耗,而且冲击现有农村土地改革成果。第三轮土地承包的方案设计中,要把政策底线讲清楚,把农户切身利益讲清楚,明晰自动顺延、不打乱重分是第三轮土地承包方案的设计底线,明确农民利益最大化实现是第三轮土地承包方案的设计目标。当然,继集体土地所有权确权后,随之开展了土地承包关系确权,向农户颁发土地承包经营权证。该工作延续了数年,取得了突出成果。这些成果来之不易,需要倍加珍惜。即使第二轮承包期届满,也没有必要重新颁发土地承包经营权证。如有必要,可以在土地承包经营权证上注明第三轮承包的期限。对于个别农户之间的承包地有所调整的,则仅就个别农户之间进行换证即可。

(二)鼓励多地农户积极退出承包地

多地农户是历史形成的,从程序上而言,体现了起点公平,其获得的承包地理应得到尊重和保护,这一点是毋庸置疑。仅基于朴素公平理念,抱着打乱重分念头的"机械平均主义",根本无法实现共赢之结果,反而会加剧土地运行成本、降低农业生产效率,有饮鸩止渴之嫌疑。应采取激励措施,了解清楚农户真实需求,依据农户需求制定承包地退出方案。鼓励多地农户积极退出相应承包地,具体可以采取集体赎买、就业扶持、物质奖励、荣誉支持等手段。集体赎买情形下,需要农村集体经济组织有足够的经济实力,否则也是难以实现的。就业扶持、物质奖励、荣誉支持举措,则存在充足的实践创新空间。在美丽乡村建设中,集体公共卫生是必不可少环节。依托类似政策导向,多创设公益性岗位,对积极退出相应承包地的农户成员进行岗位安置,也是可选项。除此之外,可以尝试积分制度,把物质奖励和荣誉支持量化为积分,依据积分进行集体利益分配。

(三)审慎把握局部微调

有学者主张"二轮延包到期后对全国大多数地区承包地应该进行'大稳定、小调整'"①,但对于"小调整"必须审慎把握。局部微调的政策把握是"个别农户之间",既然是微调,即区别于土地承包实施之初的"大稳定、小调整",也区别于农户之间土地承包经营权的转让、互换,是在个别农户之间基于集体经济组织集体议决的介入而进行的调整。这种调整首先应征求个别农户之间的意见,尤其是多地农户的意见,如果多地农户强烈反对,则应对其进行激励引导,还应重点关注收回土地的合理分配问题,如果少地农户过多,而收回土地十分有限,则必然会引起新的矛盾。另,如何理解个别农户的户之承包地相差甚大并没有一个客观标准,也容易

---

① 姚志.二轮承包到期后农地调整的理论逻辑与社会影响[J].现代经济探讨,2021(1):104-112.

引起个别农户之间的对立,甚至个别农户与整个农村集体经济组织的对立。基于农村社会稳定之考量,集体决议下径行在个别农户之间进行调整,虽然不与稳定土地承包关系相冲突,但运行成本极高,社会风险极大,其复杂程度绝非单纯的集体议决所能化解的,需要充分协调不同利益主体之间的利益,需在现行政策和法律规制框架内,在秉持风险可控的前提下,鼓励各地方尝试探索包容式、创新式、多元式的实践处置方案,谨防人地矛盾爆发,但无论如何创新,据需要历史耐心和通盘考量,在充分调研的基础上审慎把握。

(四)注重少地农户的利益维护

在民间正义生产中,利益分配共识具有重要意义。伴随着农村集体产权改革,在重塑农村集体经济组织时,对于少地农户利益诉求而言,需要集体成员共同参与,扩大共识面,形成完善的集体成员权体系,通过发展、壮大集体经济,才是根本解决之道。某些集体成员的个体处境处于生存弱势状态,则应对其给予集体社会保障利益的倾斜保护。在进行充分协商达成基本共识下,可进行农村集体经济组织股份优化,设立特别股,甚至可以称为少地农户股,对少地农户需予以特殊关注,这也是实质正义的当然要求。也许就现状而言,一些农村集体经济组织无红利可分,但在国家加大力度支持农村集体经济组织发展的背景下,在承包地三权分置改革、农村集体经营性建设用地入市等政策红利支持下,农村集体经济组织无红利可分是暂时的,待集体经济壮大后,获得红利之分配,不仅是对少地农户的利益维护,也是对少地农户正当诉求的回应。除此之外,通过合理的制度安排引导各类农民增加新的劳动和工作技能,摆脱思想和经济上的贫困状态,特别是完善少地农户成员的社会保障,也是有效的解决手段。

承包地承包关系稳定并长久不变是农村土地承包关系长期探索的实践总结和政策升华,体现为每轮承包期限届满的自动顺延、不打乱重分。其超越了时空范畴,为承包地承包关系的稳健运行奠定基础、指明航向。承包地承包关系稳定并长久不变下的"稳"是承包地承包关系的灵魂,承包地承包关系稳定并长久不变下"长"是土地承包关系的归宿。承包地第二轮到期延包的第三轮承包方案的设计,在严守不打乱重分的政策底线下,关注少地农户的正当诉求,多元创新少地农户的利益实现机制,审慎在个别农户之间调整承包地,是承包地承包关系稳定并长久不变的应有之意。诚然,土地问题关系到农户的切身利益,需要深入调查,以农户正当利益诉求的维护为领航,妥善处理不同利益主体的关切点,也是承包地承包关系稳定并长久不变的当然要求。

第六章

习近平关于农村集体土地改革的重要论述

　　农村集体土地改革,必须坚持农民主体地位不动摇,坚持土地公有制性质不改变、耕地红线不突破、农民利益不受损。土地是传统农业和新型农村产业的重要生产要素,是实现农业农村现代化的根本所在,农村集体土地制度的完善程度直接决定了农村各种土地资源的配置效率。必须坚持农业农村优先发展总方针,实施城乡融合一体化发展,为农村产业融合发展提供充分的土地资源保障。

第一节　习近平关于农村集体土地改革 "以人民为中心"的重要论述

　　农村集体土地制度的改革与完善,必须坚持农民的主体地位,富裕农民、提高农民、扶持农民,让农业经营有效益,让农业成为有奔头的产业,让农民成为有吸引力的体面职业,让农村成为安居乐业的美丽家园。习近平总书记指出:"中国要强,农业必须强;中国要美,农村必须美;中国要富,农民必须富。"①因此,小康不小康,关键看老乡,就是看农民的钱袋子鼓起来没有。

一、通过农村集体土地制度改革让农民有更多获得感、幸福感和安全感

　　习近平总书记指出:"党中央的政策好不好,看乡亲们是哭还是笑。如果乡亲

---

　　① 中共中央党史和文献研究院.习近平关于"三农"工作论述摘编[M].北京:中央文献出版社,2019:3.

们笑,这就是好政策,要坚持;如果有人哭,说明政策还要完善和调整。"①申言之,党中央的政策好不好,农民最有发言权。农民是农业农村发展的主体,也是实施乡村振兴战略的主体。推进乡村全面振兴,切记不要忽视农业、忘记农民、淡漠农村。乡村振兴是为了农民,也要依靠农民。坚持农民主体地位不动摇,要从两个方面来把握。一要考虑农民的利益。乡村是农民的立足之基、生活之本。要把促进农民共同富裕作为出发点和落脚点,让亿万农民共同分享改革发展成果,不断提升农民的获得感、幸福感、安全感。二要让农民积极参与到农村集体土地改革进程当中。在家庭联产承包、农民工进城、土地流转、三权分置等政策下,农民已经是或应该是参与主体。要把农民的积极性、主动性、创造性调动起来、激发出来。乡村全面振兴干什么,怎么干,政府可以引导和支持,但不能代替农民决策,更不能违背农民意愿搞强迫命令,即使是办好事,也要让农民群众想得通。

二、在农村土地改革过程中要树立"全心全意为人民服务"的观念

立场,是人们观察、认识和处理问题的立足点。信仰一种理论,最基本的一点是坚守该理论的立场,并立足于这个立场认识和改造世界。党的十八大以来,以习近平同志为核心的党中央,面对新的时代条件和新的实践,坚持党的执政为民理念,一切工作以最广大人民群众根本利益为检验标准,创造性提出坚持以人民为中心的发展思想,并明确指出这是马克思主义政治经济学的根本立场。党的十九大报告又把坚持以人民为中心上升为新时代坚持和发展中国特色社会主义的基本方略。《中国共产党章程》总纲中指出:坚持全心全意为人民服务。党除了工人阶级和最广大人民群众的利益,没有自己特殊的利益。党在任何时候都把群众利益放在第一位。

全心全意为人民服务是我们党永恒的执政宗旨。无论世情、国情、党情如何变化,党始终坚持并忠实践行这一根本宗旨,诚心诚意为人民谋利益。习近平总书记强调:"始终坚持全心全意为人民服务的根本宗旨,是我们党始终得到人民拥护和爱戴的根本原因。"②全心全意为人民服务是我们党一切行动的根本出发点和落脚点,是我们党区别于其他一切政党的根本标志。全心全意为人民服务是中国共产党的根本宗旨,也是党的唯一宗旨。毛泽东同志指出:我们共产党人区别于其他任何政党的又一个显著的标志,就是和最广大的人民群众取得最密切的联系。邓小平同志强调:如果哪个党组织严重脱离群众而不能坚决改正,那就丧失了力量的源泉,就一定要失败,就会被人民抛弃。民心是最大的政治,得民心者得天下,失民心

① 中共中央党史和文献研究院.习近平关于"三农"工作论述摘编[M].北京:中央文献出版社,2019:24.

② 习近平.始终坚持和充分发挥党的独特优势[J].求是,2012(15):3-7.

者失天下。就像习近平总书记所指出的,"我们党来自人民、植根人民、服务人民,一旦脱离群众,就会失去生命力。"①

如果失去了人民群众的拥护和支持,党的事业就无从谈起。《中国共产党章程》总纲深刻指出:我们党的最大政治优势是密切联系群众,党执政后的最大危险是脱离群众。党风问题、党同人民群众联系问题是关系党生死存亡的问题。把密切联系群众视为党的最大政治优势,把脱离群众视为党执政后的最大危险,宣示着我们党的政治品格和价值追求。传承最大政治优势,克服最大执政危险,都决定了在党和国家事业发展的过程中,党必须始终坚持以人民为中心,全心全意为人民服务。

三、在农村土地改革中牢固树立马克思主义权力观

在新时代,党员干部必须始终牢记把党的群众路线贯彻到治国理政全部活动之中,正确行使人民赋予的权力,自觉把权力行使的过程转化为为人民服务的过程。我国《宪法》规定,中华人民共和国是工人阶级领导的、以工农联盟为基础的人民民主专政的社会主义国家。中华人民共和国的一切权力属于人民。党员干部要牢固树立权为民所赋,权为民所用的马克思主义权力观,时刻牢记权力只能用来为党分忧、为国干事、为民谋利。路再长,使命不变;事再难,初心不改。人民是历史的创造者,是决定党和国家前途命运的根本力量。要从内心真正做到敬畏人民,把人民放在心中最高的位置。习近平总书记指出:"在人民面前,我们永远是小学生,必须自觉拜人民为师,向能者求教,向智者问策;必须充分尊重人民所表达的意愿、所创造的经验、所拥有的权利、所发挥的作用。"②

准确理解并坚持以人民为中心的根本立场,树立农民的主体地位,对农村土地改革的顺利推进具有决定性意义。没有这个立场,忘掉这个初心和使命,就谈不上真学真信真用,更谈不上学精悟透用好。必须时刻牢记中国共产党人的初心和使命,真正把"坚持以人民为中心"全面贯彻落实。

---

① 习近平.谈治国理政(第三卷)[M].北京:外文出版社,2020:135.
② 习近平.在纪念毛泽东同志诞辰 120 周年座谈会上的讲话[A/OL]. (2013-12-16)[2023-10-12]. https://www.gov.cn/ldhd/2013-12/26/content_2554937.htm

第二节 习近平关于农村集体土地改革 "不得突破底线"的重要论述

在农村集体土地改革过程中,必须坚持土地公有制性质不改变、耕地红线不突破、农民利益不受损三条底线,审慎稳妥推进农村集体土地改革。农民失去土地,如果在城镇待不住,就容易引发大问题,因此农民的土地不要随便动。习近平总书记指出:"不管怎么改,不能把农村土地集体所有制改垮了,不能把耕地改少了,不能把粮食产量改下去了,不能把农民的利益损害了。"①农村集体土地制度作为国家一项基础性制度安排,事关农民权益保护、新型工农城乡关系构建、社会和谐稳定大局。农村集体土地制度改革涉及的主体和利益关系十分复杂,有些问题认识还不一致,有些问题一时还看不准,必须综合各方利益关切,按照中央统一部署,坚持试点先行,探索可复制、可推广的改革成果,总结完善后再逐步推开。

一、坚持土地公有制性质不改变

农村集体土地属于农民集体所有,这是我国农村最大的制度。深化农村集体土地制度改革,不能把农村土地集体所有制改垮了。农村集体土地实行农民集体所有,保障了农民平等拥有最主要的农业生产资料,也保障了农民最基本的居住需要,是实现农民共同富裕的制度保障,是中国特色社会主义的重要制度特征,在变更农村土地公有制性质上瞎折腾是要付出巨大代价的。党的十八大以来,习近平总书记多次强调坚持农村土地集体所有制是农村改革和发展的底线,明确指出:"坚持农村土地农民集体所有。这是坚持农村基本经营制度的'魂'。农村土地属于农民集体所有,这是农村最大的制度。农村基本经营制度是农村土地集体所有制的实现形式,农村土地集体所有权是土地承包经营权的基础和本位。坚持农村基本经营制度,就要坚持农村土地集体所有"。② 深化农村集体土地制度改革的根本方向是落实农村土地集体所有权,稳定农户承包权,放活土地经营权。落实集体所有权,就是落实"农民集体所有的不动产和动产,属于本集体成员集体所有"的《民法典》规定,明确界定农民的集体成员权,明晰集体土地的产权归属,实现集体产权主体清晰。坚持农村土地集体所有制,既是农村集体土地制度改革的前提与创新的起点,也是农村集体土地制度改革的底线、创新的界限。"不能把农村土

① 习近平.论坚持全面深化改革[M].北京:中央文献出版社,2018:74.
② 习近平.论"三农"工作[M].北京:中央文献出版社,2022:82-83.

集体所有制改垮了"是一条政治底线,符合客观实际,反映农民心声。这一底线思维贯穿一系列涉农政策中,使新型农村集体经济的发展有据可依、有章可循。从根本上说,发展壮大新型农村集体经济,既是满足农民群众对美好生活向往的必然选择,也是关系农村集体土地改革发展大局乃至全国改革发展大局的根本问题,更是中国特色社会主义制度优势的内在要求。

二、坚持耕地红线不突破

我国耕地总量不足、质量堪忧,而城市建设走的是外延扩张和大量消耗土地资源的路子。与此同时,尽管农村常住人口趋于减少,但农村建设用地不降反增。不少地方出现"空心户""空心村",土地资源严重闲置。在快速城镇化进程中,如果缺乏有效的土地空间规划管理和具有法律强制力的农田保护措施,不仅良田会继续大量流失,危及粮食安全,而且城镇化会无序发展,"城市病"会滋生蔓延。"坚守18亿亩耕地红线,必须做到,没有一点点讨价还价的余地。否则,我们赖以吃饭的家底就没有了。"①深化农村集体土地制度改革,必须守住耕地红线不突破这条底线,不能把耕地改少了。这是对子孙后代负责,是确保主要农产品基本产能特别是口粮基本自给的基础。守住耕地红线,既需要发展紧凑型城镇、提高城镇人口密度,也需要提高农村建设用地的集约度,统筹利用城乡存量建设用地,提高城乡建设用地利用水平。应强化耕地占补平衡的法定责任,防止发生只占不补、先占后补、占多补少、占优补劣的现象。

保障国家粮食安全的根本在耕地,耕地是粮食生产的命根子,是我国最为宝贵的资源。一方面,我国总的耕地资源有限;另一方面,工业化、城镇化占用了大量耕地,即便国家对耕地有占补平衡的法律规定,但占多补少、占优补劣、占近补远、占水田补旱地等情况普遍存在,这决定了我们要以更大的决心、更有效的举措,切实把关系十几亿人吃饭大事的耕地保护好,坚决守住耕地红线。民以食为天,食以粮为先。我国是一个有着14亿多人口的大国,解决好吃饭问题始终是我们党治国理政的头等大事。稳定提高粮食生产能力是农村土地制度改革的基本底线和重要任务,这不能只从经济上看,而要更多地从政治上看。正如习近平总书记所指出的:"十八亿亩耕地红线仍然必须坚守,同时还要提出现有耕地面积必须保持基本稳定。极而言之,保护耕地要像保护文物那样来做,甚至要像保护大熊猫那样来做。"②客观地说,严守18亿亩耕地红线不被突破,是以习近平同志为核心的党中

---

① 中共中央文献研究室.十八大以来重要文献选编(上)[M].北京:中央文献出版社,2014:663.

② 习近平.习近平谈治国理政(第四卷)[M].北京:外文出版社,2022:395.

央进一步分析我国土地资源禀赋,综合考虑耕地的多重功能,从治国理政的高度作出的重要战略部署。因此,农村集体土地制度改革必须全国一盘棋,坚持最严格的耕地保护制度,全面划定永久基本农田,严防死守18亿亩耕地红线。从这个意义上说,"不能把耕地改少了"是一条用途底线。

三、坚持农民利益不受损

农村集体土地制度改革既涉及农村内部利益关系调整,又涉及工农、城乡以及国民经济部门之间利益格局调整。深化集体土地制度改革,必须坚守农民利益不受损的底线。维护好、发展好、实现好农民利益,是我们党坚持立党为公、执政为民的本质要求,是全面建成小康社会的根本体现,也是动员农民积极投身党的伟大事业的强大动力。农村集体土地制度是国家的基础性制度,任何时候都要把坚持农民主体地位、增进农民福祉作为农村集体土地制度改革的出发点和落脚点,任何时候都要把维护农民利益、实现农村发展作为农村集体土地制度改革的硬性指标而非政治口号。根本地说,就是要通过不断调适农村生产力与生产关系的关系,满足农民群众日益增长、不断升级和个性化的物质文化需要和生态环境需要。这不仅是一个维护社会公平正义的问题,更是一个推动科学发展的问题。习近平总书记指出:"创新农业经营体系,放活土地经营权,推动土地经营权有序流转,是一项政策性很强的工作。要把握好土地经营权流转、集中、规模经营的度,要与城镇化进程和农村劳动力转移规模相适应,与农业科技进步和生产手段改进程度相适应,与农业社会化服务水平提高相适应,不能片面追求快和大,不能单纯为了追求土地经营规模强制农民流转土地,更不能人为垒大户。要尊重农民意愿和维护农民权益,把选择权交给农民,由农民选择而不是代替农民选择,不搞强迫命令、不刮风、不一刀切。"[①]因此,要站在全面建成小康社会、实现中华民族伟大复兴中国梦的高度,善于从农民群众关注的焦点、生活的难点和广大农民的兴奋点中寻找改革切入点,在推进农村土地制度改革中作出合理的制度安排、形成有效的共享机制,使广大农民有更多现实获得感而非"失去感""掠夺感",从而充分激发亿万农民积极性和创造性,促进农村持续健康发展。这彰显的是农村集体土地制度改革的价值底线和价值追求,是社会主义本质特征在农村集体土地改革中的具体化。

---

① 习近平.论"三农工作"[M].北京:中央文献出版社,2022:86.

第三节　习近平关于农村集体土地改革 "城乡融合发展"的重要论述

城乡融合一体化发展。要重塑城乡关系,走城乡融合发展之路。农业农村的优先发展,坚持工业反哺农业、城市支持农村和多予少取放活方针,推进人才下乡、资金下乡和技术下乡。习近平总书记指出:"我们一定要认识到,城镇和乡村是互促互进、共生共存的。能否处理好城乡关系,关乎社会主义现代化建设全局。城镇化是城乡协调发展的过程,不能以农业萎缩、乡村凋敝为代价。要坚持以工补农、以城带乡,推动形成工农互促、城乡互补、全面融合、共同繁荣的新型工农城乡关系。"①这是根据我国社会发展趋势作出的重大战略判断,是习近平新时代中国特色社会主义思想的重要内容。

一、农业农村的优先发展

我国是农业大国,农业、农村、农民始终是国家安定和改革发展的重要基础。习近平总书记指出:"城乡发展不平衡不协调,是我国经济社会发展存在的突出矛盾。"②必须坚持农业农村优先发展总方针,以实施乡村振兴战略为总抓手,不断巩固发展农业农村好形势,发挥"三农"压舱石作用。

我国在建设社会主义现代化强国的进程中,同样需处理好工农城乡关系。特别是改革开放 40 多年来的工业化、城镇化发展过程,本质上是科学探索和重塑工农城乡关系的实践过程。现阶段,我国发展最大的不平衡是城乡发展不平衡,最大的不充分是农村发展不充分。坚持农业农村优先发展,就是解决这些发展不平衡不充分的根本之策,是全面建成小康社会、建设社会主义现代化国家的必由之路。对此,党中央站在新的历史方位、基于发展实际、结合发展阶段,适时对工农城乡关系进行系统梳理和理论创新,提出坚持农业农村优先发展的总方针,以实施乡村振兴战略为总抓手,深化农业供给侧结构性改革,全面推进乡村振兴。

把农业农村优先发展落到实处,必须树立以"四个优先"为核心的政策导向,建立健全农业农村优先发展的体制机制和政策体系。"四个优先"是优先考虑"三农"干部配备、优先满足"三农"发展要素配置、优先保障"三农"资金投入、优

---

① 习近平.论"三农工作"[M].北京:中央文献出版社,2022:242.
② 中共中央党史和文献研究院.习近平关于"三农"工作论述摘编[M].北京:中央文献出版社,2019:29.

先安排农村公共服务。这是落实总方针的核心和具体抓手。①

坚持农业农村优先发展离不开农业农村改革的不断深化。农业农村任何一项改革都不可能独立存在，一项改革的效果不但取决于自身设计的科学性，也取决于与其他改革的协调性，"要把工业和农业、城市和乡村作为一个整体统筹谋划"②，要深入推进农村集体产权制度改革。农村集体土地制度改革是事关"三农"事业发展的根本性、全局性、稳定性、长期性的问题。农村集体土地制度改革的本质是在农村集体经济组织成员与相关资源及利益之间建立科学对接机制，从而激活一切劳动、知识、土地等资源要素的活力，为乡村振兴提供源源不竭的微观动力。土地是传统农业和新型农村产业的重要生产要素，是实现农业农村现代化的根本所在。农村集体土地制度的完善程度直接决定了农村各种土地资源的配置效率。

增强落实农业农村优先发展的各项改革之间的系统性、整体性和协同性是一个重要方法论，必须长期坚持。比如，社会普遍关注的农地和农村宅基地等集体建设用地的抵押贷款问题，就是一个"系统性、整体性、协同性"较强的问题。农村土地抵押首先涉及农地和建设用地权能的完整性问题，其次涉及能不能抵押的法律资质问题，还涉及一个土地资本能否在市场上兑现和结清问题。因此，落实农业农村优先发展的各项改革，要坚持用系统思维谋划全局，准确把握改革的方向、主线和重点，处理好解放思想和实事求是的关系、整体推进和重点突破的关系、顶层设计和摸着石头过河的关系，充分发挥各级党委总揽全局、协调各方的领导核心作用，最大限度地凝聚改革共识，形成改革合力。

二、实施城乡融合一体化发展

农业农村农民问题是关系国计民生的根本性问题，没有农业农村的现代化，就没有国家的现代化。建立健全城乡融合发展体制机制和政策体系，为我们构建新型工农城乡关系指明了方向。城乡融合是社会发展的必然趋势，是城乡发展的终极目标。回顾中国现代化的进程，如何处理工农城乡关系，从来都是贯穿中国工业化和城镇化进程的主题与主线。改革开放特别是党的十八大以来，党中央始终把解决好"三农"问题作为全党工作重中之重，围绕农业作为国民经济基础的战略地位，连续出台指导"三农"工作的中央一号文件，既有力支持了工业化，又确保了国家粮食安全，农业农村发展取得了历史性成就、发生了历史性变革。从党的十六大报告提出"统筹城乡经济社会发展"到党的十六届四中全会提出"两个趋向"的论

---

①　中共中央党史和文献研究院.习近平关于"三农"工作论述摘编[M].北京:中央文献出版社,2019:191.

②　习近平.健全城乡发展一体化体制机制,让广大农民共享改革发展成果[N].人民日报,2015-5-2(001).

断,推进了"工业反哺农业、城市支持乡村";在党的十七大提出"形成城乡经济社会发展一体化"的基础上,党的十九大提出乡村振兴战略,首次将"城乡融合发展"写入党的文献,标志着中国特色社会主义工农城乡关系进入新的历史时期。

农业强不强、农村美不美、农民富不富,决定着亿万农民的获得感和幸福感,决定着我国全面建成小康社会的成色和社会主义现代化的质量。习近平总书记指出:"乡村振兴是党和国家的大战略,要加大真金白银的投入。"①实施乡村振兴战略,走城乡融合发展之路,必须将工业与农业、城市与乡村、城镇居民与农村居民作为一个整体纳入全面建成小康社会和现代化建设的全过程中。要从根本上改变乡村长期从属于城市的现状,明确乡村在全面建成小康社会和现代化建设中的突出地位和在城乡关系中的平等地位;从根本上改变以工统农、以城统乡、以扩张城市减少农村减少农民的发展路径,明确城乡融合发展是实施乡村振兴战略推进农业农村现代化的有效途径。习近平总书记指出,应对风险挑战,不仅要稳住农业这一块,还要稳住农村这一头。经济一有波动,首当其冲受影响的是农民工。2008年国际金融危机爆发,2000多万农民工返乡。在这种情况下,社会大局能够保持稳定,没有出什么乱子,关键是农民在老家还有块地、有栋房,回去有地种、有饭吃、有事干,即使不回去心里也踏实。全面建设社会主义现代化国家是一个长期过程,农民在城里没有彻底扎根之前,不要急着断了他们在农村的后路,让农民在城乡间可进可退。这就是中国城镇化道路的特色,也是我们应对风险挑战的回旋余地和特殊优势。②

实施城乡融合一体化发展与乡村振兴有机结合。乡村振兴一是以产业兴旺为根本。乡村最核心的产业是农业,最重要的目标是确保国家粮食安全,最突出的问题是综合效益和竞争力偏低。要以农业供给侧结构性改革为主线,推进农业政策从增产导向转向提质导向,唱响质量兴农、绿色兴农、品牌强农主旋律,使农业成为一个具有无限生机的美好产业。二是以生态宜居为要务。要推进生产、生活、消费绿色化,因地制宜推进乡村人居环境整治,用绿色点亮乡村,使乡村成为农民安居乐业的美好家园。三是以乡风文明为关键。要把树正压邪作为乡风文明建设的重要抓手,让社会主义核心价值观在乡村落地生根,使乡村好习俗、好习惯、好风尚的文明乡风和良好家风蔚然成风。四是以治理有效为保障。要推进以法治为前提实现乡村治理有序、以德治为引领实现乡村治理有魂、以自治为核心实现乡村治理,形成基层党组织领导、政府负责、社会协同、公众参与的多元主体共治格局,确保乡村社会和谐有序。五是以生活富裕为目标。要构建长效的政策机制,不断推

---

① 中共中央党史和文献研究院.习近平关于"三农"工作论述摘编[M].北京:中央文献出版社,2019:17.
② 习近平.论"三农工作"[M].北京:中央文献出版社,2022:4-5.

进城乡产业融合发展,让广大农民群众具有全面摆脱贫困的能力、创新创业的能力、持续发展的能力,共享现代化的美好生活。对此习近平总书记阐述道:"现代化的本质是人的现代化,真正使农民变为市民并不断提高素质,需要长期努力,不可能一蹴而就。一部分农村劳动力在城镇和农村流动,是我国现阶段乃至相当长历史时期都会存在的现象。对这种'两栖人'、候鸟现象不要大惊小怪,也不要恶意炒作。对那些已经在城镇就业但就业不稳定、难以适应城镇要求或不愿落户的人口,要逐步提高基本公共服务水平,努力解决好他们的子女教育、医疗卫生、社会保障等需求,使他们在经济周期扩张、城镇对简单劳动力需求扩大时可以在城市就业,而在经济周期收缩、城镇对劳动力需求减少时可以有序回流农村。"①

乡村振兴必然要发挥政府的主导作用,推动市民下乡、能人回乡、企业兴乡,带动资金、技术和人才的进入,"要想方设法创造条件,让农村的机会吸引人、让农村的环境留住人"②,凝聚乡村发展的合力。推进城乡融合发展,关键是要充分激发乡村实现自身发展的内在动力,激发农民创造自己美好生活的自主能力,在保持城乡各自独立性和差异化的前提下尊重乡村自主,让广大村民群众成为乡村振兴的主体。建立健全城乡融合发展体制机制和政策体系,就是要通过制度变革、结构优化、要素升级,实现新旧动能转换,在改革、转型、创新三个方面推动城乡地位平等、城乡要素互动、城乡空间共融。既要充分发挥政府的主导作用,大力推进体制机制创新,强化乡村振兴制度性供给,探索以基础设施和公共服务为主要内容的城乡融合发展政策创新,确保农业农村的优先发展,也要充分发挥市场在城乡要素资源配置中的决定性作用,构建推动城乡要素双向流动与平等交换的体制机制。

基于此,继续提升农村承包地的稳定性。保持农村土地承包关系稳定并长久不变,研究出台配套政策,指导各地明确第二轮土地承包到期后延包的具体办法,确保政策衔接平稳过渡。完善落实集体所有权、稳定农户承包权、放活土地经营权的法律法规和政策体系。继续在农地确权登记颁证基础上,培育新型农业经营主体,健全土地流转规范管理制度,发展多种形式农业适度规模经营。继续深化农村集体建设用地制度改革、完善农村承包地三权分置制度,为农村产业融合发展提供充分的土地资源保障,为城市的人才、资金、技术等要素助推乡村产业发展提供保障。

① 习近平. 论"三农工作"[M]. 北京:中央文献出版社,2022:58—59.
② 中共中央党史和文献研究院:《习近平关于"三农"工作论述摘编》,北京:中央文献出版社,2019:40.

参考文献

一、著作

［1］房绍坤.农村集体产权制度改革的实证研究［M］.北京:中国人民大学出版社,2024.

［2］高圣平.农地三权分置的法律表达［M］.北京:法律出版社,2023.

［3］陈娟.“三权分置”背景下农民土地权利实现研究［M］.北京:社会科学文献出版社,2023.

［4］杨永芳,牛璞,王利,等.中国农村集体土地法律制度研究［M］.北京:中国经济出版社,2023.

［5］罗强强等.土地制度变革与乡村社会治理［M］.北京:社会科学文献出版社,2023.

［6］张柠.土地的黄昏:中国乡村经验的微观权力分析［M］.3版.北京:高等教育出版社,2023.

［7］董栓成.中国农村土地制度改革路径优化［M］.北京:社会科学文献出版社,2023.

［8］张义博.新一轮农村土地制度变革:探索与思考［M］.北京:社会科学文献出版社,2023.

［9］习近平.论“三农工作”［M］.北京:中央文献出版社,2022.

［10］何宝玉.农村土地“三权分置”释论:基于实践的视角［M］.北京:中国民主法制出版社,2022.

［11］黄廷廷.集体经营性建设用地流转市场的法律规制研究［M］.北京:中国农业出版社,2022.

［12］陈丹.宅基地“三权分置”下农民权益的法治保障研究［M］.重庆:西南大学出版社,2022.

［13］崔建远.物权:规范与学说:以中国物权法的解释论为中心(上下册)［M］.2版.北京:清华大学出版社,2021.

［14］甘藏春.土地正义:从传统土地法到现代土地法［M］.北京:商务印书馆,2021.

[15]梁慧星,陈华彬.物权法[M].7版.北京:法律出版社,2020.

[16][德]卡尔·拉伦茨.法学方法论[M].6版.黄家镇,译.北京:商务印书馆,2020.

[17]申惠文.集体土地用益物权农户主体问题研究[M].北京:法律出版社,2019.

[18]张永健.物权法之经济分析:所有权[M].北京:北京大学出版社,2019.

[19]孙宪忠.中国物权法总论[M].4版.北京:法律出版社,2018.

[20]王振伟.农村集体土地权利主体及收益分配研究[M].武汉:中国地质大学出版社,2018.

[21]房绍坤.承包地"三权分置"的法律表达与实效考察[M].北京:中国人民大学出版社,2018.

[22]刘恒科.承包地"三权分置"的权利结构和法律表达研究》[M].北京:中国政法大学出版社,2018.

[23]王廷勇,杨遂全,邹联克.中国土地制度"试点试验"研究[M].北京:科学出版社,2018.

[24]高海:农地"三权分置"研究[M].北京:法律出版社,2017.

[25]陈甦.民法典评注(上)[M].北京:法律出版社,2017.

[26]李适时.中华人民共和国民法总则释义[M].北京:法律出版社,2017.

[27]常鹏翱.物权法的展开与反思[M].2版.北京:法律出版社,2017.

[28]刘守英.中国土地问题调查:土地权利的底层视角[M].北京:北京大学出版社,2017.

[29]宋志红.中国农村土地制度改革研究:思路、难点与制度建设[M].北京:中国人民大学出版社,2017.

[30]高飞.集体土地所有权主体制度研究[M].2版.北京:中国政法大学出版社,2017.

[31]刘锐.土地、财产与治理:农村宅基地制度变迁研究[M].武汉:华中科技大学出版社,2017.

[32]陈小君等.我国农村集体经济有效实现的法律制度研究:理论奠基与制度构建[M].法律出版社,2016.

[33]朱庆育.民法总论[M].2版.北京:北京大学出版社,2016.

[34]姚望.构建和谐:转型期中国农民非制度化利益表达的生发逻辑及矫正路径[M].北京:中国社会科学出版社,2016.

[35]王崇敏.宅基地使用权制度现代化构建[M].北京:法律出版社,2016.

[36]戴威.农村集体经济组织成员权制度研究[M].北京:法律出版社,2016.

[37]陈小君等.我国农村集体经济有效实现的法律制度研究:理论奠基与制度构建[M].北京:法律出版社,2016.

［38］叶兴庆.农村集体产权权利分割问题研究［M］.北京:中国金融出版社,2016.

［39］孙宪忠等:国家所有权的行使与保护研究［M］,北京:中国社会科学出版社,2015.

［40］袁金辉.中国农民利益表达研究［M］.北京:国家行政学院出版社,2015.

［41］陆剑:集体经营性建设用地入市的法律规则体系研究［M］.北京:法律出版社,2015.

［42］国务院发展研究中心农村经济研究部.集体所有制下的产权重构［M］.北京:中国发展出版社,2015.

［43］祝之舟:农村集体土地统一经营法律制度研究［M］.北京:中国政法大学出版社,2014。

［44］张红宇.新型城镇化与农地制度改革［M］.北京:中国工人出版社,2014.

［45］何·皮特.谁是中国土地的拥有者:制度变迁、产权和社会冲突［M］.2版.林韵然,译,北京:社会科学文献出版社,2014.

［46］文贯中.吾民无地:城市化、土地制度与户籍制度的内在逻辑［M］.北京:东方出版社.

［47］管洪彦.农民集体成员权研究［M］.北京:中国政法大学出版社,2013.

［48］贺雪峰.地权的逻辑Ⅱ:地权变革的真相与谬误［M］.北京:东方出版社,2013.

［49］迪特尔·梅迪库斯.德国民法总论［M］.邵建东,译.北京:法律出版社,2013.

［50］卡尔·伦纳.私法的制度及其社会功能［M］.王家国,译.法律出版社,2013.

［51］波斯纳.法律的经济分析［M］.7版.蒋兆康,译.法律出版社,2012.

［52］陈小君等.农村土地问题立法研究［M］.北京:经济科学出版社,2012.

［53］刘承韪.产权与政治:中国农村土地制度变迁研究［M］.北京:法律出版社,2012.

［54］陈小君等.田野、实证与法理:中国农村土地制度体系构建［M］.北京:北京大学出版社,2012.

［55］郭洁.土地所有权一体保护立法研究［M］.北京:知识产权出版社,2011.

［56］陈明.农地产权制度创新与农民土地财产权利保护［M］.武汉:湖北人民出版社,2006.

［57］张乐天.告别理想:人民公社制度研究［M］.上海:东方中心出版社,2005.

二、期刊

[1]陈锡文.当前推进乡村振兴应注意的几个关键问题[J].农业经济问题,2024(1):4-8.

[2]高飞.论农村集体经济组织是农民集体的组织形式[J].政法论丛,2023(5):96-105.

[3]陈小君.深化农村土地制度联动改革的法治目标[J].法学家,2023(3):15-29.

[4]宋志红.论成片开发征收中的农民集体同意权[J].东方法学,2023(2):136-148.

[5]席志国.土地经营权性质的法解释论及其制度构造[J].河南师范大学学报(哲学社会科学版),2022,49(6):32-40.

[6]李国强.权利主体规范逻辑中的农民集体、农村集体经济组织[J].求索,2022(3):154-161.

[7]韩松.农民集体成员的集体资产股份权[J].法学研究,2022,44(3):3-20.

[8]杨雅婷.《民法典》背景下放活宅基地"使用权"之法律实现[J].当代法学,2022,36(3):79-90.

[9]章正璋.土地经营权性质之辨析[J].学术界,2022(2):139-145.

[10]刘锐.基于乡村振兴的承包地制度供给研究[J].中共中央党校(国家行政学院)学报,2022(1):87-94.

[11]高海.《民法典》中两类土地经营权解释论[J].中国农村观察,2022(1):16-33.

[12]吴昭军.农村集体经济组织终止问题研究[J].暨南学报(哲学社会科学版),2021,43(10):34-45.

[13]何宝玉.我国农村集体经济组织的历史沿革、基本内涵与成员确认[J].法律适用,2021(10):9-21.

[14]丁关良.宅基地之新的权利体系构建研究:以宅基地"三权分置"改革为视野[J].贵州社会科学,2021(7):148-155.

[15]陈小君.集体建设用地使用权物权规则之省察反思[J].现代法学,2021,43(6):3-17.

[16]杨一介.论农村宅基地流转规则体系的更新[J].首都师范大学学报(社会科学版),2021(6):61-71.

[17]丁关良.土地经营权法律制度存在的疑难问题和解构设想[J].法治研究,2021(5):84-98.

[18]房绍坤.承包地调整的制度逻辑与解释适用[J].法治研究,2021(5):65-74.

[19]刘恒科.宅基地"三权分置"的政策意蕴与制度实现[J].法学家,2021(5):43-56.

[20]王洪平.论我国农民集体所有制的必然性[J].求是学刊,2021,48(4):14-24.

[21]房绍坤,袁晓燕.农村集体经济组织特别法人制度建构[J].上海政法学院学报(法治论丛),2021,36(3):1-13.

[22]江晓华."三权分置"下宅基地退出的权利表达[J].华南农业大学学报(社会科学版),2021,20(3):109-118.

[23]管洪彦.宅基地"三权分置"的权利结构与立法表达[J].政法论丛,2021(3):149-160.

[24]祝之舟.农村土地承包关系自主调整机制的法理内涵与体系完善[J].法学家,2021(2):86-100.

[25]谢鸿飞.《民法典》中土地经营权的赋权逻辑与法律性质[J].广东社会科学,2021(1):226-237.

[26]陈小君,肖楚钢.论土地经营权的政策意蕴与立法转化[J].新疆社会科学,2021(1):90-98.

[27]程雪阳."土地承包关系稳定并长久不变"的理论争议与制度落实[J].中国法律评论,2021(1):61-68.

[28]宋志红.宅基地资格权:内涵、实践探索与制度构建[J].法学评论,2021,39(1):78-93.

[29]吴昭军.土地经营权体系的内部冲突与调适[J].中国土地科学,2020,34(7):9-16.

[30]高圣平.《民法典》与农村土地权利体系:从归属到利用[J].北京大学学报(哲学社会科学版),2020,57(6):143-154.

[31]杨遂全.论宅基地资格权确权及其法理依据——以财产属性为视角[J].中国土地科学,2020,34(6):35-40.

[32]屈茂辉.民法典视野下土地经营权全部债权说驳议[J].现代法学,2020,34(6):47-57.

[33]王洪平.民法视角下土地经营权再流转的规范分析[J].吉林大学社会科学学报,2020,60(1):29-39.

[34]高海.宅基地"三权分置"的法实现[J].法学家,2019(4).申建平.宅基地"资格权"的法理反思[J].学习与探索,2019(11):132-144.

[35]吴昭军.农村集体经济组织"代表集体行使所有权"的法权关系界定[J].农业经济问题,2019(7):37-46.

[36]韩松.宅基地立法政策与宅基地使用权制度改革[J].法学研究,2019,41(6):70-92.

[37]龙卫球.民法典物权编"三权分置"规范的体系设置和适用[J].比较法研究,2019(6):53-64.

[38]房绍坤.农村土地承包法修正案的缺陷及其改进[J].法学论坛,2019,34(5):5-14.

[39]高圣平.土地经营权制度与民法典物权编编纂:评《民法典物权编(草案二次审议稿)》[J].现代法学,2019,41(5):45-57.

[40]李曙光.农村土地两个三权分置的法律意义[J].中国法律评论,2019(5):46-54.

[41]杨一介.论农村宅基地制度改革的基本思路[J].首都师范大学学报(社会科学版),2019(4):42-49.

[42]曹涌.70年来中国农村土地制度创新的"内卷化"研究[J].区域经济评论,2019(4):40-44.

[43]陈小君.宅基地使用权的制度困局与破解之维[J].法学研究,2019,41(3):48-72.

[44]韩松.我国民法典物权编应当界定农民集体所有权类型的本质属性[J].四川大学学报(哲学社会科学版),2019(3):63-72.

[45]王雷.农民集体成员权、农民集体决议与乡村治理体系的健全[J].中国法学,2019(2):128-147.

[46]高海.论集体土地股份化与集体土地所有权的坚持[J].法律科学(西北政法大学学报),2019,37(1):169-179.

[47]陈小君.我国农地制度改革实践的法治思考[J].中州学刊,2019(1):56-65.

[48]高海."三权"分置的法构造:以2019年《农村土地承包法》为分析对象[J].南京农业大学学报(社会科学版)》,2019,19(1):100-109.

[49]房绍坤,林广会.农村集体产权制度改革的法治困境与出路[J].苏州大学学报(哲学社会科学版),2019,40(1):31-41.

[50]温世扬,梅维佳.土地承包经营权主体制度的困境与出路[J].江西社会科学,2018,38(7):163-171.

[51]刘恒科.农地"三权分置"的理论阐释与法律表达[J].南京农业大学学报(社会科学版),2018,18(4):87-97.

[52]陈小君."三权分置"与中国农地法制变革[J].甘肃政法学院学报,2018(1):22-33.

[53]许中缘,崔雪炜."三权分置"视域下的农村集体经济组织法人[J].当代法学,2018,32(1):83-92.

[54]张红宇.准确把握农地"三权分置"办法的深刻内涵[J].农村经济,2017(8):1-6.

[55]蔡立东,姜楠.农地三权分置的法实现[J].中国社会科学,2017(5):102-122.

[56]张红宇.农村土地"三权分置"政策解读[J].领导科学论坛,2017(4):29-40.

[57]高海.农村宅基地上房屋买卖司法实证研究[J].法律科学(西北政法大学学报),2017,35(4):180-189.

[58]孙宪忠.推进农地三权分置经营模式的立法研究[J].中国社会科学,2016(7):145-163.

[59]曹锦清.中国土地制度、农民工与城市化[J].中国农业大学学报(社会科学版),2016,33(1):24-39.

[60]韩松.农民集体土地所有权的权能[J].法学研究,2014,36(6):63-79.

[61]陈锡文.关于农村土地制度改革的两点思考[J].经济研究,2014,49(1):4-6.

[62]张红宇,李伟毅.人地矛盾、"长久不变"与农地制度的创新[J].经济研究参考,2011(9):33-47.

[63]蔡立东.宅基地使用权取得的法律结构[J].吉林大学学报(社会科学版),2007(3):141-148.

[64]丁关良,周菊香.对完善农村集体土地所有权制度的法律思考[J].中国农村经济,2000(11):59-65.

[65]王小映.土地制度变迁与土地承包制[J].中国土地科学,1999(4):5-8.